本书为“诗译中国”项目
本书为北京市通州区“运河计划”教育领军项目

POETICAL CHINA 中國詩譯

许渊冲　等译

高中必背古诗及英译

任孝勇　宁立波　主编

贾一震　徐维维　执行主编

中国文史出版社

写在前面

随着我国经济的发展，我们对世界的影响日益增强，世界对我们的关注度也越来越高，因此，党的二十大报告指出要加快构建中国话语和中国叙事体系，讲好中国故事，传播好中国声音，展现可信、可爱、可敬的中国形象。

英语是当今世界政治、经济、科技、文化等活动中广泛使用的语言，是开展国际交流与合作的重要沟通工具，也是传播人类文明成果的重要载体。

让学生借助英语进一步学习我国传统文化，巩固和加深对祖国文化的理解，既可以增强学生的爱国情怀，坚定文化自信，也可以为学生未来传播中国声音、展现中国形象奠定基础。

因此，编写一套书，将我们优秀的古诗文及其权威的英文译本一并提供给学生，帮助学生进一步加深对祖国语言文字的理解与热爱，提升其传播祖国优秀文化的能力，成为编者们的共同愿景。

北京市通州区潞河中学、潞河中学附属学校的各位语文和英语老师在紧张的教学工作之余，牺牲休息时间，选取教育部最新颁布的《义务教育语文课程标准》（2022 年版）和《普通高中语文课程标准》（2017 年版，2020 年修订）中的“古诗文背诵推荐篇目”，分别对古诗文编写了“题解”“注释”

"译文"和"导读"。同时，编者提供了古诗文的英文译文，编写了"语言知识"等。学生通过英汉对照阅读、背诵，既可以进一步理解古诗文，也可以提升英语水平，二者相得益彰。

本书不揣浅陋，关于古诗文的汉语解释、译文、导读，以及英文部分的知识注解等，难免有疏漏舛误，恳请广大读者不吝指正。

本书古诗文的英文译本，除有特别标注之外，均为许渊冲先生所译。因本书主要读者群体为中小学生，所以编者对译文中的部分单词和短语进行了改动，特此说明。

本书携手"诗译中国"，由北京市通州区"运河计划"教育领军项目支持出版。

宁立波　任孝勇

2023 年 11 月 20 日

目　　录

诗经·邶风·静女

一、题解

《诗经》是中国第一部诗歌总集，是古典现实主义的源头。《邶风》是邶地的民歌。邶地是周灭殷后留给殷纣之子武庚的封地，在今天河南省北部，淇县以北汤阴县东南一带。《静女》是以男子口吻写的一场青春约会。

二、原文

静女其姝，俟我于城隅。爱而不见，搔首踟蹰。
静女其娈，贻我彤管。彤管有炜，说怿女美。
自牧归荑，洵美且异。匪女之为美，美人之贻。

三、注释

1. 姝、娈：语义相近，容貌姣好美丽。

2. 俟：等待。

3. 爱：通“薆”，本义为草木茂盛，引申为躲藏。见：通“现”，出现。

4. 彤管、荑：阳春三月（公历四月）白茅发芽，包裹着白茅花序的白茅针称作“荑”。白茅针清新、甘甜，一般为绿色，红色是较为少见的佳品。踏青时吃白茅针是邶地的风俗，遇到红色的往往珍惜不忍立即就吃，或炫耀，或赠送，美其名曰“彤管”。有学者以为“彤管”是红色的笔管，不确。

5. 炜：光明。现在多用于人名。

6. 说：通“悦”，与怿相同，都是喜悦的意思。女：通“汝”，你，此处有双关之意。

7. 牧：郊外，郊野。归：通“馈”，赠送。

8. 洵：通“恂”，诚然，实在。

四、译文

姑娘娴静好容颜，等我城角来相见。故意躲藏树后面，看我挠头转圈圈。

娴静姑娘笑开颜，红叶茅针递眼前。茅针根根都鲜艳，手拿眼看心花绽。

郊野远，茅针鲜，秀挺好看不一般。不是因为你好看，美人赠送情不凡。

五、导读

《静女》是《诗经·邶风》中的名篇，是《诗经》中成诗较早的诗歌。汉唐时期的儒家学者认为这首诗是讥刺国君无道、国君夫人无德的作品。宋代的理学家有述男女淫奔的说法。现当代学者更多关注其自由恋爱约会嬉戏的生动本质。赏读本诗，最需要体会的是它的“写形写神之妙”（清代陈震《读诗识小录》），即写人叙事的动人“赋”法。

全诗叙写了一场约会的三个场景。

第一个场景是：在城墙拐角处，茂盛的草木间，一个小伙子挠着头发转着圈圈，寻找着约他来此见面的那个娴雅美丽的姑娘。而他心中那个娴雅美丽的姑娘，却故意躲在一棵大树后面，偷偷地看着他着急。“爱而不见，搔首踟蹰”这一动作描写，很好地刻画了人物的内在心理，栩栩如生地塑造出一对恋慕至深、如痴如醉的有情人形象。

第二个场景是：娴静的姑娘从树后露出甜美的笑脸，掏出一把珍藏的红叶茅针。小伙子接过来，看着那灿烂鲜艳的红叶茅针，甜甜美美地醉到了心坎里。

第三个场景是：娴静的姑娘讲述着这一把红叶茅针的来历，小伙子感念着姑娘纯洁的爱心，美好的爱情在城墙的角落里绽放升华。

在品鉴爱情故事的同时，不要忘记叙述者的视角。人称和语气的变换告诉我们，男主人公至今还沉浸在甜蜜的回忆中。柔荑在后世已经成为代指女子之美的特殊符号。《卫风·硕人》篇“手如柔荑”已经传唱了两千多年。

全诗语言质朴，形象生动，气氛欢快，情趣盎然，自然生动，一片天籁。后世的民歌俗谣，遣词道情，能得其仿佛者已是罕有，文人集中更加难得。

编者：贾一震

A Shepherdess

A maiden mute and tall,
Trysts me at corner wall.
I can find her nowhere;

Perplexed, I scratch my hair.

The maiden fair and mute,
Gives me a grass-made lute.
Playing a rosy air,
I'm happier than ever.

Coming back from the mead.
She gives me a rare reed,
Lovely not for it's rare:
It's given by the fair.

语言知识

1. 单词

shepherdess /ʃepəˈdes/ *n.* (old-fashioned) a woman who takes care of sheep 女牧羊人；牧羊女

maiden /ˈmeɪdn/ *n.* (literary) a young girl or woman who is not married 少女

mute /mjuːt/ *adj.* characterized by an absence of sound; quiet 无声的；宁静的

tryst /trɪst/ *v.* to make a private and romantic meeting in a quiet secret place 幽会

perplexed /pəˈplekst/ *adj.* confused and slightly worried by sth because you do not understand it 困惑不解的

scratch /skrætʃ/ *v.* to rub fingernails against skin because it is itching 挠

fair/feə(r)/*adj.* (archaic) beautiful; attractive 美丽的；有魅力的

lute/luːt/*n.* an early type of musical instrument with strings 诗琴

mead/miːd/*n.* (poetic/literary) a meadow 草地

rare/reə(r)/*adj.* existing only in small numbers and therefore valuable or interesting 稀罕的，珍贵的

reed/riːd/*n.* a tall plant like grass with a hollow stem that grows in or near water 芦苇

2. 词义辨析

✓ fair 与 beautiful

fair　正式用词，多用于文学中，形容女子和儿童，侧重外表的美。在本文中与 rare、hair 等词押韵。

beautiful　普通用词，含义广泛，语气最强，指优美和谐，是一种几乎接近完美的美。指人时通常形容女人或小孩，很少用于描写男子。

✓ for 与 because

for　并列连词，表示推断的原因，或对前一分句补充说明理由。

例：It must be morning for the birds are singing.

一定是清晨了，因为鸟儿在叫。

because　通常表示直接的原因。because 引导的从句表示直接而明确的原因和理由，表示按因果关系的推断，语气很强，用来回答 why 的问题，一般位于主句之后。

例：We couldn't go out because it was too cold.

因为天气太冷，我们不能外出。

3. 短语或特殊用法

✓ come back from 从……回来

Coming back from a vacation, you're expected to bring small gifts for your friends.

当你度假回来，你理应带些小礼物给你的朋友。

✓ the fair 美女

the + 形容词相当于抽象名词。例如：the true 真理，真实；the false 假；the sublime 崇高；the unusual 不寻常；the beautiful 优美。

编者：徐维维

诗经·秦风·无衣

一、题解

公元前771年，犬戎杀死周幽王，周平王继位，为避犬戎之乱迁都洛邑，将无力控制的岐山以西地区封给作战有功的嬴氏。嬴氏立国号为秦，秦襄公是第一任国君。秦国为了从犬戎手中夺回周王分封的土地，就派出大批中下层军官到民间，以周天子的名义征兵。那些周王朝发祥地的人民听说要出击犬戎，为周王报仇，收复国土，就万众一心，积极参军。亲历此事者写下此诗。后来这首歌也就成了秦国的战歌，秦人也就是在这首战歌的鼓舞下，英勇作战，最终完成了天下一统。

二、原文

岂曰无衣？与子同袍。王于兴师，修我戈矛，与子同仇！
岂曰无衣？与子同泽。王于兴师，修我矛戟，与子偕作！
岂曰无衣？与子同裳。王于兴师，修我甲兵，与子偕行！

三、注释

1. 袍、泽、裳：普通战士的军装。其中袍指外衣、战袍；泽通“襗”，指内衣、汗衣；裳指下衣、战裙。

2. 王：最初指周天子，后来指秦王。

3. 戈、矛、戟：三种长柄兵器。锋刃平置为戈，用于横击、钩杀；锋刃前置为矛，用于刺击；戟是戈矛的合体，前、侧皆置锋刃，既可直刺又能横击钩杀。

4. 甲兵：盔甲兵器的合称。

四、译文

（兵）难道将军没战衣？（将）和你同穿黑战袍。
（将）君王征兵上疆场。（兵）我修战戈和长矛。
（合）同生共死把国报！

（兵）难道将军没战衣？（将）和你同穿小汗衣。
（将）君王征兵上疆场。（兵）我修长矛和大戟。
（合）同生共死去迎敌！

（兵）难道将军没战衣？（将）和你同穿黑战裙。
（将）君王征兵上疆场。（兵）我修铠甲和兵刃。
（合）同生共死兴国运！

五、导读

这是一首最能体现赳赳老秦英雄气概的战歌，激昂慷慨、同仇敌忾，御外侮、兴国运，充盈着高昂士气和乐观精神。同学们鉴赏此诗，需要注意体会气概与章法的相得益彰。

秦初立国时的位置在今甘肃东部及陕西宝鸡一带，木深土厚，是周王朝的发祥之地，人民厚重质直，对周王朝有很深的感情。所以秦征兵复国才能一听“王于兴师”就一呼百诺，团结友爱，协同作战，表现出崇高无私的品质和英雄气概。《无衣》一诗就是征兵的活剧、出征的誓词，节奏铿锵，气势浩大。

征兵的场景大概是这样的：那些中下层军官到民间征兵，穿的只是普通士兵的军服，拿的只是普通士兵使用的兵器，根本就不像是什么将军。这是因为秦国初立，一穷二白。也正因如此，这些中下层军官才一下子就走进了周王朝子民的心中。“岂曰无衣”是一个反问，是人民对军官的问，基于周礼，充满怀疑。“难道你连件正经军装都没有？”但同时也是军官的自问，充溢着不可遏止的愤慨。“难道我真的没有军装吗？”这是一个设问。随后的自答“与子同袍”“与子同泽”“与子同裳”也就点燃人民心中“同仇敌忾”的复仇火焰。无数战士同声响应，“与子同袍”就成为中国“官兵一致”的第一道闪光，袍泽之情就成为中华历史中战友之间最深沉的情感。负责征兵的中下层军官为百姓讲明时局和责任。“王于兴师”——犬戎势大，周王势微，周王征兵，收复失地。百姓们自然就立即行动起来——“修我戈矛”“修我矛戟”“修我甲兵”，百姓成了战士，到处都是磨刀擦枪、舞戈挥戟的热烈场面，到处都是“同仇敌忾”“旅进旅退”的练兵“沙场”。这样的诗句，可以歌，可以舞，可以做动员、鼓士气。

三章诗句，重叠复沓，重章叠唱。每一章句数、字数相等，结构相同，但并不是简单机械的重复，而是层层递进、不断发展的。首章结句“与子同仇”，是一种情感共鸣；第二章结句“与子偕作”，则是行动的开始；第三章结句“与子偕行”，这是即将奔赴前线。这种重叠复沓的形式与音乐、舞蹈的节奏紧密结合起来，就构成了诗歌的主旋律——一股战斗的激情，激情的起伏跌宕也自然形成乐曲的节奏与舞蹈动作。

编者：贾一震

Comradeship

Are you not battle-dressed?
Let's share the plate for breast!
We shall go up the line.
Let's make our lances shine!
Your foe is mine.

Are you not battle-dressed?
Let's share the coat and vest!
We shall go up the line.
Let's make our halberds shine!
Your job is mine.

Are you not battle-dressed?
Let's share the kilt and the rest!
We shall go up the line.
Let's make our armor shine!
We will march your hand in mine!

语言知识

1. 单词

comradeship /ˈkɒmreɪdʃɪp/*n.* comradeship is friendship between a number of people who are doing the same work or who share the same difficulties or dangers 同志关系

plate/pleɪt/*n.* a thin flat piece of metal, used especially to join or make sth stronger（金属）板条，板材

lance/lɑːns/*n.* a weapon with a long wooden handle and a pointed metal end that was used by people fighting on horses in the past（旧时骑兵的）长矛

vest/vest/*n.* a special piece of clothing that covers the upper part of the body 坎肩；（外面穿的）背心

halberd/ˈhælbɜːd/*n.* a weapon used in the past which is a combination of a spear and an axe 戟（旧时结合长矛和斧头的武器）

kilt/kɪlt/*n.* a skirt made of tartan cloth that reaches to the knees and is traditionally worn by Scottish men; a similar skirt worn by women 短褶裙；女式格呢褶裙

armor/ˈɑːmə(r)/*n.* 盔甲，甲胄；装甲，防弹钢板；甲壳；装甲部队，装甲车辆；（感情、社交或其他方面的）防御

march/mɑːtʃ/*v.* [usually + adv./prep.] to walk with stiff regular steps like a soldier 齐步走；行进

2. 词义辨析

✓ foe 与 enemy

enemy 常指敌视、憎恨、反对他人利益或意图伤害他人的人。

例：Birds and insects are natural enemies.

鸟类与昆虫是天敌。

foe 语气较强，常用于文学作品中，表示敌意很深、危险性

很大。

例：Is the killer your friend or foe?

杀手是你的朋友还是仇人？

3. 短语或特殊用法

✓ battle-dressed *adj.* 穿着战斗服的

名词加 ed 变为形容词，如：experience 经验-experienced 有经验的；detail 细节-detailed 详细的；age 年龄-aged……岁的，年迈的；crowd 人群-crowded 拥挤的；balance 平衡-balanced 平衡的；talent 天赋-talented 有天赋的

✓ make sb/sth do 让或使……做某事

Let's make our lances and spears shine.

修我戈矛。

He always makes me laugh.

他总是使我笑。

编者：徐维维

离骚（节选）

〔战国〕屈　原

一、题解

《离骚》是屈原的代表作品，集中体现屈原的精神和艺术追求。其砥砺不懈、特立独行的节操和逆境中坚持真理、九死不悔的精神，得到了汉代以后文人士子们的广泛认同。其作品丰富奇特的想象、神采鲜明的形象、系统庞大的比兴、善恶忠奸的对比、鉴古讽今的用典、抒情叙事的融合等艺术成就，开辟了中国浪漫主义传统。全诗共三百七十三句。

二、原文

帝高阳之苗裔兮，朕皇考曰伯庸。摄提贞于孟陬兮，惟庚寅吾以降。皇览揆余初度兮，肇锡余以嘉名。名余曰正则兮，字余曰灵均。

纷吾既有此内美兮，又重之以修能。扈江离与辟芷兮，纫秋兰以为佩。汩余若将不及兮，恐年岁之不吾与。朝搴阰之木兰兮，夕揽洲之宿莽。日月忽其不淹兮，春与秋其代序。惟草木之零落兮，恐美人之迟暮。不抚壮而弃秽兮，何不改乎此度？乘骐骥以驰骋兮，来吾道夫先路！

三、注释

1. 高阳：五帝之一的颛顼。

2. 苗裔：苗为初生之禾，裔为衣之末边，苗裔连用喻指子孙后代。

3. 朕：先秦前第一人称"我"，秦始皇起君主独占专用。

4. 皇考：皇，本义为大、美；考，本义为逝去的父亲。

5. 摄提：即"摄提格"，是战国时期岁星纪年中的年名，相当于干支纪年中的寅年。"摄提格"是藏缅语"虎"的音译，其意为"万物承阳起"。

6. 孟陬：孟春正月的别称。夏历以寅建正月，取其万物初生之意。

7. 览揆：览，观察；揆，测度。近义词复用，译为观察、测量、权衡。

8. 初度：刚出生时的情形。

9. 肇：起始，最初，开始。锡：通"赐"。

10. 屈原的名字：姓芈，是姬姓后裔，熊姓支脉；屈，以封地为氏，后升格为姓；名平，含义是公正和仪则；字原，含义是体现着地灵均衡美德的平原。

11. 修能：修，美好的；能：通"态"，仪容，仪态。

12. 扈：楚地方言，披。

13. 江离：即江蓠，水生香草，叶如芹，根为芎，有伞形花，全株皆可入药。

14. 辟芷：白芷多生于林下溪旁等僻地，故称辟芷。白色伞形花，芳香，性温，根可入药。

15. 汩：水流甚急的样子。

16. 与：赠予，友好交往。

17. 搴：一棵一棵地拔，一片一片地摘。揽：一把一把地拔、捋。

18. 阰：高坡。洲：河流中淤塞隆起的高地。

19. 木兰：即玉兰、辛夷，木香花大，花瓣或白或紫，典雅清新。

20. 宿莽：一种经冬不死、拔心不死的香草，可防虫蠹。

21. 忽：迅速的样子。淹：停留。

22. 此度：现行的法度、准则。

四、译文

我是高阳帝颛顼的子孙，我故去的父亲讳名伯庸。带着上天和先辈的福泽，我降生在寅年寅月寅日。先父查考我降生的情形，赐给我世间最美好的名。名平意指世间公正仪则，字原彰显地神均调厚德。

拥有了这么多美好质性，我又把美好的仪容修整。披上芬芳的江蓠和白芷，又串起秋日幽兰做佩饰。似水的流年我无法追及，时不我待令我恐慌无比。早起摘坡上木兰的花瓣，晚上捋小洲宿莽的叶尖。日月倏忽轮转从不停留，阳春转眼就变成了寒秋。满眼是草木的零落凋残，满心是美人的迟暮清减。为何不在壮年扬弃秽行？为何不修改破败的法度？请乘上骏马开始驰骋吧，我为您引导前面的道路。

五、导读

《离骚》大概是屈原被放逐到汉北以后写作的充满深情的政治抒情诗。“一篇之中三致志焉”，屈原心中无穷的忧愤如江河奔涌浩荡，无尽的想象自由畅快，如电光，如飞鸟。纷繁的比喻，系统性的象征，现实世界与超现实世界之间的自由跳跃，所有这些浪漫主义的手法也解决不了他所面临的核心问题：奸邪当道，见到不君王，也见不到天帝——忠君却见不到君，爱国却报不了国。所有这些，须品读全诗才能得见。同学们在鉴赏课标要求背诵的部分文字时，需要大致了解这些内容，也只有这样，才能体会到屈原伟大思想、高超艺术的一点点影子。

全诗开头三个小层次：首先自叙高贵的身世，表示自己具有与生俱来的“内美”；其次，叙述自己修养道德才干的后天努力；第三，表达对楚怀王的期望和自己的人生理想。在这三个小层次的学习过程中，要关注这样三个问题：

第一个问题：屈原自叙身世为什么要追溯到“高阳”？

楚武王之子瑕被封于屈地，遂以封地为氏，后来氏升格为姓，因此“屈”是楚国的国姓。楚国的立国之君叫季连，是颛顼的五世孙，而颛顼也只是黄帝诸多孙子中的一个，因此，屈原自称是高阳氏颛顼的后裔是有其特别用意的。所以，了解颛顼的特点就非常重要。《史记·五帝本纪》中说，颛顼“静渊以有谋，疏通而知事，养材以任也”（沉静博识有谋略，通达而知事理，能够根据不同地域条件发展生产）。再看《史记·屈原贾生列传》所记的屈原特征“博闻强志，明于治乱，娴于辞令”，几乎完全一致。

第二个问题：屈原为什么强调自己出生在“寅时”？

屈原自述的出生日期应该是真实的。据邹汉勋、刘师培推算，应为公元前343年的正月二十一日。屈原强调自己出生在寅年寅月寅日寅时，背后的文化原因大致有二：一是楚文化的图腾崇拜“虎”是正义、力量的化身；二是华夏文化的地支文化中“寅”的含义是“万物承阳起”。在这两种文化交融的楚国，屈原出生的时间就是最好的时间，代表着上天赐给他一切的正义与美好。这也是他名平字原的文化背景。

第三个问题：香草、美人等有什么象征意义？

在屈原开创的香草美人传统中，香草一般指向自己的美政美行，美人一般指向楚王，而朝夕、日月、春秋是既珍贵又犀利的光阴岁月，草木会凋零，美人会迟暮，所以才有“抚壮弃秽”的追求与期望。屈原最期望的是楚王能够在壮年时弃秽行、改秽政，实现楚国的强盛。这也就是诗歌开头第三个层次的语言逻辑。

宋人宋祁说“《离骚》为辞赋之祖”，点出了《离骚》在中国文学史上的地位。近代学者刘师培在《论文杂记》中说“以情为里，以物为表，抑郁沉怨”，一语中的点出了《离骚》的基本风格。

编者：贾一震

Sorrow after Departure(Excerpt)

Descendant of High Sunny King, oh!
My father's name shed sunny ray.
The Wooden Star appeared in spring, oh!

When I was born on Tiger's Day.
My father saw my birthday bright, oh!
He gave me an auspicious name.
My formal name was Divine Right, oh!
I was also called Divine Flame.
I have so much beauty inside, oh!
And add to it a style ornate.
I weave sweet grass by riverside, oh!
Into a belt with orchids late.
Like running water years will pass, oh!
I fear time and tide wait for none.
At dawn I gather mountain grass, oh!
At dusk I pick secluded one.
The sun and the moon will not stay, oh!
Spring will give place to autumn cold.
Grass will wither and trees decay, oh!
I fear that beauty will grow old.
Give up the foul while young and strong, oh!
Why won't you my lord, change your style and way?
Ride your fine steed, gallop along, oh!
I'll go before you lest you stray.

语言知识

1. 单词

sorrow/ˈsɒrəʊ/*n.* sorrow is a feeling of deep sadness or regret 悲伤;歉疚

departure/dɪˈpɑːtʃə/*n.* departure or a departure is the act of going away from somewhere 离开

descendant/dɪˈsendənt/*n.* someone's descendants are the people in later generations who are related to them 后代

shed/ʃed/*v.* (formal) to let sth fall; to drop sth 使落下；使掉下

auspicious/ɔːˈspɪʃəs/*adj.* sth that is auspicious indicates that success is likely 有望成功的

divine/dɪˈvaɪn/*adj.* you use divine to describe sth that is provided by or relates to a god or goddess 神的；神圣的

ornate/ɔːˈneɪt/*adj.* covered with a lot of decoration, especially when this involves very small or complicated designs 华美的；富丽的；豪华的

weave/wiːv/*v.* ~ A(from B)/~ B(into A)/~ sth(together) to make cloth, a carpet, a basket, etc. by crossing threads or strips across, over and under each other by hand or on a machine called a loom（用手或机器）编，织

orchid/ˈɔːkɪd/*n.* a plant with brightly coloured flowers of unusual shapes 兰科植物；兰花

gather/ˈɡæðə(r)/*v.* to come together, or bring people together, in one place to form a group 聚集；集合；召集

secluded /sɪˈkluːdɪd/*adj.* (of a place) quiet and private; not used or disturbed by other people 僻静的；清静的；不受打扰的

wither/ˈwɪðə(r)/*v.* if a plant withers or sth withers it, it dries up and dies（使）枯萎，凋谢

decay/dɪˈkeɪ/*v*. to be destroyed gradually by natural processes; to destroy sth in this way（使）腐烂，腐朽

foul/faʊl/*adj*. dirty and smelling bad 肮脏恶臭的；难闻的

steed/stiːd/*n*. (literary/humorous) a horse to ride on 坐骑

gallop/ˈɡæləp/*v*. when a horse gallops, it runs very fast so that all four legs are off the ground at the same time 使（马）疾驰；(马) 疾驰

lest/lest/*conj*. in order to prevent sth from happening 免得；以免

stray/streɪ/*v*. if someone strays somewhere, they wander away from where they are supposed to be 走失

2. 词义辨析

✓ pain 与 sorrow

pain 长时间、不间断的疼痛；用于比喻义，指心灵的伤痛。

例：The pain seared along her arm.

她的胳膊一阵剧痛。

sorrow 因为发生了不好的事情而感到难过悲痛。

例：Words cannot express my sorrow.

语言不能表达我的悲伤

✓ secluded 与 isolated

secluded 是与世隔绝的意思，强调僻静的、清静的、不受打扰的，而 isolated 是孤独的、偏远的意思。

例：We were tucked away in a secluded corner of the room.

我们被塞进了那个房间一个僻静的角落里。

Many of the refugee villages are in isolated areas.

许多难民村位于偏僻的地方。

3. 短语或特殊用法

✓ at dawn/at dusk 黎明时分/黄昏时分

They don't meet in the daytime; they meet either early before light, at dawn, or after dark, at night.

他们不在白天见面；他们要么在黎明前相遇，要么在黄昏后相遇。

✓ give place to 让位于

As science makes progress, old way gives place to new.

当科学取得进步时，旧方法要让位于新方法。

编者：徐维维

古诗十九首·涉江采芙蓉

一、题解

《古诗十九首》是汉代乐府古诗文人化的显著标志，因被南朝萧统成组选入《文选》而得名，习惯以首句为标题。汉代崇儒，千万儒生离乡游学求宦，但是职位有限，因此幸进者少、失意者多是必然的。失意者在仕途无望、朋友道绝的孤单失意中，自然会怀念故乡亲人。组诗《古诗十九首》深刻再现了他们追求的幻灭与沉沦、心灵的觉醒与痛苦。语言朴素自然，描写生动真切，具有天然浑成的艺术风格，被刘勰称为“五言之冠冕”（《文心雕龙》）。《涉江采芙蓉》就是其中怀乡思亲的代表。诗中妙用想象，将游子思乡与思妇念归的形象联系在一起，柔婉动人。

二、原文

涉江采芙蓉，兰泽多芳草。
采之欲遗谁？所思在远道。
还顾望旧乡，长路漫浩浩。
同心而离居，忧伤以终老。

三、注释

1. 芙蓉：荷花的别名。
2. 兰泽：生有兰草的沼泽地。
3. 漫浩浩：犹“漫漫浩浩”，形容路途遥远。
4. 同心：古代习用语，指男女、夫妇感情融洽深厚。
5. 终老：度过晚年直至去世。

四、译文

蹚着江水采一朵美丽的芙蓉花，
江边水泽总能看见幽幽的兰草。
这朵芙蓉花采了是想送给谁呢？
所思念的人还在远方奔忙操劳。
回头遥望阔别已久的美丽家乡，
思念的目光怎能穿越漫漫长道？
两心相爱的人远远地分离两地，
难道真的要愁苦忧伤孤独终老？

五、导读

《涉江采芙蓉》明白如话，初读时必然觉得异常单纯，无须多讲，诗意明白豁然，就是游子思乡。可是，细细品咂玩味，却定然会发现其中微妙的婉曲。

根据考证的结果，这首诗的作者应该是一个“游子”。汉代的游子游学求仕大多是在长安、洛阳一带，自然就不会有“涉江”的事了。再有，把荷花叫作“芙蓉”，是有“夫容”这个“谐音梗”的。“采芙蓉”这事儿是江南的已婚女子做的。未婚的年轻女子把荷花叫作“莲”，“采莲”往往是谈恋爱的热闹事儿。所以，这首诗应是诗人在初夏时节，想到家乡的荷花盛开，妻子可能会通过采“芙蓉”表达对自己的思念，全用“悬想”，想象了一个妻子涉江采芙蓉的场景，随后又想象了一个妻子想象中的自己望故乡的形象。在这样的想象中，自己的目光好像和想象中妻子的目光穿越时空相会一般。但是，“长路漫浩浩”“同心而离居”的两个人，可能终将“忧伤以终老”。这就显得更加哀伤了。如果想象中的“采芙蓉”与年轻的未婚女子“采莲”相遇了，“采之欲遗谁”如果是从那些年轻女子口中问出来的，那多情的妻子能否承受叠加了戏谑的悲伤？如果多情的妻子开始想象远方的游子回头望故乡的情景，两地相思的深情能否安慰她孤寂落寞的情伤？

这样的写法其实并不罕见，《诗经·周南·卷耳》、《诗经·魏风·陟岵》、王维的《九月九日忆山东兄弟》、杜甫的《月夜》等等都是。这样的诗中，两个画面在两个时空同时出现，中间山隔水远，其情无限。

所以，《涉江采芙蓉》所写的境界就是：一边是多情的妻子，手拈芙蓉，遥望长天，身后是荷叶荷花、采莲少女，风言风语中，她衣裙飘飞，孤独而凄清；另一边是尘土飞扬的大道旁，一身风尘回头遥望故乡的落魄丈夫，愁满面，鬓如霜。蒙太奇切换时，中间是层层叠叠的山和浩浩荡荡的河。画外音是幽幽的男女二重京剧念白：“同心而离居，忧伤以终老！”

这样看来，《涉江采芙蓉》哪里是什么简单直白，简直是婉之又婉、曲之又曲的奇妙想象了。

编者：贾一震

I Gather Lotus Blooms Across the Stream

I gather lotus blooms across the stream,
In orchid marsh where fragrant flowers teem.
To whom shall I send what I pluck today?
The one I love is living far away.
I turn my eyes towards our old abode.
O what can I find but a long,long road.
Living apart,how can we be consoled?
Our hearts are one,
I'll grieve till I grow old.

语言知识

1. 单词

teem/tiːm/*v.* to fall heavily 倾注；倾泻

abode/əˈbəʊd/*n.* (formal or humorous) the place where sb lives 住所；家

console/kənˈsəʊl/*v.* ~sb/yourself(with sth) to give comfort or sympathy to sb who is unhappy or disappointed 安慰；抚慰；慰藉

grieve/griːv/*v.* ~(for/over sb/sth) to feel very sad, especially because sb has died（尤指因某人的去世而）悲伤，悲痛，伤心

2. 词义辨析

✓ across 和 through

这两个介词均可用于“从一边到另一边”的动作。across 主要表示某物的表面“横过”，through 则表示从某个空间“穿过”。

例：The sun goes through the window.

阳光透过窗户。

The stream runs through the forest.

这条小溪穿过森林。

She went across the street to do some shopping.

她穿过马路去买东西。

Can you swim across the river?

你能游过这条河吗？

3. 短语

✓ far away 遥远的

But your mind is far away, floating in the clouds of pleasant daydreams.

但你的思绪却在遥远的地方，飘浮在愉快的白日梦里。

编者：李书梅

短歌行

〔东汉〕曹　操

一、题解

曹操是东汉末年杰出的政治家、军事家、文学家、书法家。他的诗歌气魄雄伟，慷慨悲凉，多抒发政治抱负，反映人民的苦难生活。这首《短歌行》的创作时间学术界说法不一。影响最大的是在苏轼《赤壁赋》“横槊赋诗”的基础上推演出来的建安十三年（208）末赤壁大战之前。其次是在张可礼《三曹年谱》“盖与《求贤令》作于同时”的基础上推演出来的建安十五年（210）。其主题也有不同说法，影响最大的是“求贤说”。细读全诗，延揽人才之激切愿望溢于言表。

二、原文

对酒当歌，人生几何！譬如朝露，去日苦多。
慨当以慷，忧思难忘。何以解忧？唯有杜康。
青青子衿，悠悠我心。但为君故，沉吟至今。
呦呦鹿鸣，食野之苹。我有嘉宾，鼓瑟吹笙。
明明如月，何时可掇？忧从中来，不可断绝。
越陌度阡，枉用相存。契阔谈讌，心念旧恩。
月明星稀，乌鹊南飞。绕树三匝，何枝可依？

山不厌高，海不厌深。周公吐哺，天下归心。

三、注释

1. 对酒当歌：一边喝着酒，一边欣赏着歌舞。当，对着的意思。

2. 几何：多少。

3. 去日：逝去的日子。

4. 慨当以慷：指宴会上歌声高亢，情绪激昂。当以，这里无实际意义。

5. 杜康：相传是最早造酒的人，这里代指美酒。

6. 青青子衿，悠悠我心：化用《诗经·郑风·子衿》诗句来表达渴望得到有才学的人。子，对对方的尊称。衿，衣服的交领。青衿，周代读书人的服装，这里指代有学识的人。悠悠，长久的样子，形容思绪连绵不断。

7. 呦呦鹿鸣……鼓瑟吹笙：出自《诗经·小雅·鹿鸣》。呦呦，鹿叫的声音。苹，艾蒿，香味浓烈，全草可入药，性温效广。鼓，弹奏。

8. 掇：拾取，摘取。一说为通假字“辍”，停止。

9. 越陌度阡：穿过纵横交错的小路。陌，东西向的田间小路。阡，南北向的小路。

10. 枉用相存：屈驾来访。枉，这里是“枉驾”的意思，是对他人到访的谦敬表达。用，以。存，问候，思念。

11. 讌：通“宴”。

12. 匝：量词，周，圈。

13. 厌：抛弃，厌倦。

14. 周公吐哺：上位者礼贤下士的典故。语出《史记·鲁周公世家》：“周公戒伯禽曰：‘我文王之子，武王之弟，成王之叔父，我于天亦不贱矣。然我一沐三捉发，一饭三吐哺，起以待士，犹恐失天下之贤人。子之鲁，慎无以国骄人。’”

四、译文

痛饮着美酒，欣赏着歌舞。人生这一世，光阴有几多？
如今有一比，朝阳晒露水。青春随夜逝，悲苦心自知。
歌声正高亢，志气当激昂。忧思心中藏，时时难遗忘。
怎么解忧愁？唯有杜康酒。忧思虽难忘，美酒有杜康。
青青的衣领，先生的神韵。绵绵的怀想，悠悠在我心。
心中想念你，离别伤我心。全都因为你，沉吟到而今。
原野草青青，群鹿呦呦鸣。艾蒿随便吃，吃出好心情。
我有好宾朋，会聚有真情。献上好歌舞，弹瑟又吹笙。
宾朋如明月，明月似宾朋。有心摘明月，何时能摘成？
忧思心中涌，时刻不能停。忧思涌心中，想停万不能。
先生远道来，阡陌已纵横。屈驾来看我，感动复加增。
久别又重逢，言谈笑盈盈。心念旧时恩，话添今日情。
皎皎月儿明，闪闪小星稀。慈乌向南翔，喜鹊朝南飞。
绕树飞又飞，哪枝能栖息？一圈又一圈，哪枝是归依？
高山不辞土，峰峦才巍峨。大海不弃流，波涛才壮阔。
周公食不咽，下士又礼贤。我愿效周公，但求天下安。

五、导读

曹操的这首《短歌行》主题非常明确，就是表达求贤若渴的心情，希望人才都来投靠自己，与“求贤令”“举士令”“求逸才令”等“唯才是举”的举措相一致。又因为诗歌独具的抒情性，更有感染力。《短歌行》是汉乐府的旧题，根据魏文帝曹丕《燕歌行》“短歌微吟不能长”、唐代吴兢《乐府古题要解》“长歌正激烈”，可以推知《短歌行》的音乐节奏特点是微吟的短歌，而非激烈的长歌。所以这首“求贤歌”，朗诵时不宜读得太慷慨，而应注重体会诗中深沉低回之处。

全诗四节，第一节抒写的是人生苦短的忧叹。要注意体会忧叹的根由：生逢乱世，百姓流离，渴望功业而未果。要注意鉴赏“朝露”的比喻，人生不知不觉已经过去大半，这就是“去日苦多”，也是“来日苦少”，就像露水在前夜的昧暗中度过大半生，朝阳一来，露水就会蒸发消逝。要注意体会“酒”在本诗中的情感意义：第一节是解忧良药，第二、三节则是交友之琼浆。

第二节化用《诗经》中的两首诗，更见缠绵深情。《郑风·子衿》本是写一个姑娘思念她的爱人，曹操却用它表达对人才的渴望。我们读“青青子衿，悠悠我心”时，一定要想到《诗经》在当时读书人中的普遍性，想到《郑风·子衿》中这两句诗后面的两句诗“纵我不往，子宁不嗣音”（就算我没去找你，你为什么不给我个消息呢）。这样，曹操对贤才的渴慕就更感人了。这就是政治性与艺术性结合的力量。《小雅·鹿鸣》本来就是描绘宾主欢宴的情景，与《郑风·子衿》相承，表达以厚礼相待的许诺，逻辑清晰，情感动人。

第三节八句，前四句照应第一节讲忧愁，后四句照应第二节讲贤才。这种复现、变奏使全诗更有反复咏叹之致，也进一步推高了主题：贤才已来，相处融洽；但是，我丝毫也没有满足之感，我仍在为求贤而发愁，希望有更多的贤才到来。这一节，一定要深入体会“不可断绝”的双关意味。

第四节求贤若渴的感情进一步加深。“月明”四句是写景，但更有比喻的深意：犹豫不决的人才啊，你们还在选什么呢？“山不厌高”四句是披肝沥胆，袒露心扉：我像周公一样等待着你们呀！

读此诗，既不能忘记曹操的政治家属性，也不能忘记曹操作为文学家的才华。要体会他把政治内容和意义完全熔铸在浓郁的抒情意境之中的艺术手法：准确而巧妙的比兴，寓理于情，以情感人。再次强调，低回深沉处，不宜激昂慷慨。

编者：贾一震

A Short Song

We should sing before wine.
For how long can life last?
Like dew on morning fine,
So many days have passed.
How can we be unbound
By grief which weighed us down?
Grief can only be drowned
In wine of good renown.
Talents with collars blue,
For you I pine away.

So much I long for you,
My heart aches night and day.
How gaily call the deer
While grazing in the shade!
When I have talents here,
Let lute and lyre be played!
Bright as the moon on high,
How can I bring it down?
Grief from within comes nigh;
Ceaselessly it flows on.
Across the fields and lanes,
You are kind to come here.
Talking of far-off plains,
You cherish friendship dear.
The moon's bright and stars nice,
The crows in southward flight
They circle the trees thrice;
There's no branch to alight.
With crags high mountain rise;
With water the sea's deep.
With the help of the wise,
An ordered world we'll keep.

语言知识

1. 单词

renown/rɪˈnaʊn/*n.* (formal) fame and respect because of sth you have done that people admire 名誉；声望

cherish /ˈtʃerɪʃ/ *v.* to love sb/sth very much and want to protect them or it 珍爱；钟爱；爱护

thrice /θraɪs/ *adv.* three times 三次；三倍

alight /əˈlaɪt/ *v.* if a bird or insect alights somewhere, it lands there （鸟虫）飞落

crag /kræg/ *n.* a high steep rough mass of rock 悬崖；峭壁；绝壁

2. 短语

✓ long for 渴望，对某事物或某种情况有强烈的欲望或期待

It is a sense of freedom and safety that you long for.

这就是你们渴望的自由和安全感。

✓ night and day 夜以继日地

The machines are kept running night and day.

这些机器夜以继日地运转着。

编者：李书梅

归园田居·其一

〔东晋〕陶 潜

一、题解

陶渊明是东晋末到刘宋初的杰出诗人、辞赋家、散文家，被誉为“千古田园之祖”“隐逸诗人之宗”。东晋安帝义熙元年（405），陶渊明在江西彭泽做了八十多天县令之后，因为不愿“为五斗米折腰向乡里小儿”，从此结束了时隐时仕、身不由己的生活，终老田园。归田第二年写了《归园田居》一组五首诗，描绘田园风光的美好与农村生活的淳朴可爱，抒发归隐后愉悦的心情。最著名的还是这第一首。

二、原文

少无适俗韵，性本爱丘山。误落尘网中，一去三十年。
羁鸟恋旧林，池鱼思故渊。开荒南野际，守拙归园田。
方宅十余亩，草屋八九间。榆柳荫后檐，桃李罗堂前。
暧暧远人村，依依墟里烟。狗吠深巷中，鸡鸣桑树颠。
户庭无尘杂，虚室有余闲。久在樊笼里，复得返自然。

三、注释

1. 适俗韵：适应世俗的想法。

2. 丘山：指山林、自然。

3. 尘网：指尘世，官府生活污浊而又拘束，犹如网罗。这里指晋宋官场。

4. 三十年：古人认为三十年为一世，一入一出，有恍如隔世之感。

5. 羁鸟：笼中的鸟。

6. 池鱼：池塘中的鱼。

7. 南野：南面的田野。

8. 守拙：意思是不随波逐流，固守节操。与宁武子的“愚不可及”相近。

9. 方宅：宅地方圆。

10. 荫：荫蔽。

11. 罗：罗列。

12. 暧暧：迷蒙隐约的样子。

13. 依依：轻柔而缓慢地飘升。

14. 墟里：村落。

15. 颠：通“巅”，顶端。

16. 尘杂：尘俗杂事。

17. 虚室：空室。

18. 樊笼：这里比喻官场生活。樊，藩篱，栅栏。

四、译文

年轻时就没有顺应世俗的想法，生性喜爱的本就是丘壑与山川。错误地陷入到尘世的仕途罗网，恍然就是隔世好像过了三十年。

笼中的鸟怀念旧时生活的森林，池中的鱼思念原来嬉戏的深潭。到南边的原野上开出一片荒地，依着我愚拙的心性回归了园田。

修一座属于自己的十余亩宅院，建起的茅屋草舍也有七八九间。榆柳成荫就遮蔽了房后的屋檐，桃李芬芳就散布在堂屋的前面。

迷蒙隐约的邻村屋舍意境悠远，依依袅袅地飘散着淡淡的炊烟。深深的街巷中会传来几声狗吠，高高的桑树顶上也有鸡鸣啼唤。

庭院内没有世俗杂务烦扰清静，虚空的静室里有的是悠然安闲。那一世我困于樊笼长久无自由，这一天我又能归返天地与自然。

五、导读

中国最能欣赏陶渊明诗歌的是苏轼。苏轼在《与苏辙书》中说“其诗质而实绮，癯（qú，瘦）而实腴”，深刻地揭示了一个事实：陶渊明的诗歌看似素淡平易、不见组织雕镂，实则谋篇布局、形象塑造、推敲炼字等方面都有精巧之工。欣赏本诗，正需要体会诗中绮丽丰腴的情韵。

起首四句说出了个性与过往人生的冲突，重点要关注一个“误”字。考诸陶渊明的人生，在儒家的精神熏染下，他还是很希望自己也能“猛志逸四海”的，但是作为一个出身庶族的知识分子，曾祖陶侃的祖荫已经逐渐散去，他先后遇到的顶头上司王凝之、桓玄、刘牢之、刘裕等或无能无为，或枭雄谋逆，都让他无法适从，这是他的“误”。做个小官谋生，还需要面对“乡里小儿”的刁难，他又怎能适从？这也是他的“误”。作为一个直率的读书人，既然不能逢迎世俗、周旋应酬、钻营取巧，那就回到与自己本性相通相合的淳朴乡村、宁静自然中吧。官场仕途，恍惚之间，已是隔世之“误”。这四句看来不过是平实的记叙，但情韵极深，细细品味，当能感受到他心中“感士不遇”的无限感慨。田园山川，都像是久别的旧友，无限眷恋。

随后四句以“羁鸟恋旧林，池鱼思故渊”作比，写的是做官时“违己交病”的痛苦，也是归园田之时的轻松与快乐。再转接“开荒南野际，守拙归园田”，自然妥帖。“拙”与“愚”相近，与“工巧”相对。孔子曾称赞宁武子“愚不可及”。屈原在《离骚》中有“固时俗之工巧兮，偭规矩而改错。背绳墨以追曲兮，竞周容以为度”，形象地写出了当时黑暗官场上丧失原则立场、投机钻营的普遍现象。柳宗元把自己贬居之地的一条河改名叫作“愚溪”，这些都与陶渊明的“守拙”无二致。所谓“守拙”，就是坚守原则立场、高洁品性。“归园田”循了“爱丘山”的本性，人生自此舒展。

心情舒展，心胸开阔，自有欣然之喜。庭院、屋舍、榆柳、桃李、村庄、炊烟、狗吠、鸡鸣，便在诗人眼中展开了一幅恬静幽美、清新喜人的图画，这就是田园画了。清淡素雅的天然之美令人神往，但是这天然之美中却自有精妙的构思安排。“方宅十余亩，草屋八九间”，是简笔勾勒，显出主人生活的简朴。“榆柳荫后檐，桃李罗堂前”，素淡与绚丽交映成趣。视线放远一些，“暧暧远人村，依依墟里烟”，水墨写意，透着和平安宁的意境。画面很淡很淡，味道很浓很浓。“狗吠深巷中，鸡鸣桑树颠”，这鸡犬之声让田园生活灵动了起来。老子在《道德经》里构想的理想社会就是这样了。

结尾四句，从上面写景转下来，概括自己的生活。“户庭无尘杂，虚室有余闲”，一个“无”一个“有”，对比鲜明，悠闲啊！顺畅啊！“久在樊笼里，复得返自然”，照应开头，点明了“顺畅”快乐的根源：我得了“自然”了！这个自然，是丘山，更是庄子所讲的天性自然。

再套用“自然”一语来评陶渊明诗：那是一种真实的情感贯穿始终，经过艺术努力之后，呈现出一个完整的意境，是一种千锤百炼之后的自然。

编者：贾一震

Return To Nature(I)

While young, I was not used to worldly cares,
And hills became my natural compeers,
But by mistake I fell in mundane snares,
And was thus entangled for thirteen years.
A caged bird would long for wonted wood,
And fish in ponds for native pools would yearn.
Go back to till my southern field I would.
To live a rural life why not return?
My plot of ground is but ten acres square;
My thatched cottage has eight or nine rooms.
In front I have peach trees here and plums there;
Over back eaves willows and elms cast glooms.
A village can be seen in distant dark,

Where plumes of smoke rise and waft in the breeze.
In alley deep a dog is heard to bark,
And cocks crow as if over mulberry trees.
Into my courtyard no one should intrude,
Nor rob my private rooms of peace and leisure.
After long, long official servitude,
Again in nature I find homely pleasure.

语言知识

1. 单词

compeer/ˈkɒmpɪə/*n.* a person of equal rank, status, or ability; peer 地位、身份或能力相同的人；同辈

mundane/mʌnˈdeɪn/*adj.* (often disapproving) not interesting or exciting 单调的；平凡的

snare/sneə(r)/*n.* a situation which seems attractive but is unpleasant and difficult to escape from 陷阱；圈套；骗局

entangle/ɪnˈtæŋgl/*v.* ~ sb in sth/with sb to involve sb in a difficult or complicated situation 使卷入；使陷入

yearn/jɜːn/*v.* ~ (for sth/sb) (literary) to want sth very much, especially when it is very difficult to get 渴望；渴求

leisure/ˈleʒə/*n.* leisure is the time when you are not working and you can relax and do things that you enjoy 空闲时间

2. 短语

✓ by mistake 错误地；无意中

He took my book by mistake. 他拿错了我的书。

编者：李书梅

拟行路难·其四

〔南朝·宋〕鲍　照

一、题解

鲍照出身庶族，家道败落至“负锸（chā，与锹相似的农具）下农”。他的诗歌学习乐府又能突破乐府，讲究格律又能突破格律，思想深沉，情感饱满，意境清新，辞藻华美，节奏多变，李白以“俊逸”称之。他的诗对后世李白、岑参、高适、杜甫等都有较大影响。“泻水置平地”是组诗《拟行路难十八首》中的第四首，具有极强的代表性，抒写的是诗人在门阀制度重压下，深感世路艰难的愤慨不平之情。

二、原文

泻水置平地，各自东西南北流。
人生亦有命，安能行叹复坐愁！
酌酒以自宽，举杯断绝歌《路难》。
心非木石岂无感？吞声踯躅不敢言。

三、注释

1. 泻：倾、倒。
2. 自宽：自我宽慰。

3. 断绝：停止。

4. 路难：古调《行路难》。

5. 吞声：声将发又止。

6. 踯躅：步将迈而不前。

四、译文

人生如水倒平地，定是东西南北随机流。
穷达自有天注定，怎能行走安坐都叹愁？
宽慰自己倒杯酒，那酒堵住了叹难的口。
我心不是枯木头，心中有话也不能出口。
我心不是硬石头，想要行动也无法游走。

五、导读

这首“泻水置平地”充分体现了鲍照善写杂言、多歌路难的艺术特色。杂言之形与路难之意完美结合，最值得反复吟咏、品味。

“泻水置平地，各自东西南北流”，五言起而七言收，起得突然，收得自然，是生活中常见的平凡景象，更是惊心动魄的人生哲理，用比兴手法讲明了人生于世，各人命运随机不同。地势有高低，门第有士庶，自然景象的背后藏着多少作者无法言说的悲痛愤懑。两个动词“泻”“流”气满神足，李白诗“黄河落天走东海，万里写入胸怀间”颇类这种感觉。

鲍照有很强的宿命论思想，但是又有些不认命的斗争精神，所以他说“安能行叹复坐愁”。社会人生中的种种错位现象是命运不同所致，但是人生于世，却不能事事都悲叹抱怨，否则只能是郁结更多的愁苦，改变不了分毫。

鲍照选择的解忧之法也是饮酒，只是这酒饮得非常痛苦。他非但没有从苦闷中解脱，得到心灵的宽慰，恰恰相反，“吞声”“踯躅”昭示了他心中郁积的块垒被酒浇溉之后，更有被困樊笼的悲痛。“心非木石”自然有感，但是有感又能如何？不过是“不敢言”而已。到了嘴边的呼喊，只能“吞”回去；就要迈开的脚步，只能收回去，变成“踯躅”。眼见这社会政治的黑暗、残酷是怎样窒息了作者和广大庶族能人的灵魂，士族对寒微庶族的压抑，已经到了让诗人敢怒而不敢言的地步了，这是人间最大的不幸。

这首诗的语言明白晓畅，却又蕴藉深厚、比兴遥深，迂曲的构思达到了启人思索、耐人品味的艺术境界。五七言的错落伴随着感情的曲折，真可谓是“一俯一仰，神情无限”（王夫之语）。

编者：贾一震

In Imitation of the Weary Way（IV）

When water's spilled o'er level ground,
It will run eastward, westward, southbound and northbound.
A man's life's also ruled by fate.
Why must we sigh outdoors or in, early or late?
Drink wine to drown grief if you may,

And raise your cup and stop to sing the Weary Way!

How can our heart be like unfeeling wood or stone?

I hush my voice and hesitate lest it be known.

语言知识

1. 单词

weary/ˈwɪəri/*adj*. making you feel tired or bored 使人疲劳的；使人厌烦的

hesitate/ˈhezɪteɪt/*v*. ~(about/over sth) to be slow to speak or act because you feel uncertain or nervous（对某事）犹豫，迟疑不决

2. 短语

✓ in imitation of 模仿

Read aloud in imitation of the tape.

仿效磁带大声朗读。

编者：李书梅

春江花月夜

〔唐〕张若虚

一、题解

张若虚，初唐扬州人，生卒年月、字号均不详，与贺知章、张旭、包融并称“吴中四士”。《全唐诗》中仅录他两首诗，其中《春江花月夜》沿用陈隋乐府旧题，描绘了一幅开阔清幽而又惝恍迷离的春江月夜图，抒写了游子思妇动人的离情别绪，表达了富有哲理意味的人生感慨，表现了一种迥绝的宇宙意识，创造了一个深沉、寥廓、宁静的境界。全诗共三十六句，四句一韵，通篇融诗情、画意、哲理为一体，意境空明，想象奇特，语言自然隽永，韵律宛转悠扬，闻一多先生对它有“诗中的诗”“孤篇盖全唐”之誉。

二、原文

春江潮水连海平，海上明月共潮生。
滟滟随波千万里，何处春江无月明。
江流宛转绕芳甸，月照花林皆似霰。
空里流霜不觉飞，汀上白沙看不见。
江天一色无纤尘，皎皎空中孤月轮。
江畔何人初见月？江月何年初照人？

人生代代无穷已，江月年年望相似。
不知江月待何人，但见长江送流水。
白云一片去悠悠，青枫浦上不胜愁。
谁家今夜扁舟子？何处相思明月楼？
可怜楼上月裴回，应照离人妆镜台。
玉户帘中卷不去，捣衣砧上拂还来。
此时相望不相闻，愿逐月华流照君。
鸿雁长飞光不度，鱼龙潜跃水成文。
昨夜闲潭梦落花，可怜春半不还家。
江水流春去欲尽，江潭落月复西斜。
斜月沉沉藏海雾，碣石潇湘无限路。
不知乘月几人归，落月摇情满江树。

三、注释

1. 滟滟：波光荡漾的样子。

2. 芳甸：开满花草的郊野。甸，郊外之地。

3. 霰：即霰雪，是一种白色不透明的小冰粒。

4. 流霜：古人以为霜和雪一样，是从空中落下来的，所以叫流霜。

5. 汀：水边平地，或小沙洲。

6. 月轮：指月亮，因为月圆时像车轮，所以称为月轮。

7. 青枫浦：长有枫树的渡口，这里泛指游子所在的地方。暗用《楚辞·招魂》“湛湛江水兮上有枫，目极千里兮伤春心”句意，隐含离别之意。今湖南浏阳境内有地名叫青枫浦，也是从《楚辞》得名。

8. 扁舟子：飘荡江湖的游子。扁舟，小舟。

9. 明月楼：月夜下的闺楼。这里代指闺中思妇。

10. 裴回：通“徘徊”。离人：此处指思妇。妆镜台：梳妆台。

11. 玉户：形容装饰精美的楼阁、庭院的门。

12. 捣衣砧：捣衣石、捶布石。古人洗衣多在河边，借用棒槌在石板上捶打，这块石板就是捣衣砧。

13. 鸿雁：最善飞的大雁，中国古代文化传说中伟大的“邮递员”。

14. 文：同“纹”，借水纹可想象书信的文字。

15. 闲潭：幽静的水潭。

16. 碣石潇湘：碣石，山名，在渤海边上，曹操《观沧海》诗中有“东临碣石”之句。潇湘，水名，在今湖南一带，舜帝二妃娥皇、女英殒命之所。

四、译文

春天的江潮总在夜晚，和海潮一起涨平岸滩，
明月和海潮一起升起，波涛轻涌就上了青天。
潮水轻涌，月光轻闪，闪过了千万里的空间，
哪一处春江不是这般，映着月亮明媚的容颜？
江流婉转曲折不停歇，绕过花草繁盛的田野，
皎皎月光像霰雪洒落，朵朵林花更清雅莹洁。
月色洁白似青霜飞动，夜空弥散着轻柔和谐，
汀上的细沙融入月色，浑然洁白轻易难察觉。
江水和天空浑然一色，不见一丝纤微的烟尘，
明亮的夜空辽阔无际，月亮只有孤单的一轮。
江边古往今来多少人，是谁最早看见了月亮？

江上皎洁孤单的月亮，是哪年最初照见了人？
世上的人一代又一代，无穷无尽地繁衍生存，
江上的月一年又一年，世人望去总无法区分。
我想问问江上的明月，你到底在等待什么人？
我只看见无尽的长江，送走了流水不可追寻。
天边上的那一片白云，轻轻悠悠地随风飘走，
渡口旁的那一株青枫，再忍不住离别的忧愁。
那是谁家在外的游子，今晚还在小船上漂流？
明月照在哪家的楼头？相思的女子望月烦忧。
是谁说月光最是可爱，在女子楼上流连徘徊？
丝丝月光照到了哪里？可是她那落寞的妆台？
精美的门帘已经卷起，却卷不走月光的缠绵，
捣衣砧上不停地捶打，却拦不住月光的重来。
把望月当作隔空相望，相思音讯却不能听闻，
我想跟随流动的月光，时时照拂着心中的您。
鸿雁飞过了漫漫长空，却没有带走一片月光，
鱼龙在水中潜行腾跃，在水面写下相思诗文。
昨夜梦见家乡的水潭，幽静的潭水漂着落花，
可叹今春又过了一半，我还没回到自己的家。
江水流淌带走了春天，美好时光已流逝殆尽，
眼前的江啊梦中的潭，月亮又往西走向天涯。
西斜的月亮慢慢下沉，藏进浩渺如海的迷雾，
爬不完曹操的碣石山，走不尽舜妃的潇湘路。
从不见有谁乘着月光，轻松喜悦地把自家回，
只看见落月带着离情，摇曳着江边高茂的树。

五、导读

关于此诗的具体创作年份已难以确考，创作地点虽有不同说法，但大体都认为是在扬州的江畔，而扬州正是诗人的家乡。据此可以推知本诗中所写的人间别愁并不是自己的。也正因此，诗中的春、江、花、月、夜这五种事物展现的良辰美景，天地之阔、宇宙无穷形成的哲理时空，扁舟子、明月楼、青枫浦、碣石、潇湘等形成的相思之境，构织成的艺术境界更加奇妙引人入胜。学习本诗可以有许多角度，但入手处必须是基本的理解。

整首诗九韵三层，景、理、情依次展开。第一层两韵写春江花月夜的美景，第二层两韵写面对江月产生的人生感慨，第三层五韵写了人间思妇游子的离愁别绪。

第一层，赏景重在想象。从语言文字入手，想象诗人描绘的画面。春天，江潮夜涨，潮宽似海，想象到视野之外，是谓“连海”，“连海”才见得浩瀚。此时月出，在潮水的涌动中，“生”字赋予明月、潮水以活泼的生命。眼前月光在江面上闪烁，视野之外，千万里之外，也是同样的画面。这是第一韵，“平”“生”“明”，响亮、宏阔，与所写的景相应。第二韵，“甸”“霰”“见”，响亮、清新，亦与所写之景相应。江水弯弯，花草满原，月下林花晶莹，汀沙如雪。明月洗去世间万物的光色，月光的银辉里，“春江花月夜”成了一幅幽美恬静的画面。两韵八句，由大到小，由远及近，高低错落，景致围绕着月色展开。那月亮本身又将如何？

第二层，析理重在思考。要调动时空的概念，思考诗人的人生体验。江天一色，一轮明月在天，连个参照物都没有，还真是孤单得可以。正因为江天辽阔，江月孤单，诗人更容易进入清明澄澈的天地宇宙，展开历史古今、洪荒八极的思考。这就是江月与人的对立存在。这是第一韵，“尘”“轮”“人”，由洪亮而渐渐低沉，“江畔何人初见月？江月何年初照人？”这是亘绝千古的疑问。陈子昂在幽州台没有看到古人和来者，就流下了孤独悲怆的泪水；张若虚的思考更缠绵了一些，他想到的是“人生代代无穷已”与“江月年年望相似”对立存在。个体的人，生命短暂易逝；族群的人类，情感绵延长存。月亮的形象万古不变，诗人怀疑它在等着某一代的某一人，所以他问；诗人又根本不知道月亮等待的是什么人，所以他叹。“已”“似”“水”，唇齿音，塞擦发音，微细而低沉。江月有恨，流水无情，这正是自然与人最大的不同。

第三层，体察诗人的感情需要设身处地，寻找共情。诗人的视角与我们读者相似，他想象中的情事就是我们要想象的情事。第一韵，“悠”“愁”“楼”，柔和而又浑厚，全从一片“白云”而起。“白云”“扁舟”“青枫浦”“明月楼”，游子漂泊不定，思妇月下多情。“谁家”“何处”互文见义，指向千家万户，处处离愁。第二韵，“回（徊）”“台”“来”，古韵部归属“灰”，发音要比今天更加微细低沉，比第三韵“闻”“君”“文”还要微细低沉。离人之间的怀念绵绵不尽，思妇、游子的形象都是作者想象而来，我们也要通过想象入境，去体会渡口的离别、江湖的漂泊、楼头的望月、水边的捣衣，去体会望月怀远、鸿雁传书、鱼龙带信的相思缠绵。有形象有行动，就是没有相聚。离别的痛、相思的苦，在春江花月夜渐渐弥散。第四韵，“花”“家”“斜”（古音读作“霞”），是宏亮的开口音。第五韵，“雾”“路”“树”，是微细的合口音。这是游子的痛，也是思妇的苦。闲潭、落花、流水、残月、迷雾、长路、高树都是烘托，做梦梦易醒，思归不得归，无着无落的离情只能在残月的光里、高茂的树上“摇”。结尾句“落月摇情满江树”的这个“摇”字，真可谓是情韵袅袅，摇曳生姿，令人心醉神迷。

《春江花月夜》在思想与艺术上都超越了以前那些单纯模山范水的景物诗、“死生亦大矣，岂不痛哉”的哲理诗、抒儿女相思的爱情诗。诗人将这些熔为一炉，景、理、情水乳交融，整首诗篇仿佛笼罩在一片空灵而迷茫的月色里，吸引着读者去探寻其中美的真谛。

编者：贾一震

The Moon over the River on a Spring Night

In spring the river rises as high as the sea,
And with the river's tide uprises the moon bright.
She follows the rolling waves for ten thousand li;
Where'er the river flows, there overflows her light.
The river winds around the fragrant islet where
The blooming flowers in her light all look like snow.
You cannot tell her beams from hoar frost in the air,
Nor from white sand upon the Farewell Beach below.
No dust has stained the water blending with the skies;

A lonely wheel-like moon shines brilliant far and wide.
Who by the riverside did first see the moon rise?
When did the moon first see a man by riverside?
Many generations have come and passed away;
From year to year the moons look alike, old and new.
We do not know tonight for whom she sheds her ray,
But hear the river say to its water adieu.
Away, away is sailing a single cloud white;
On Farewell Beach are pining away maples green.
Where is the wanderer sailing his boat tonight?
Who, pining away, on the moonlit rails would lean?
Alas! The moon is lingering over the tower;
It should have seen her dressing table all alone.
She may roll curtains up, but light is in her bower;
She may wash, but moonbeams still remain on the stone.
She sees the moon, but her husband is out of sight;
She would follow the moonbeams to shine on his face.
But message-bearing swans can't fly out of moonlight.
Nor letter-sending fish can leap out of their place.
He dreamed of flowers falling o'er the pool last night;
Alas! Spring has half gone, but he can't homeward go.
The water bearing spring will run away in flight;
The moon over the pool will sink low.
In the mist on the sea the slanting moon will hide;
It's a long way from northern hills to southern streams.
How many can go home by moonlight on the tide?

The setting moon sheds o'er riverside trees but dreams.

语言知识

1. 单词

uprise/ʌpˈraɪz/*v.* [no obj.] (archaic or poetic/literary) rise to a standing orelevated position 升起；起立

overflow/əʊvəˈfləʊ/*v.* ~(with sth) ~ sth to be so full that the contents go over the sides 漫出；溢出

fragrant /ˈfreɪgrənt/*adj.* having a pleasant smell 香的；芳香的

islet/ˈaɪlət/*n.* a very small island 很小的岛；小岛

hoar/hɔː/*adj.* greyish white; grey or grey-haired with age 灰白的；花白的，花白头发的

stain/steɪn/*v.* ~(sth)(with sth) to leave a mark that is difficult to remove on sth; to be marked in this way（被）玷污；留下污渍

adieu/əˈdjuː/*n.* (old use/literary) goodbye 再见

linger/ˈlɪŋgə/*v.* if you linger somewhere, you stay there for a longer time than is necessary, for example, because you are enjoying yourself 继续逗留

2. 词义辨析

✓ lonely 与 alone

lonely 意为"孤独的"，表示主观上感到孤独、寂寞，为形容词，在句中作表语或定语，意为"荒凉，偏僻"，多修饰表示地点的名词。

alone 为形容词，意为"单独的"，只作表语，不能作定语，

侧重说明独自一人，只表示客观的状态。

3. 短语或特殊用法

✓ linger over 在……上拖延；细细思考；仔细欣赏；慢吞吞地做某事

Customers are welcome to linger over coffee until around midnight.

顾客们可以慢慢品味咖啡到午夜。

✓ pine away 消瘦，憔悴；因为忧虑、病痛或渴望某人或某物而逐渐变得消瘦、憔悴

The dolorous secretmade me pine away.

那种痛苦的秘密使我萎靡。

✓ should have seen 本可以看到

should/ought to/could/may/might + have + 动词的过去分词，意为“过去应该/能够/可以做而未做”的虚拟语气。该结构的否定形式则表示“过去不该做的却做了”，是一种委婉的责备，语气最强的是 should，最弱的是 might。

They should have phoned to me earlier that they weren't able to come.

他们应该早点打电话通知我他们不能来了。

编者：徐维维

山居秋暝

〔唐〕王　维

一、题解

苏轼评价王维的诗说："味摩诘之诗，诗中有画；观摩诘之画，画中有诗。"《辋川集》中的诗最能体现这一特点，这首《山居秋暝》更是其中的佼佼者。这首诗中的"山居"指的就是诗人在辋川山谷营建的一座园林，后世称作"辋川别业"。园以人传，被称作"古代第一别墅"。

二、原文

空山新雨后，天气晚来秋。
明月松间照，清泉石上流。
竹喧归浣女，莲动下渔舟。
随意春芳歇，王孙自可留。

三、注释

1. 暝：日落时分，天色将晚。
2. 浣女：洗衣服的女子。浣，洗涤衣物。
3. 随意：任凭。
4. 春芳：春天的花草。

5. 歇：消散，消失。

6. 王孙：原指贵族子弟，此处指诗人自己。

四、译文

幽静的青山里下了场清新的雨，
这样的天气到晚上才配叫个秋。
明月在松林里洒下和谐的光影，
清泉在山石上欢快地淙淙淌流。
竹林喧腾那是姑娘们洗衣归来，
莲叶摇动那是下有荡漾的渔舟。
虽然没有春天花草的芬芳萦绕，
这山居秋景也能让我惬意安留。

五、导读

本诗是山水名篇，山水自然之美和山居生活的质朴中有诗人对人格美和理想社会的追求。阅读本诗，要注意体会王维所描绘的山居图中空山、新雨、明月、青松、清泉、山石、翠竹、清莲等自然景物背后的文化特质，以及浣女、渔舟等山民生活背后的社会理想。

首联起笔写的是山，落笔写的是秋。一个“空”字，扫去了闲杂人等的世俗纷扰。一个“新”字，让一场好雨洗去了山中的尘氛，让山色、空气更加清新。山雨初霁，山月初升，这初秋的傍晚，秋意盎然。

颔联在秋夜迷蒙的背景上细细描画山居的景致。上有明月当空，下有青松如盖，月光透过青松的枝柯洒落到诗人身旁。山泉清浅，在山石间淙淙流泻，月光下，有如素雅的白练，闪动间又传出清脆的声响。诗人追求的“息阴无恶木，饮水必清源”（《济上四贤咏》）大概就是如此了。明月、青松、山石、清泉，都与诗人高洁的品性和追求相谐。这两句写景如画，随意洒脱，似是出自王维心中的美妙境界。

颈联让秋夜图的画面上有了人的风情。竹林中传来的喧哗，是浣衣女子劳动结束之后的轻松；莲叶的扰动，是渔舟荡漾的愉悦。这两句动景描写的精细合理处需要仔细品味。秋夜已暝，浣女、渔舟又被竹、莲遮蔽，本不可见，听声辨位才能得见。这样的精细描写使人物更加真实自然，画面更有质感。

颔联、颈联合起来再看：空山明月之下，青松翠竹、清泉莲叶之中，一群无忧无虑、勤劳善良的人们——这和谐美好的生活图景，是历代国人对闲适生活最美好的向往。

尾联有感而直发。诗人把自己崇尚恬静、淡泊的山水田园生活的感情明明白白地写出来：这秋景比春景更美，我比一般的王子皇孙更有福气。

引一段司马迁评价屈原《离骚》的句子：“其志洁，故其称物芳。”再次提醒同学们重点体会诗中美好形象的背后王维对人格美和理想社会的追求。

编者：贾一震

Autumn Evening in the Mountains

After fresh rain in mountains bare,

Autumn permeates evening air.
Among pine trees bright moonbeams peer;
Over crystal stones flows water clear.
Bamboos whisper of washer-maids;
Lotus stirs when fishing boat wades.
Though fragrant spring may pass away,
Still here's the place for you to stay.

语言知识

1. 单词

bare/beə(r)/*adj.* (of trees or countryside) not covered with leaves; without plants or trees 光秃秃的；荒芜的

permeate/ˈpɜːmieɪt/*v.* (of a liquid, gas, etc.) to spread to every part of an object or a place 渗透；弥漫；扩散

peer/pɪə(r)/*v.* to look closely or carefully at sth, especially when you cannot see it clearly 仔细看；端详

stir/stɜː(r)/*v.* ~ sth (into sth) | ~ sth (in) to move a liquid or substance around, using a spoon or sth similar, in order to mix it thoroughly 搅动；搅和；搅拌

wade/weɪd/*v.* [usually + adv./prep.] to walk with an effort through sth, especially water or mud 跋涉；涉；蹚（水或淤泥等）

2. 词义辨析

✓ bare 与 empty

bare 指表面上没有覆盖物的，empty 指内部是空的。

在日常语言运用中，bare 指光秃秃的、无遮蔽的，通常指局部的裸；empty 指（房间等）空的、没有物的，指描绘

之物的内部本应有的东西这时却没有，或者可容人或物的地方或容器这时未容纳（房间里无家里设备或没有人）。

3. 短语或特殊用法

✓ pass away 去世；死；消失；消磨（时间）；停止；结束

If we always wait for another day, fruitlessly our life will pass away.

如果我们总是等着另一天，我们的生命将徒然流逝。

编者：徐维维

蜀道难

〔唐〕李　白

一、题解

“蜀道难”是乐府旧题。天宝初年，李白在长安送别友人入蜀时，袭用乐府古题而推陈出新，用丰富的联想和想象将历史、现实、神话交织在一起，落笔成就了雄奇险峻的蜀山蜀道。蜀道之难，诗仙一唱而三叹，全诗既有七言通贯，又有三、四、五言乃至十一言错落其间，用韵也突破了梁陈旧作一韵到底的程式，随蜀道景物而极尽变化之能事，形成极为豪放飘逸的风格。据说贺知章一读此诗就大为赞赏，称李白为“谪仙人”。殷璠《河岳英灵集》称此诗“奇之又奇，自骚人以还，鲜有此体调”。

二、原文

噫吁嚱，危乎高哉！蜀道之难，难于上青天！蚕丛及鱼凫，开国何茫然！尔来四万八千岁，不与秦塞通人烟。西当太白有鸟道，可以横绝峨眉巅。地崩山摧壮士死，然后天梯石栈相钩连。上有六龙回日之高标，下有冲波逆折之回川。黄鹤之飞尚不得过，猿猱欲度愁攀援。青泥何盘盘，百步九折萦岩峦。扪参历井仰胁息，以手抚膺坐长叹。

问君西游何时还？畏途巉岩不可攀。但见悲鸟号古木，雄飞雌从绕林间。又闻子规啼夜月，愁空山。蜀道之难，难于上青天，使人听此凋朱颜！连峰去天不盈尺，枯松倒挂倚绝壁。飞湍瀑流争喧豗，砯崖转石万壑雷。其险也如此，嗟尔远道之人胡为乎来哉！

剑阁峥嵘而崔嵬，一夫当关，万夫莫开。所守或匪亲，化为狼与豺。朝避猛虎，夕避长蛇，磨牙吮血，杀人如麻。锦城虽云乐，不如早还家。蜀道之难，难于上青天，侧身西望长咨嗟！

三、注释

1. 蚕丛、鱼凫：传说中古蜀国两位开国的国王。

2. 太白、峨眉：太白山、峨眉山。青泥：青泥岭。

3. “地崩”句：用典“五丁开山”，语出《蜀王本纪》《华阳国志·蜀志》，后民间传成神话。秦王想征服蜀国，知道蜀王好色，就说要送给蜀王五位美女。蜀王派五丁力士去接，返程路遇一大蛇，大蛇想逃进山洞，五丁力士想把蛇拽出来，结果山崩地裂，五丁力士被压死。随后山分为五岭，秦蜀之路遂通。

4. 六龙回日之高标：迫使太阳神的车子掉头的高峰。“六龙回日”语出《淮南子》。传说日神羲和驾六龙以乘车，载着太阳在天空运行，东出扶桑，西至虞渊，循环往复，形成昼夜。

5. 黄鹤：善飞的大鸟。猿猱：善攀援的猴类。

6. 扪参历井：参、井，古星宿名。古人将黄道带分为十二次，各有定名，每次以两三个星宿为星官，分别配属于各诸侯国，称为分野。秦为井宿的分野，蜀为参宿的分野，故由秦入蜀称“扪参历井”。

7. 子规：即杜鹃鸟，又名杜宇，相传为古蜀国望帝魂魄所化，鸣声哀怨动人。

8. 剑阁：今四川剑阁县北的大、小剑山，群峰如剑插天，两山如门，极为险要。

9. 锦城：锦官城，即今四川省成都市。

四、译文

哎呀呀，太高了太高了！攀越蜀道真太难，简直难于上青天！传说中蚕丛和鱼凫建立了蜀国，开国的年代实在久远无法详谈。自从那时至今约有四万八千年，秦蜀被大山阻断无法沟通往返。西边的太白山只有鸟才能飞过，高峻峭拔远远超过峨眉的山巅。山崩地裂压死了蜀国五丁力士，才有天梯一样的栈道与秦钩连。上有挡住太阳神六龙车的高峰，下有激浪排空迂回曲折的大川。善于高飞的黄鹤尚且无法飞过，善于爬高的猿猱也要愁于攀援。青泥岭曲折的山路绕山峦盘旋，百步之内萦绕岩峦转了九个弯。屏息仰头摸着参星井星过山巅，惊恐不已用手抚胸徒然长吁叹。

好朋友啊请问你西游何时回还？可怕的蜀道峭岩高险不可以攀。只见那悲鸟在古树上哀鸣啼叫，雄雌相随飞翔在原始森林中间。月夜里耳闻杜鹃那悲惨的啼声，让人愁思绵绵在这寂静的空山。蜀道真难走啊简直难于上青天，叫人听到这些怎么不脸色突变？座座相连的山峰离天不到一尺，枯松老枝倒挂倚贴在绝壁之间。瀑流飞泻激湍迸溅争把闹声喧，水击崖岸巨石翻转万壑雷声颤。那蜀道艰难凶险啊到这个地步，可叹你远道之人又有什么贵干？

雄关剑阁盘踞崇山是又高又险，一人把守就千军万马也难攻占。驻守的官员若不是自己的亲信，难免要变为豺狼据险造反作乱。清晨你要提心吊胆地躲避猛虎，傍晚你要警觉防范长蛇的灾难。豺狼虎豹磨牙吮血真叫人不安，毒蛇猛兽杀人如麻更令你胆寒。锦官城虽然说是个快乐的所在，如此险恶还不如早早地把家还。蜀道太难走啊简直难于上青天，侧身西望令人不免感慨与长叹！

五、导读

这首诗是李白浪漫主义诗歌的代表作。鉴赏此诗，最重要的有两点：一是诵读体会杂言古体诗语言的气韵生动、参差错落之美；二是想象感受诗人笔下蜀道的雄奇险峻，体会诗仙想象的奇特、笔意的纵横、境界的阔大。要感受诗人笔下的蜀道，披文入境需要两步走：一是整体把握全诗一唱三叹之蜀道之难；二是调动积累和想象，感受诗人塑造的形象，体会诗人高妙的艺术造诣。

要整体把握全诗一唱三叹的蜀道之难，路径有二：一是根据李白的感叹和教材的分段，我们可以直接抓住该诗一叹其高、二叹其险、三叹其乱的层次递进关系，无须赘言；二是根据行文由古及今、自秦入蜀的顺序，大致又可梳理出一叹开辟之难、二叹攀越之难、三叹安居之难的情感逻辑。简要解释一下：一叹蜀道开辟之难。从“蚕丛”句到“天梯石栈相钩连”，写出了开辟之难表现在四万八千岁的历史、高峻阻断的地貌、惨死悲壮的牺牲。二叹蜀道攀越之难。从“六龙”句到“砯崖转石万壑雷”，蜀道攀越之难，难在畏途巉岩高接天，可使六龙回日、可阻黄鹤高飞、可阻猿猱攀援；也难在冲波逆折，飞流砯崖如雷喧，山高水急，触目闻声而生畏；还难在古木悲鸟号、空山杜鹃啼，凄清空寂，令人胆战心寒。行人要扪参历井，只能屏息抚膺而长叹。三叹蜀地安居之难。难在剑阁险要，一人把守，万人难行；也难在人心反复，守兵化狼豺，带来惨烈战祸；还难在锦城之乐不可长久，安乐窝是英雄冢，更何况苟安之城。

要调动想象和积累，感受诗人塑造的形象，体会诗人高妙的艺术造诣，又需要两步：一是了解诗人的浪漫主义手法，感受诗人联想、想象的丰富和奇特；二是展开想象，在头脑中再造诗人塑造的形象和诗境。诗仙李白联想时思接千载、神游八荒，想象时超凡脱俗、神思逸飞。这首诗写蜀道的开辟之难，联想到“蚕丛及鱼凫”的建国历史、“五丁开山”的神话传说，时间跨度一闪就是“四万八千岁”；写蜀道的攀援之难，联想到太白山的鸟道、青泥岭的岩峦回川，空间一跨就是古蜀道八千里山川；写蜀山之高，就写黄鹤难过、猿猱愁攀；写蜀道之险，就写悲鸟号古木、杜鹃愁空山；写蜀地安居之难，就写守将化豺狼后的惨烈，社会一变就是雨覆云翻。联想与想象纵横驰骋，历史与神话，古今未来，自由穿梭；入微的想象与传神的夸张，交错变换。天马行空般的神思驰骋，创造出博大浩渺的艺术境界。诗人纵意山水，那飞流惊湍、奇峰险壑，都沾染了诗人的情感气质，因而才呈现出飞动的灵魂和瑰伟的姿态。诗人艺术地再现了蜀道峥嵘、突兀、崎岖等奇丽惊险和不可凌越的磅礴气势，歌咏了蜀地山川的奇雄壮美。

这首诗古今纵横，虚实结合，把诗歌中心“蜀道难”渲染烘托得格外突出。至于其中更深的蕴藉，那就需要进一步深度学习，广泛搜集、挖掘史料，深入剖析了。

编者：黄耀新

Hard is the Road to Shu

Oho! Behold! How Steep! How high!
The road to Shu is harder than to climb the sky.
Since the two pioneers
Put the kingdom in order,
Have passed forty-eight thousand years,
And few have tried to pass its border.
There's a bird track o'er Great White Mountain to the west,
Which cuts through Mountain Eyebrows by the crest.
The crest crumbled, five serpent-killing heroes slain,
Along the cliffs a rocky path was hacked then.
Above stand peaks too high for the sun to pass o'er;
Below the torrents run back and forth, churn and roar.
Even the Golden Crane can't fly across;
How to climb over, gibbons are at a loss.
What tortuous mountain path Green Mud Ridge faces!
Around the top we turn nine turns each hundred paces.
Looking up breathless, I can touch the stars nearby;
Beating my breast, I sink aground with long, long sigh.
When will you come back from this journey to the west?
How can you climb up dangerous path and mountain crest,

Where you can hear on ancient trees but sad birds wail
And see the female birds fly, followed by the male?
And hear home-going cuckoos weep
Beneath the moon in mountains deep?
The road to Shu is harder than to climb the sky,
On hearing this, your cheeks would lose their rosy dye.
Between the sky and peaks there is not a foot's space,
And ancient pines hang, head down, from the cliff's surface.
And cataracts and torrents dash on boulders under,
Roaring like thousands of echoes of thunder.
So dangerous these places are,
Alas! Why should you come here from afar?
Rugged is a path between the cliffs so steep and high,
Guarded by one
And forced by none.
Disloyal guards
Would turn wolves and pards,
Man-eating tigers at daybreak.
And at dusk, blood-sucking long snake.
One may make merry in the Town of Silk, I know,
But I would rather homeward go.
The road to Shu is harder than to climb the sky,
I'd turn and westward look with long, long sigh.

语言知识

1. 单词

behold/bɪˈhəʊld/*v.* (old use) (literary) to look at or see sb/sth

看；看见

steep /stiːp/ *adj.* (of a slope, hill, etc.) rising or falling quickly, not gradually（斜坡、山等）陡的；陡峭的

pioneer /ˌpaɪəˈnɪə(r)/ *n.* ~ (in/of sth) a person who is the first to study and develop a particular area of knowledge, culture, etc. that other people then continue to develop 先锋；先驱；带头人

crest /krest/ *n.* [usually sing.] ~ (of sth) the top part of a hill or wave 山顶；顶峰；波峰；浪尖

crumble /ˈkrʌmbl/ *v.* to break or break sth into very small pieces（使）破碎，成碎屑

serpent /ˈsɜːpənt/ *n.* (literary) a snake, especially a large one 蛇；（尤指）大蛇

slay /sleɪ/ *v.* (old-fashioned, literary) to kill sb/sth in a war or a fight（在战争或搏斗中）杀，杀死

cliff /klɪf/ *n.* a high area of rock with a very steep side, often at the edge of the sea or ocean（常指海洋边的）悬崖，峭壁

hack /hæk/ *v.* [+ adv./prep.] to cut sb/sth with rough, heavy blows 砍；劈

torrent /ˈtɒrənt/ *n.* a large amount of water moving very quickly 急流；激流；湍流；洪流

churn /tʃɜːn/ *v.* ~ (sth) (up) if water, mud, etc. churns, or if sth churns it (up), it moves or is moved around violently 剧烈搅动；（使）猛烈翻腾

gibbon /ˈɡɪbən/ *n.* a small ape with long arms 长臂猿

tortuous /ˈtɔːtʃuəs/ *adj.* (of a road, path, etc.) full of bends

（道路、小路等）弯弯曲曲的；逶迤的；蜿蜒的

wail/weɪl/*v.* to make a long loud high cry because you are sad or in pain（因悲伤或疼痛）哭号，恸哭

2. 词义辨析

✓ see、behold、watch、look、regard、view、glance、gape、peep、peer

see 看，看见。最通用的一个词，可以指不经意地看到，也可以指有意图地看某事物。

behold 看着，瞧着。指盯着看，常强调被看之物给人以强烈冲击或印象。

watch 看着，注视。强调注视，指注意力集中与受到吸引，全神贯注，常用于祈使句中。

look 看，打量，注视。用途广泛的一个词，可以指有意识地把目光转向某事物观看，也可以指偶尔不经意地把眼光转向某事物。

regard 看着，打量着，审视着。指从一定距离上观看，或怀着某种特定的情绪态度打量。

view 审视，察看。意指看着呈现在面前的东西，带有仔细察看和审视的意思。

glance 扫视，匆匆一看。强调突然迅速地看一眼。

gape 目瞪口呆地凝视；张着嘴注视（常与 at 连用）。

peep 偷偷摸摸地看；窥视（常与 at、in、out、into 连用）。指从小的洞口或躲藏处窥看。

peer 专心地、努力地看。指使劲地、审视地窥看，似乎在努力要看清楚一些。

✓ beneath 与 under

beneath 可作介词、副词。用作介词时，意思是“在（或往）……下面，在（或往）……下方，（对某人来说）不够好”；用作副词时，意思是“在下面，在底下”；用作定语时常须置于句尾。多用于正式文体中，表达意思比 under 更具体。beneath 也有被某物覆盖的意思，也可用来表示隐藏在某人行为或决定下的真实情感。

例：They found the body buried beneath a pile of leaves.

他们发现尸体被埋在一堆树叶下面。

under 表示静止的空间位置时，意思是“在……的正下方，在……下面”；也可指在某物的脚边或底下，即“在……底下，在……脚下”；还可指在人身体某部位之下；有时还可引申表示“在……遮蔽（保护）之下”；还可以表示所处的状况、条件或在进行的过程中，意思是“在……（状态）中，在……（情况）下”。under 用途很广，使用频率较高。

例：The competition is open to young people under the age of 18.

这项比赛让十八岁以下的青少年参加。

3. 短语或特殊用法

✓ cut through 穿过；剪断

侧重指从某物中间穿越过去。

The canoe cuts through the water.

独木舟划破水面前行。

✓ climb over 爬过

指通过攀爬的方式越过某个障碍物，如墙、栅栏等。

The wall is too high for them to climb over.

这堵墙太高了，他们无法攀越过去。

✓ above stand peaks... 山顶高高耸立……

全部倒装是将句子中的谓语动词全部置于主语之前。此结构通常只用于一般现在时和一般过去时。

(1) here、there、now、then、thus 等副词置于句首，谓语动词常用 be、come、go、lie、run。

There goes the bell.

铃响了。

Then came the chairman.

那时主持人来了。

Here is your letter.

你的信。

(2) 表示运动方向的副词或地点状语置于句首，谓语是表示运动的动词。

Out rushed a missile from under the bomber.

轰炸机下面射出一枚导弹。

Ahead sat an old woman.

前面坐着一位老妇人。

编者：徐维维

梦游天姥吟留别

〔唐〕李　白

一、题解

唐玄宗天宝三年（744），李白在长安受到权贵的排挤，被免官出京，返回东鲁家园。次年他南游吴越，行前写了这首描绘梦中游历天姥山的诗，留给在东鲁的朋友，所以这首诗也题作《梦游天姥山别东鲁诸公》。天姥山，在今浙江新昌县东，因传说登山的人能听到仙人天姥唱歌的声音而得名。吟，古体诗的一种体裁名称，歌行体的一种。

二、原文

海客谈瀛洲，烟涛微茫信难求；越人语天姥，云霞明灭或可睹。天姥连天向天横，势拔五岳掩赤城。天台四万八千丈，对此欲倒东南倾。

我欲因之梦吴越，一夜飞度镜湖月。湖月照我影，送我至剡溪。谢公宿处今尚在，渌水荡漾清猿啼。脚著谢公屐，身登青云梯。半壁见海日，空中闻天鸡。千岩万转路不定，迷花倚石忽已暝。熊咆龙吟殷岩泉，栗深林兮惊层巅。云青青兮欲雨，水澹澹兮生烟。列缺霹雳，丘峦崩摧。洞天石扉，訇然中开。青冥浩荡不见底，日月照耀金银台。霓为衣兮风为马，云之君兮纷纷而来下。虎鼓瑟兮鸾回车，仙之人兮列如麻。忽魂悸以魄动，怳惊起而长嗟。惟觉时之枕席，失向来之烟霞。

世间行乐亦如此，古来万事东流水。别君去兮何时还？且放白鹿青崖间，须行即骑访名山。安能摧眉折腰事权贵，使我不得开心颜。

三、注释

1. 瀛洲：传说中的东海三座仙山之一，另两座叫蓬莱、方丈。

2. 越人：浙江一带的人。

3. 五岳：和下文的“赤城”“天台”都指山。五岳是指东岳泰山、西岳华山、北岳恒山、南岳衡山、中岳嵩山。赤城和天台在今浙江天台县北部。

4. 镜湖：即鉴湖，在浙江绍兴。剡溪：水名，在浙江嵊州南面。

5. 谢公：指南朝诗人谢灵运，谢灵运游天姥山时，曾在剡溪投宿。谢公屐：谢灵运特制的登山木鞋，鞋底装有活动的屐齿，上山时去掉前齿，下山时去掉后齿。

6. 天鸡：古代传说，东南有桃都山，上有大树，树枝绵延三千里，树上栖有天鸡，每当太阳初升，照到这棵树上，天鸡就叫起来，天下的鸡也都跟着它叫。

7. 殷：这里用作动词，震响。“殷岩泉”即“岩泉殷”，岩中的泉水在震响。

8. 列缺：指闪电。列，通“裂”，分裂。

9. 洞天：道家称神仙所居的洞府。石扉：石门。訇然：形容声音很大。

10. 青冥：天空。

11. 金银台：金银筑成的宫阙，指神仙所居的地方。

12. 云之君：云里的神仙。

13. 鸾回车：鸾鸟拉车。鸾，传说中的神鸟。

14. 烟霞：指前面所写的梦游中的幻境。

15. 白鹿：传说中神仙或隐士多骑白鹿。

四、译文

航海的朋友谈起瀛洲，浩渺波涛中无法寻求；越地的人说起天姥山，云蒸霞蔚中妙藏锦绣。天姥山高耸遮住天空，气势盖过了五岳赤城。天台山有四万八千丈，面对天姥东南把身倾。

我想据此梦游吴越地，月下飞渡镜湖在梦里。镜湖明月映照我的影，深情伴送我直到剡溪。谢灵运故居仍然安在，水波荡漾着灵猿清啼。脚穿谢公游山的木屐，攀登直入云霄的天梯。崖壁边乐见海上旭日，半云空喜闻天鸡嘹唳。小路随山岩盘旋不定，倚石赏花忽觉看不清。熊咆龙吟震响了岩泉，深林重山都胆战心寒。云层沉沉乌黑要下雨，水波汹涌激荡起雾烟。一道闪电撕裂了天盖，一声炸雷从云端砸来。山峰在瞬间崩裂塌陷，仙府的石门轰隆大开。洞里青天空冥高无际，日月齐辉照耀金银台。彩虹为衣清风做骏马，云中诸神纷纷而来下。福虎弹瑟鸾鸟驾着车，整齐列队仙人密如麻。猛然间我魂惊又魄落，恍然惊起长叹自嗟呀。眼前只有寂寂的枕席，再无梦中绚烂的烟霞。

人世间行乐也是这样，古来万事如流水不返。我这就和诸位告别啦，你们问我何时再回还。且留白鹿在青青崖间，想走就骑它探访名山。怎能低头弯腰侍权贵，让我不能舒心露笑颜！

五、导读

这首诗在李白的诗歌中具有极其特殊的地位，从某种意义上讲，这首诗标志着李白完成了从诗人到诗仙的蜕变。解读这首诗需要披文入境，更需要知人论世。披文入境可借助教材的分段，从入梦缘由、梦游天姥山的经过、梦醒后的感慨三个部分来赏析。但具体的文字赏析却需要知人论世，对李白的人生及其笔下的文化知识有足够的了解。

第一段写入梦的缘由。这里有三个问题：为什么要用瀛洲来衬托天姥山？天姥山到底是怎样一座山？李白为什么要梦游天姥山？首先，瀛洲是神仙居住的地方，天姥山也是神仙居住的地方，而且是更重要的神仙居住的地方。从文字上看，二者的区别在于是否真实存在；但是从语意上看，天姥山比瀛洲重要得多，不然，李白就不会把它写得那么高。因为客观地讲，在诗中所提及的诸山中，也就赤城山海拔低于天姥山；其他诸山海拔都高于甚至是远远高于天姥山。那么李白为什么写“势拔五岳掩赤城”“天台四万八千丈，对此欲倒东南倾”？天姥山的高不在海拔，而在文化。仔细辨析一下，在李白的表述里，天姥山最高，天台山次之，五岳与赤城再次之。原因何在？五岳是远古山神崇拜、五行观念相结合的产物，是封建帝王仰天功而封禅祭祀的地方。赤城山上有道教的第六洞天玉京洞。天台山是中国佛教第一个宗派天台宗的发祥地。天姥山到底是怎样的一座山？山里面到底住着哪位神仙？李白《秋下荆门》中有言“此行不为鲈鱼脍，自爱名山入剡中”，这剡中名山就是天姥山。考诸唐诗，据不完全统计，“天姥”出现过一百四十八次。天姥是谁？就是传说中的王母娘娘。王母娘娘在《山海经》中叫西王母，是治理昆仑天山的神仙。东汉时期，西王母来到了东南沿海一带，并且成了掌管神仙户籍的神仙领袖之一，张衡《同声歌》中以“天老”称之，三百年后，谢灵运《登临海峤》则以“天姥”称之。正因为有“天姥”在，所以，天姥山高，天姥山美，总有云霞掩映。所以李白登天姥山，就是欲“睹”“天姥”这位掌管神仙户籍的神仙领袖。

第二段写梦游天姥山的经过。首句“我欲因之梦吴越”强调了自己登山的缘由，“游仙”开始。随后，一夜飞渡镜湖，穿上了谢灵运的登山鞋，“游山”开始。山景奇异壮美，变幻万千，令人惊悚而又迷恋。神仙世界神奇虚幻，场面宏大。但是，“忽”“恍”两个字来得奇，“惊起”“长嗟”来得怪。李白游山本就是游仙，为什么仙人列队迎接，他会“忽”“魂悸”“魄动”，“恍”“惊起”“长嗟”？这就必须说到李白的人生理想和际遇了。李白的人生理想就是像鲁仲连一样成不世之功，视利禄如粪土，事了拂衣去，深藏功与名；李白的人生规划是像孔子一样“三十而立”；李白的事功路径是“遍干诸侯”；李白的际遇是经元丹丘推荐，做了一阵子词臣，见惯了王公贵族的“行乐”，而后被“赠金放还”。事功无望之后的游仙、游山，在李白都是别一人生路径。只是李白人生际遇的遗憾太深重，让他面对仙人的列队迎接无所适从，这才有枕席寂寂与烟霞辉煌的对比，“长嗟”中有遗憾，有失落，也有一种转变——从诗人向诗仙的转变。

第三段写诗人梦醒之后的感慨。从“世间行乐亦如此”

写起，“行乐”的方式有许多，“求仁而得仁”是行乐，消遣游戏是行乐，游山游仙亦是行乐。“古来万事东流水”一句中的“万事”自然也包括诸般“行乐”，当然，也包括“忧虑”。求仁而不得，被人消遣，游山而迷，游仙而惊，就是“忧虑”了。能够视“忧虑”“行乐”皆如流水，自然无欲，自然傲岸坚强。这才有结尾两句的画龙点睛，揭示主题。

这首诗写梦游奇境，不同于一般游山诗，也不同于一般游仙诗。人生不在自然山水，也不在神仙梦幻。仙境倏忽消失，梦境旋亦破灭。梦境破灭后，人即便沉甸甸地躺在寂寂枕席之上，也可以有理想世界、理想人格的追求；可以有山林之思，也可以有对光明、自由的渴求；当然也可以有对黑暗现实的不满，有蔑视权贵、毫不妥协的叛逆精神。

赏读此诗，在披文入境、知人论世的过程中，自然会感受到诗仙豪放飘逸的浪漫主义诗风。开头写天姥山，对比衬托极尽夸张之能事，把天姥山写得峰峦峭峙，仰望如在天表，冥茫如登仙境。第二段写入梦，“我欲因之梦吴越”可谓神来之笔。这可不是简单的日有所思、夜有所梦，而是一种“白日梦”，是一种自觉自由的梦。梦中有大自由，所以“一夜飞度镜湖月”；梦中有大追求，所以“身登青云梯”“半壁见海日，空中闻天鸡”“云之君兮纷纷而来下”“仙之人兮列如麻”；梦中有大迷惘，所以“千岩万转路不定，迷花倚石忽已暝”；梦中有大恐惧，所以有“殷岩泉”“惊层巅”“魂悸而魄动”。这样的梦中景象，是诗人丰富奇特的想象，是一幅亦虚亦实、亦幻亦真的梦游图，构思精密，意境雄伟，内容丰富曲折、奇特诡谲、变幻莫测，形象辉煌流丽、缤纷多彩，感慨深沉激烈。全诗杂言相间，兼用骚体，不受律束，信手写来，笔随兴至，语言流畅自然，有强烈的感染力，堪称绝世名作。

编者：黄耀新

Mount Skyland Ascended in a Dream
–A Song of Farewell

Of fairy isles seafarers speak,
'Mid dimming mist and surging waves, so hard to seek;
Of Skyland Southerners are proud,
Perceivable through fleeting or dispersing cloud.
Mount Skyland threatens the horizon, massed against the sky,
Surpassing the Five Peaks and dwarfing Mount Red Town.
Mount Sky Terrace, five hundred thousand feet high,
Nearby to the southeast, appears to crumble down.
Longing in dreams for the Southern Land, one night
I flew o'er the Mirror Lake in moonlight.
My shadow's followed by moonbeams
Until I reach Shimmering Streams,
Where Hermitage of Master Xie can still be seen,
And clearly gibbons wail o'er rippling water green.
I put Xie's pegged boot
Each on one foot,

And scale the mountain ladder to blue cloud.
On eastern cliff I see
Sunrise at sea,
And in mid-air I hear sky-cock crow loud.
The footpath meanders 'mid a thousand crags in the vale;
I'm lured by rocks and flowers when the day turns pale.
Bears roar and loongs howl and thunders the cascade,
Deep forests quake and ridges tremble, they're afraid!
From dark, dark cloud comes rain;
On pale, pale waves mists plane.
O lightning flashes
And thunder rumbles;
With stunning crashes
Peak on peak crumbles.
The stone gate of a fairy cavern under
Suddenly breaks asunder.
So blue, so deep, so vast appears an endless sky,
Where sun and moon shine on gold and silver terraces high.
Clad in the rainbow, riding on the wind,
The Lords of Clouds descend in a procession long.
Their chariots drawn by phoenix disciplined,
And tigers playing for them a zither song,
Row upon row, like fields of hemp, immortals throng.
Suddenly my heart and soul stirred, I
Awake with a long, long sigh.
I find my head on pillow lie

And fair visions gone by.
Likewise all human joys will pass away
Just as east-flowing water of olden day.
I'll take my leave of you, not knowing for how long.
I'll tend a white deer among
The grassy slopes of the green hill
So that I may ride it to famous mountains at will.
How can I stoop and bow before the men in power
And so deny myself a happy hour?

语言知识

1. 单词

ascend /ə'send/ *v.* (formal) to rise; to go up; to climb up 上升；升高；登高

farewell /ˌfeə'wel/ *n.* the act of saying goodbye to sb 告别；辞行

isle /aɪl/ *n.* (used especially in poetry and names) to mean "island" （常用于诗歌和名称中）岛

seafarer /'siːfeərə(r)/ *n.* (old-fashioned or formal) a sailor 水手；海员

dim /'dɪm/ *v.* if a light dims or if you dim it, it becomes or you make it less bright （使）变暗淡，变微弱，变昏暗

mist /mɪst/ *n.* a cloud of very small drops of water in the air just above the ground that makes it difficult to see 薄雾；水汽

surge /'sɜːdʒ/ *v.* to move quickly and with force in a particular direction 涌；汹涌；涌动

perceive/pəˈsiːv/*v.* (formal) to notice or become aware of sth 注意到；意识到；察觉到

fleeting/ˈfliːtɪŋ/*adj.* [usually before noun] lasting only a short time 短暂的；闪现的

disperse/diˈspəːs/*v.* to move apart and go away in different directions; to make sb/sth do this （使）分散，散开；疏散；驱散

threaten/ˈθret(ə)n/*v.* to say that you will cause trouble, hurt sb, etc. if you do not get what you want 扬言要；威胁；恐吓

mass/mæs/*v.* to come together in large numbers; to gather people or things together in large numbers 集结；聚集

surpass/səˈpɑːs/*v.* (formal) to do or be better than sb/sth 超过；胜过；优于

dwarf/dwɔːf/*v.* to make sth seem small or unimportant compared with sth else 使显得矮小；使相形见绌

terrace/ˈterəs/*n.* a flat, hard area, especially outside a house or restaurant, where you can sit, eat and enjoy the sun （尤指房屋或餐馆外的）露天平台，阳台

crumble/ˈkrʌmb(ə)l/*v.* to break or break sth into very small pieces （使）破碎，成碎屑

moonbeam/ˈmuːnbiːm/*n.* a stream of light from the moon （一道）月光

shimmer/ˈʃɪmər/*v.* to shine with a soft light that seems to move slightly 发出微弱的闪光；闪烁

hermitage/ˈhɜːmɪtɪdʒ/*n.* a place where a hermit lives or lived 隐居处；修道院

ripple/ˈrɪp(ə)l/*v.* to move or to make sth move in very small waves（使）如波浪般起伏

peg/peg/*v.* to fasten sth with pegs 用夹子夹住；用楔子钉住

scale/skeɪl/*v.*（formal）to climb to the top of sth very high and steep 攀登；到达……顶点

midair/ˌmɪdˈeə(r)/*n.* a place in the air or the sky, not on the ground 半空中；悬空

meander/miˈændə(r)/*v.*（of a river, road, etc.）to bend with curves rather than being in a straight line（河流、道路等）蜿蜒而行；迂回曲折

vale/veɪl/*n.* a valley 谷；山谷

lure/lʊə(r)/*v.*（disapproving）to persuade or trick sb to go somewhere or to do sth by promising them a reward 劝诱；引诱；诱惑

roar/rɔː(r)/*v.* to make a very loud, deep sound 吼叫；咆哮

howl/haʊl/*v.*（of a dog, wolf, etc.）to make a long, loud call（狗、狼等）长嚎；嗥叫

cascade/kæˈskeɪd/*n.* a small waterfall, especially one of several falling down a steep slope with rocks 小瀑布（尤指一连串瀑布中的一支）

ridge/ˈrɪdʒɪ/*n.* a narrow area of high land along the top of a line of hills; a high pointed area near the top of a mountain 山脊；山脉

tremble/ˈtremb(ə)l/*v.* to shake slightly 颤动；轻轻摇晃

plane/pleɪn/*v.*（of a boat, etc.）to move quickly across water, only just touching the surface（小船等）擦着水面疾驶

rumble/ˈrʌmb(ə)l/*v.* to make a long deep sound or series of sounds 发出持续而低沉的声音；发出隆隆声

stunning/ˈstʌnɪŋ/*adj.* extremely surprising or shocking 令人惊奇万分的；令人震惊的

cavern/ˈkævən/*n.* a cave, especially a large one 大洞穴；大山洞

asunder/əˈsʌndə(r)/*adv.* (old-fashioned or literary) into pieces; apart 碎；散

clad/klæd/*adj.* (often used after an adverb or in compounds) wearing a particular type of clothing（常用于副词后或构成复合词）穿……衣服的

lord/lɔːd/*n.* a man of high rank in the nobility, or sb who has been given the title "lord" as an honour（英国）贵族

descend/dɪˈsend/*v.* (formal) to come or go down from a higher to a lower level 下来；下去；下降

procession/prəˈseʃn/*n.* a line of people or vehicles that move along slowly, especially as part of a ceremony; the act of moving in this way（人或车辆的）队列，行列；列队行进；游行

chariot/ˈtʃæriət/*n.* an open vehicle with two wheels, pulled by horses, used in ancient times in battle and for racing（古代用于战斗或比赛的）双轮敞篷马车

phoenix/ˈfiːnɪks/*n.* (in stories) a magic bird 凤凰

disciplined/ˈdɪsəplɪnd/*adj.* trained to obey rules and orders and behave in a way that shows control 纪律严明的

zither/ˈzɪðə(r)/*n.* a musical instrument with a lot of metal strings stretched over a flat wooden box that you play with your fingers or a plectrum 琴瑟

immortal/ɪˈmɔːt(ə)l/*n.* other being who is believed to live for ever 神；永生不灭者

throng/θrɒŋ/*v.* (literary) to go somewhere or be present somewhere in large numbers 群集；拥塞；拥向

stir/stɜː(r)/*v.* to make sb excited or make them feel sth strongly 打动；激发

likewise/ˈlaɪkwaɪz/*adv.* (formal) the same; in a similar way 同样地；类似地

tend/tend/*v.* to care for sb/sth 照料；照管；护理

slope/sləʊp/*n.* an area of land that is part of a mountain or hill 山坡

stoop/stuːp/*v.* to bend your body forwards and downwards 俯身；弯腰

deny/dɪˈnaɪ/*v.* (formal) to refuse to allow sb to have sth that they want or ask for 拒绝；拒绝给予

2. 词义辨析

✓ goodbye 与 farewell

goodbye 更口语化，更现代，使用频率更高。

farewell 一般不在日常交流中使用（尤其是美式英语），它显得正式、老派，在人们的印象中是“旧式精英阶层使用的”。它常含有不容易再见面的意思，在书面中有些文学性的表达，如“永别”等意思。

✓ beautiful 与 stunning

beautiful 一般用来形容人或物漂亮，漂亮的程度比较低，有时候是出于礼貌。

例：He has beautiful manners.
他举止优雅。
stunning 意思是令人震惊的、极好的、出色的，口语中形容人时表示惊艳的意思。
例：The minister resigned last night after a stunning defeat in Sunday's vote.
在周日的选举中意外惨败后，部长于昨晚辞职。
✓ deny、refuse、reject 与 decline
deny 意思是“否定、否认”，当否认某件事时，就是否认它的真实性。deny sb sth 结构，就是拒绝给予某人想要的东西。
例：The one thing you should never deny your child is your time.
有一样东西你永远都不要拒绝孩子，那就是你的时间。
refuse 语气比 decline 强，含有非常坚决地、不客气地拒绝的意味。
例：She refused to back down on a point of principle.
她在一个原则问题上拒绝让步。
reject 意思是“拒绝、驳回”，正式用词，语气比 refuse 更强，强调不接受、不采纳他人的意见、建议、请求等。也可表示由于客观条件不符合规定的标准而遭到拒绝。
例：He rejected me without hesitation.
他毫不犹豫地拒绝了我。
decline 意思是“婉言拒绝、谢绝”，相当于 refuse politely，比较正式。
例：He declined their invitation.
他谢绝了他们的邀请。

3. 短语或特殊用法

✓ go by（时间）流逝；过去

Things will get easier as time goes by.

随着时间的推移情况会有所改善。

✓ pass away 消失；消逝

All of your fears will pass away.

所有的害怕都将消失。

✓ take（one's）leave（of sb）告辞；辞别

With a nod and a smile, she took leave of her friends.

她点头微笑着向朋友告辞。

✓ at will 任意；随意

They were able to come and go at will.

他们能够来去自由。

✓ in power 当权；执政；得势

The present regime has been in power for two years.

现政权已经执政两年了。

编者：郭爱显

将进酒

〔唐〕李　白

一、题解

《将进酒》原是汉乐府曲名，为劝酒歌，“将进酒”就是“请喝酒”的意思。这首诗大约作于唐玄宗天宝十一年（752）。时年五十二岁的诗人离开长安（被唐玄宗“赐金放还”）已达八年之久。当时，他跟朋友岑勋曾多次应邀到嵩山（在今河南登封）元丹丘家里做客。这首诗即作于诗人与岑勋在元丹丘家里做客之时。

二、原文

君不见黄河之水天上来，奔流到海不复回。君不见高堂明镜悲白发，朝如青丝暮成雪。人生得意须尽欢，莫使金樽空对月。天生我材必有用，千金散尽还复来。烹羊宰牛且为乐，会须一饮三百杯。

岑夫子，丹丘生，将进酒，杯莫停。与君歌一曲，请君为我倾耳听。钟鼓馔玉不足贵，但愿长醉不愿醒。古来圣贤皆寂寞，惟有饮者留其名。陈王昔时宴平乐，斗酒十千恣欢谑。主人何为言少钱，径须沽取对君酌。五花马、千金裘，呼儿将出换美酒，与尔同销万古愁。

三、注释

1. 将：请。

2. 君不见：你没有看见吗？是乐府体诗中提唱的常用语。君，你，此为泛指。

3. 高堂：高大的厅堂。或以为代称父母，于语境不合。

4. 岑夫子：即岑勋，李白的好友。丹丘生：即元丹丘，李白的好友，当时的道家领袖。

5. 钟鼓：富贵人家宴会中奏乐使用的乐器。馔玉：形容食物如玉一样精美。

6. 陈王：指陈思王曹植。平乐：平乐观，宫殿名，在洛阳西门外，为汉代富豪显贵的娱乐场所。

7. 五花马：马鬣修剪为五瓣，装饰华美的马，一般都经过特殊训练。一说是毛色斑驳的青骢马。

四、译文

你没看见吗？黄河的水从天上汹涌而来，一去不回直向东海奔泻。你没看见吗？高堂上对着镜子只能悲叹，一转眼青丝就成了白发。人生得意就纵情欢乐吧，莫让金杯无酒空对明月。上天生我就一定有用啊，千金失散再得何必纠结。烹羊宰牛姑且玩个痛快，应喝它三百杯尽情享乐。

岑夫子，丹丘生，请干杯，不要停。让我来为你们高歌一曲，请求你们为我倾耳细听。富贵豪华啊不值得珍视，只希望沉醉不愿意清醒。古来圣贤都被世人冷落，唯寄情诗酒可以留美名。昔曹植平乐观中大摆宴，宾客痛饮名酒恣意纵情。主人呀你不要说钱不够，只管买酒让我们醉酩酊。名贵的五花马，昂贵的千金裘，叫侍儿统统拿去，换取醉人的美酒，我们一起来消除这无穷无尽的万古长愁！

五、导读

这首诗最能彰显李白的诗仙风格。全诗格调高亢，气韵流畅，诵读体悟总能让人有荡气回肠之感。赏读此诗，最关键的是体悟诗人的情感。表面看抒发的是人生苦短、及时行乐、看透人生、只愿长醉不愿醒的情感，相当消极；但深入理解，就会发现悲意贯穿全诗。诗人以劝酒之名，写自己借酒浇心中块垒之事。只是诗人以豪放之调写悲事，这才以及时行乐之调冲淡了人生苦短之悲叹；以豪纵之词写寂寞，这才用放诞之言冲淡自古圣贤寂寞的悲音。所以这首诗不论是初读只理解了文句字面意义，还是深入理解了李白的悲郁与豪迈，都会感觉到李白的乐观自信、放纵不羁、气势豪迈，都会看到李白胸怀伟大的抱负却不能施展，壮志未酬的悲郁，都会体会到李白借酒发泄的放纵与豪迈，还带着对权贵和世俗的蔑视。

开篇一二句，写黄河仿佛从天而降，一泻千里，东奔大海，一去不返；引出三四句的感叹：人生苦短，青春易逝，朝夕之间，老之将至。接下来由“悲”突转至“乐”。既然人生苦短，青春易逝，那就“人生得意须尽欢”，开怀痛饮，纵情狂欢，大快朵颐，莫负友情。在这里，“天生我材必有用”的“必”、“烹羊宰牛且为乐”的“且”、“千金散尽还复来”的“复”，一定要对照着读。“为乐”是暂时的，“有用”是必然的；“千金散尽”是当下，“还复来”是未来。正因李白有这样的自信，才有“得意”“尽欢”“烹羊宰牛”“一饮三百杯”的恣意豪情。

酒到酣处，李白高举酒樽，反客为主，这就到了这场酒会的第二阶段，也是教材划分出来的诗歌的第二部分。李白直呼二位友人的名姓，劝他们痛饮美酒，并且要为二人高歌一曲，请他们用心倾听。三言四句，可见李白忘情忘形之纵意；随后六句歌诗，“钟鼓馔玉不足贵”见其傲岸，“但愿长醉不愿醒”见其愤激，“古来圣贤皆寂寞”见其清醒，“惟有饮者留其名”见其洒脱，引曹植为同道见其狂放。或许是诗人狂放不羁让主人觉得他是醉了，想要以钱不够沽酒来结束酒会，只是李白酒兴正酣，哪里肯停，口出放诞之词，甚至替主人做主，当马典裘，换取美酒，用“与尔同销万古愁”把情感升华到巨人式的悲伤。

诗人笔饱墨酣，全诗写得狂放悲壮，个性张扬，感情发展变化极快——由悲凉而欢快，由欢快而愤激，由愤激而狂放。结尾的狂放，实为诗人悲之重、欢之浓、愤激之深的集中表现。感情一波三折，酣畅淋漓。七言为主，偶有三言、五言杂之，音调高亢中偶有小调调剂，富有跳跃感，颇有参差错落之美。近年考古发现了敦煌写本《惜罇空》，应是李白早期创作的文本，与教材所用起自李白族叔李阳冰定稿的宋本《将进酒》不同，可兹一读，别有一番情味。

编者：黄耀新

Invitation to Wine

Do you not see the Yellow River come from the sky,

Rushing into the sea and ne'er come back?
Do you not see the mirrors bright in chambers high
Grieve o'er your snow-white hair though once it was silk-black?
When hopes are won, oh! Drink your fill in high delight,
And never leave your wine cup empty in moonlight!
Sky has made us talents, we're not made in vain.
A thousand gold coins spent, more will turn up again.
Kill a cow, cook a sheep and let us merry be,
And drink three hundred cupfuls of wine in high glee!
Dear friends of mine,
Cheer up, cheer up!
I invite you to wine.
Do not put down your cup!
I will sing you a song, please hear,
O hear! Lend me a willing ear!
What difference will rare and costly dishes make?
I only want to get drunk and never to wake.
How many great men were forgotten through the ages?
But great drinkers are more famous than sober sages.
The Prince of Poets feast'd in his palace at will,
Drank wine at ten thousand a cask and laughed his fill.
A host should not complain of money he is short,
To drink with you I will sell things of any sort.
My fur coat worth a thousand coins of gold
And my flower-dappled horse may be sold
To buy good wine that we may drown the woes age-old.

语言知识

1. 单词

chamber/ˈtʃeɪmbə(r)/*n.* a hall in a public building that is used for formal meetings 会议厅

talent/ˈtælənt/*n.* talent is the natural ability to do sth well 天赋

glee/ɡliː/*n.* a feeling of happiness, usually because sth good has happened to you, or sth bad has happened to sb else 欢喜；高兴；幸灾乐祸

sober/ˈsəʊbə(r)/*adj.* [not usually before noun] not drunk 未醉

sage/seɪdʒ/*n.* (formal) a very wise person 哲人；智者；圣人

cask/kɑːsk/*n.* a small wooden barrel used for storing liquids, especially alcoholic drinks; the amount contained in a cask 小木桶；酒桶；一桶（的量）

dappled/ˈdæpld/*adj.* marked with spots of colour, or shade 有斑点的；花斑的；斑驳的

woe/wəʊ/*n.* [U] great unhappiness 痛苦；苦恼；悲伤

2. 词义辨析

✓ glee、joy 与 happiness

glee 是喜形于色的快乐。这个词从 1000 年左右开始产生音乐上的联系，当时名词 glee 会被用来形容各种音乐合唱的娱乐活动。

joy 是因意外的惊喜而满足带来的极大快乐。

happiness 是因获得你心目中美好的事物，油然而生的一种

快乐。

例：She couldn't disguise her glee at their embarrassment.

看到他们难堪的样子她不禁喜形于色。

Her three children brought her joy.

她的三个孩子给她带来了快乐。

He found happiness in later life.

他在晚年找到了幸福。

3. 短语或特殊用法

✓ in vain 徒劳地，无效地

指付出努力但未能达到预期目标或结果的情况。

Our efforts were not in vain.

我们的力气没有白费。

✓ be short of 缺乏……

But at least he will not be short of advice.

但至少他不会缺少建议。

编者：徐维维

燕歌行

〔唐〕高　适

一、题解

“燕歌行”，乐府诗题，属相和歌辞中的平调曲，其辞多写边塞征戍或思妇怀念征人。高适此诗前有序：“开元二十六年，客有从元戎出塞而还者，作《燕歌行》以示，适感征戍之事，因而和焉。”据考证，“元戎”指幽州节度使张守珪，他有一个著名的部下名叫安禄山。“客”指张守珪的幕僚管记王悔。此诗为和诗，事非亲历，连类取义，更具有典型性。

二、原文

汉家烟尘在东北，汉将辞家破残贼。
男儿本自重横行，天子非常赐颜色。
摐金伐鼓下榆关，旌旆逶迤碣石间。
校尉羽书飞瀚海，单于猎火照狼山。
山川萧条极边土，胡骑凭陵杂风雨。
战士军前半死生，美人帐下犹歌舞。
大漠穷秋塞草腓，孤城落日斗兵稀。
身当恩遇常轻敌，力尽关山未解围。
铁衣远戍辛勤久，玉箸应啼别离后。

少妇城南欲断肠，征人蓟北空回首。

边庭飘飖那可度，绝域苍茫更何有。

杀气三时作阵云，寒声一夜传刁斗。

相看白刃血纷纷，死节从来岂顾勋！

君不见沙场征战苦，至今犹忆李将军。

三、注释

1. 汉家：唐人诗中经常借汉说唐，这里指唐。烟尘：代指战争。

2. 榆关：今山海关，通往东北的要隘。碣石：山名，在今秦皇岛市昌黎县。

3. 旌旆：旌，用羽毛装饰的旗；旆，边上镶杂色的旗。这里泛指各种旗帜。

4. 校尉：次于将军的武官。羽书：羽檄，紧急文书。瀚海：沙漠，这里指内蒙古东北西拉木伦河上游一带的沙漠。

5. 单于：匈奴首领称号，泛指北方少数民族首领。猎火：打猎时点燃的火光。古代游牧民族出征前，常举行大规模校猎，作为军事性的演习，此处借指游牧民族侵扰的战火。狼山：又称狼居胥山，在今内蒙古自治区克什克腾旗西北，此处并非确指。

6. 腓：枯萎。

7. 玉箸：玉制的筷子，古代常用来形容妇女双流的眼泪。

8. 城南：京城长安的住宅区在城南。蓟北：泛指今河北东北部边地。

9. 刁斗：军中铜制用具，日以作炊，夜以敲更。

10. 李将军：一说指战国名将李牧，一说指汉朝名将李广。

四、译文

大唐边境战端又起事发东北，
大唐将军辞家征讨残暴凶贼。
战士本就纵横驰骋所向无敌，
君王特别褒奖恩宠光彩熠熠。
金鼓擂击啊军队开出山海关，
旌旗连绵啊飘扬在碣石山间。
校尉传送羽书飞奔浩瀚沙海，
单于乱边战火已到狼居胥山。
满目凄凉啊山河残破成焦土，
风雨交加啊胡骑来势不可阻。
阵前战士一半战死无法生还，
帅帐美人依然妖娆轻歌曼舞。
塞外沙漠上深秋草木早枯萎，
边城日落时战场士兵少人回。
边将身受皇恩常常临战轻敌，
战士筋疲力尽难解关山之围。
征夫戍边身披铁甲辛劳已久，
思妇垂泪起自丈夫出征之后。
城南少妇思夫肝肠早已寸断，
蓟北征夫思乡枉自徒然回首。
战乱边疆动荡飘摇哪能通过，
极远之地苍茫荒凉一无所有。
白天战场上杀气腾腾天地暗，

夜晚军营中戒备森严警报稠。
短兵相接后只有刀上血纷纷，
为国捐躯时哪有为己争功勋？
你没见沙场征战士兵多惨苦，
至今还渴盼仁爱智勇李将军。

五、导读

《燕歌行》是高适的“第一大篇”，也是唐代边塞诗中的杰作。这首诗乍看继承了传统《燕歌行》的表现内容，诗中塑造了秋日、边塞、征夫、思妇等传统形象，实际上却突破传统，别立新意，有强烈的现实内涵。赏读此诗，最好的路径是从诗序切入，知人论世，理解高适的现实观照与事功追求，而后再诵读品味诗歌层次安排、形象塑造、手法运用的细节之美。

根据诗序可知此诗为和诗，所感“征戍之事”首先与幽州节度使张守珪有关。张守珪的幕僚管记王悔所作《燕歌行》大概就本于张守珪军中事。史载：开元二十一年后，张守珪经略边事，初有战功。但二十四年，张守珪的部下安禄山在征讨奚和契丹时，“恃勇轻进，为虏所败”。二十六年，张守珪的部下赵堪、白真陀罗假借张守珪的命令，逼迫乌知义攻打奚和契丹，先胜后败，张守珪报喜不报忧。但是张守珪军中并不豪侈，而且还能体恤将士，因此，有学者认为，高适所感“征戍之事”还和开元七年至开元十年张说任检校并州大都督府长史、天兵军大使、兵部尚书、朔方节度使时的军事有关。张说治军不恤将士，军中生活豪侈，史书有载；只是张说统军战果辉煌，史书亦有载。安史之乱时，高适曾上策痛陈潼关败亡的原因，他说：“监军……与将士约为香火，使倡妇弹箜篌、琵琶，以相娱乐，樗蒲（一种赌博游戏）饮酒，不恤军务。”诗与史合而观之，我们会发现：在《燕歌行》中，高适不是要谴责某个将领骄傲轻敌、荒淫失职，使广大兵士付出极大的代价，而是用诗歌虚拟了一场有典型现实意义的战斗，形象地揭露出隐藏着的现实危机。这就是重赏之下，藩镇将领们却拥兵自重、无心安边，而让“降胡”聚居在边塞，也让边关危机重重。这样的立意有强烈的现实内涵，却因为寄寓在典型的艺术形象中，具有了超越现实的魅力。与此相应，李将军的形象也不宜定为“李牧”或“李广”，而应是一个更具代表性的仁爱智勇、战而能胜、靖边安民的将军的典型形象。

在这样的基础上，再细读全诗，披文入境，全诗四个层次，逐层而读，赏析其中的形象、情感、手法、韵律、气概。

第一层开头八句，写战事爆发，唐军出征。由将士的勇武、皇帝的赏赐，写到进军的路线与场面。战鼓阵阵，旌旗猎猎，出关直奔大漠狼山，貌似威武雄壮，却透出一副不可一世的骄狂之态。但同时，“校尉羽书”的“飞”与已经“照狼山”的“单于猎火”又写出了军情的十万火急。

第二层八句写战事进程。唐军在战火焦土上与敌接战，敌军来势凶猛，唐军奋勇抵抗。战士伤亡过半的惨烈与将军寻欢作乐的侈靡形成鲜明的对比，孤城被围苦战不懈与将军的放纵轻敌形成鲜明的对比。这样的对比告诉我们：无论战与不战，胜负已是确定的。

第三层八句写战事危困，唐军战士的悲苦。在敌军的重重包围里，战士们生活艰苦，思乡心切。家乡的妻子思念出征的丈夫，肝肠寸断，珠泪双垂，没有天涯若比邻的千里共婵娟，只有离人相望无期，持续的战乱阻隔的“绝域”“无所有”。

第四层最后四句，收束全篇。前两句写战士在生还无望的处境下，依然视死如归，决心以身殉国；后两句写诗人感慨，感慨没有当年威镇北边的李牧、李广那样的将军，其中有对战士的同情，更有对骄纵唐将的批判。

全诗处处隐伏着鲜明的对比。从贯串全篇的描写来看，士兵的效命死节与将领的恃宠贪功，士兵辛苦久战、室家分离与将领临战失职、纵情声色，战士思乡与妻子思夫等等，都是鲜明的对比；而结尾提出李将军，则又是古今对比。当然，诗中最鲜明的对比是“战士军前半死生，美人帐下犹歌舞”两句，这样严酷的事实对比，揭露了唐军中兵将之间的矛盾，喻示了唐军必败的结局。诗中的环境描写虽寥寥几句，却借景烘托，效果明显。军情危急，落笔便是“山川萧条极边土”，展现开阔而无险可凭的地带，带出一片肃杀的气氛。重围难解之时，连天衰草，孤城落日，烘托出残兵败卒心境的凄凉。全诗气势畅达，笔力矫健，气氛悲壮淋漓，主旨深刻含蓄。

编者：黄耀新

Song of the Northern Frontier

A cloud of smoke and dust spreads over northeast frontier;
To fight the remnant foe our generals leave the rear.
Brave men should go no manes where beneath the sky;

The emperor bestows on them his favor high.
To the beat of drums and gongs through Elm Pass they go;
Round Mount Stone Tablet flags serpentine row on row,
But urgent orders speed over the Sea of Sand:
Mount Wolf aflame with fires set by the Tartar band.
Both hills and streams axe desolate on border plain;
The Tartar horsemen flurry like the wind and rain.
Half of our warriors lie killed on the battleground;
While pretty girls in camp still sing and dance their round.
Grass withers in the desert as autumn is late;
At sunset few men guard the lonely city gate.
Imperial favor makes them hold the foemen light;
Their town is under siege, though they've fought with their might.
In coats of mail they've served so long on the frontiers;
Since they let home their wives have shed streams of impearled tears.
In southern towns the women weep with broken heart;
In vain their men look southward, still they're far apart.
The northern front at stake, how can they go away?
On border vast and desolate, how can they stay?
All day a cloud of slaughter mounts now and again;
All night the boom of gongs is heard to chill the plain.
Each sees the other's sword bloodstained in the hard strife.
Will they care for reward when they give up their life?
Do you not know the bitterness of fighting with the foe?

Can they forget General Li sharing their weal and woe?

语言知识

1. 单词

spread/spred/*v.* ~ sth(out)(on/over sth) to open sth that has been folded so that it covers a larger area than before 展开；打开

frontier/ˈfrʌntɪə(r)/*n.* ~(between A and B) | ~(with sth) (BrE) a line that separates two countries, etc. ; the land near this line 国界；边界；边境

remnant/ˈremnənt/*n.* [usually pl.] a part of sth that is left after the other parts have been used, removed, destroyed, etc. 残余部分；剩余部分

rear/rɪə(r)/*n.* the back part of sth 后部

manes/ˈmɑːneɪz/*n.* the spirits of the dead, often revered as minor deities 亡魂

bestow/bɪˈstəʊ/*v.* to bestow sth on someone means to give or present it to them 授予

serpentine/ˈsɜːpənˌtaɪn/*adj.* sth that is serpentine is curving and winding in shape, like a snake when it moves 弯弯曲曲的；蜿蜒的

aflame/əˈfleɪm/*adj.* [not before noun] (literary) burning; on fire 在燃烧；着火

desolate/ˈdesələt/*adj.* (of a place) empty and without people, making you feel sad or frightened 无人居住的；荒无人烟的；荒凉的

flurry /ˈflʌri/ *n.* an occasion when there is a lot of activity, interest, excitement, etc. within a short period of time 一阵忙乱（或激动、兴奋等）

siege /siːdʒ/ *n.* a military operation in which an army tries to capture a town by surrounding it and stopping the supply of food, etc. to the people inside（军队对城镇的）围困，包围，围攻，封锁

impearled /ɪmˈpɜːld/ *adj.* the past participle of impearl (to form into pearl-like shapes or drops) 珍珠般的，珍珠状的，形容物体表面呈珍珠状或覆盖着珍珠般的液滴

2. 短语

✓ under siege 受困

指处于被敌人包围的状态，通常用于描述城市、建筑物或其他地点受到持续攻击。

Now it is Finkelstein's theory that is under siege.

但现在陷入诘难的却是芬克尔斯坦的理论。

编者：徐维维

蜀　相

〔唐〕杜　甫

一、题解

公元 221 年，刘备在成都建立蜀汉政权，诸葛亮为丞相，即“蜀相”。诸葛亮辅佐刘备开创基业，挽救危局；辅佐刘禅稳定社稷，北伐曹魏。成都西北有诸葛亮庙，称武侯祠。杜甫怀有“致君尧舜上，再使风俗淳”的远大理想，十分仰慕诸葛亮，但他的政治抱负却无法施展。“安史之乱”爆发后，他举家逃难，经过几年的颠沛流离，乾元二年（759）年底到了成都。转年春天，他在亲友的帮助下修了草堂。也就是迁入草堂前后，杜甫拜谒了武侯祠。在武侯祠，他联想到国势艰危，生灵涂炭，而自身又请缨无路，报国无门，百感交集，写下《蜀相》一诗。

二、原文

丞相祠堂何处寻？锦官城外柏森森。
映阶碧草自春色，隔叶黄鹂空好音。
三顾频烦天下计，两朝开济老臣心。
出师未捷身先死，长使英雄泪满襟。

三、注释

1. 丞相祠堂：诸葛武侯祠，在现在成都，晋李雄初建。

2. 锦官城：成都的别名。

3. 两朝：刘备、刘禅父子两朝。开：开创。济：扶助。

4. 出师未捷身先死：诸葛亮多次出兵伐魏，未能取胜，于234年病死在五丈原军中。

四、译文

诸葛亮的祠堂哪里去寻？成都城外那里翠柏森森。
石阶掩映碧草自展春色，叶底深藏黄鹂空作好音。
为天下三顾茅庐君问计，佐两代开基守业臣忠心。
伐曹魏大业未竟先病故，使后世英雄长哭泪湿襟。

五、导读

本诗是杜甫登临怀古诗的代表作品。杜甫早年即有“致君尧舜上，再使风俗淳”的雄心，却终生未得君王的赏识，更没有以天下相托，因此，他对于诸葛亮的人生际遇充满了羡慕，诸葛亮的忠诚与智慧也赢得杜甫的崇敬与赞美，甚至可以说杜甫有很深重的“诸葛亮情结”。据不完全统计，杜甫的诗中有二十余首与诸葛亮有关。赏读本诗，最重要的就是赏读杜甫心中的“蜀相”。

登临怀古诗的一般结构都是“临古地——思古人——表衷情”。这首《蜀相》就是如此。

前两联凭吊蜀相祠堂，从景物描写中感怀现实，透露出诗人忧国忧民之心。首联直承诗题“蜀相”，两句一问一答。上句自问，其中的“寻”字含意丰富：一是表明此行是专程来访，不是随意而来；二是初到成都，环境不熟，需要寻找；三是表达对诸葛亮的强烈的景仰之心和缅怀之情；四是表明渴望瞻仰丞相祠堂已久。下句自答，写的是诗人眼中所看到的丞相祠堂的外景，点明祠堂的所在地，“柏森森”渲染了一种肃穆的气氛。颔联从视觉和听觉两个角度描绘武侯祠内春意盎然的景象。这里“自”“空”两字最是传神。因为“安史之乱”未息，即便面对美好的春景，诗人也无意欣赏。诗人将自己的主观情意渗进了客观景物之中，把自己内心的忧伤通过景物描写传达出来，反映出诗人忧国忧民的爱国精神，折射出诗人对诸葛亮的仰慕之情。

后两联咏叹蜀相诸葛亮的才德，从对历史的追忆中缅怀先贤，又蕴含着诗人对祖国命运的许多期盼与憧憬。颈联上句写先主刘备三顾茅庐向诸葛亮请教兴复汉室天下的策略；下句写诸葛亮辅佐先主刘备开创基业、辅佐后主刘禅匡济艰危的人生成就。这一联含意丰富，一是赞美诸葛亮的雄才大略和为蜀汉立下的丰功伟绩，二是赞美诸葛亮对两代蜀主忠心耿耿、坚毅不拔的精神品格，三是交代了诗人景仰诸葛亮的缘由。这里最耐人寻味的两个字是“频烦”。首先，这个“频烦”绝不是“频繁”的通假，因为“开济”是两个动词，概括诸葛亮的人生成就，体现诸葛亮的“老臣心”，所以“频烦”也必然是两个词，要概括刘备三顾茅庐的行为和对诸葛亮的赏识与托付。

“频”是“三顾”的频繁，“烦”是杜甫对刘备请诸葛亮出山时的态度的概括。体会一下《隆中对》中刘备的话：“汉室倾颓，奸臣窃命，主上蒙尘。孤不度德量力，欲信大义于天下，而智术短浅，遂用猖蹶，至于今日。然志犹未已，君谓计将安出？”“君谓计将安出”如果用今天的话转述一下，大概就是“麻烦先生您给想想办法”。尾联上句写诸葛亮伐魏六出祁山，于公元 234 年病死在五丈原军中；下句写后世英雄追怀诸葛亮，不禁黯然泪下。其中“长”字最值得注意。这个“长”也绝不是“常”字的通假。“英雄”在这里是泛指追怀诸葛亮的有志之士，但更是自许有诸葛亮之志、诸葛亮之才的杜甫。从“长”这个词展开想象：杜甫在蜀相祠堂注视着诸葛亮的塑像，久久伫立，老泪长流，止不住的泪水流过纵横的皱纹，流过颔下须髯，滴滴洒落胸前，打湿了衣襟。这泪水里，有对诸葛亮献身精神的崇高景仰和对他事业未竟的痛惜心情，恐怕更多的还是杜甫自己人生际遇的感伤。

这首七律章法曲折婉转，起承转合自然紧凑，对仗工妥，音韵和谐；设问自答，以实写虚，静动相衬；叙议结合，短短五十六字囊括历史，融汇古今，内涵丰富。前两联写景，后两联抒情，由景到人，由寻找瞻仰到追述回顾，由感叹缅怀到泪流满襟，所感之深，溢于言表，具有震撼人心的强大力量。

赏读本诗，可以清晰地感受到杜甫“沉郁顿挫”的诗风。全诗熔情、景、议于一炉，既有对历史的评说，又有对现实的寄托，蕴藉深厚，寄托遥深，造就深沉悲凉的意境。如果想更多地了解杜甫的“诸葛亮情结”，还可以赏读《八阵图》《古柏行》《武侯庙》《咏怀古迹（其五）》《诸葛庙》《夔州歌十绝（其九）》等作品。

编者：黄耀新

Temple of the Premier of Shu

Where is the famous premier's temple to be found?
Outside the Town of Brocade with cypresses around.
In vain before the steps spring grass grows green and long,
And amid the leaves golden orioles sing their song.
Thrice the king visited him for the State's gains and pains;
He served heart and soul the kingdom during two reigns.
But he died before he accomplished his career.
How could heros not wet their sleeves with tear on tear!

语言知识

1. 单词

reign/reɪn/*n.* the period during which a king, queen, emperor, etc. rules; the period during which sb is in charge of an organization, a team, etc. 统治时期；任期，当政期

2. 短语

✓ heart and soul 全心全意

They threw themselves heart and soul into the project.
他们全心全意地投入了这个项目。

编者：李书梅

客　至

〔唐〕杜　甫

一、题解

乾元二年（759）年底，杜甫历尽颠沛流离来到成都，暂寓浣花溪畔的草堂寺，其时族孙杜济在成都尹裴冕幕府中任职，好友高适在成都西北九十里的彭县任彭州刺史。上元元年（760）春，杜甫在高适、杜济等亲友的帮助下修治草堂。草堂初成，舅舅崔顼来访，杜甫喜不自胜，作此诗。诗前原注："喜崔明府相过。"崔顼时任县令，故称"明府"。

二、原文

舍南舍北皆春水，但见群鸥日日来。
花径不曾缘客扫，蓬门今始为君开。
盘飧市远无兼味，樽酒家贫只旧醅。
肯与邻翁相对饮，隔篱呼取尽余杯。

三、注释

1. 群鸥：本是江鸥，暗用《列子·黄帝》典故。有一人与海鸥相亲，海鸥常和他嬉戏，但有一天他父亲却让他捉一只海鸥，当他再去海边时，海鸥都心存疑虑而不敢再靠近他。后人常借用此典，形容人淡泊宁静、泯除机心。如王维《积雨辋川庄作》诗："野老与人争席罢，海鸥何事更相疑？"

2. 蓬门：用蓬草编成的门户，以示房子的简陋。

3. 旧醅：隔年的陈酒。古人好饮新酒，杜甫因家贫无新酒感到歉意。

四、译文

草堂南北两面春水初涨，只有鸥鸟成群天天飞来。

花间小路不曾因客打扫，蓬草大门今天为您大开。

集市远盘中没有两样菜，家境贫杯里只有陈酒筛。

定要跟近邻翁相对而饮，隔竹篱呼他来尽兴开怀。

五、导读

这首诗即事抒情，诗题"客至"贯穿全篇，门前景、家常话、身边情，衔接自然，浑然一体，编织成富有情趣的生活场景，洋溢着浓郁的生活气息和人情味儿。时间上从迎客到待客，空间上从外到内，表达了作者的安居之乐、客至之喜、待客之诚、邻里之亲。清人黄生《唐诗摘钞》评此诗"前半见空谷足音之喜，后半见贫家真率之趣"，颇得此诗妙旨。

首联写家居周围环境，上句写水，浑然天成；下句写鸟，一派安闲。寓情于景，表现了他在闲逸的江村中的寂寞心情，为贯穿全诗的喜客之情巧妙地做了铺垫。上句"皆春水"三字用语至精，既点明了客人来访的时间，又交代了诗人所居的生活环境：万里桥西，春江水涨，绿水绕村，景色秀丽可爱，环境清幽僻静。同时也表现出诗人面对盈盈春水、融融春意的喜悦之情。"皆"字又与下句的"但"字相呼应，鸥群日日因水而来，嬉戏于舍南舍北之间，或飞或停，自由自在，平添了环境的清幽。“但见”二字，暗含日日与鸥鸟为伍，真淳忘机的自得之乐：居处幽僻，心境淡泊，向无客至。杜甫《江村》诗中有“自去自来梁上燕，相亲相近水中鸥”之句，同样描写了幽居草堂江村时的这种情怀，有一种忘机息心的境界。

颔联点染小环境，景物由草堂四周转入草堂院内，借以引出“客至”。上下两句有一种互文见义的感觉，要连起来看。上句所写其实是：平日里因为没有客来，草堂蓬草制作的门没有开过，院内长满鲜花的小路也不曾清扫；但是今天舅舅崔顼要来，所以平日不扫花径今日扫了，平日不开蓬门今日开了。杜甫生性爱花，营建草堂时，到处觅树求花，不到半年时间，草堂院内便花木遍地。这里，诗人借“花径不曾缘客扫”暗写草堂院内鲜花盛开。“今始”与“不曾”相互呼应，可见杜甫对来客至诚迎候的心情。这里的“开”字，是全诗的转折点，是迎客向待客的转折，也是从寂静向热闹的转折，是空谷中的第一声“足音”。

颈联从庭院转向室内，描绘出一幅诗人热诚招待客人的生活场景。主人频频劝饮，对菜不丰盛、酒不新鲜表示抱歉，显示了诗人竭诚尽意的盛情和力不从心的歉疚，表现了主客之间的深厚情谊。“无兼味”“只旧醅”用得贴切，“市远”“家贫”说得坦然，反映的是主客之间的感情非同一般，不必虚头巴脑地客气。天涯羁旅，亲友相聚，自是人生快事，理当菜盛酒醇，无奈“市远”“家贫”，喜中忽添一丝歉意，更显出诗人“喜”的真诚和质朴。这两句诗一句三折，跌宕有致，语言朴素真率，如对面晤谈。家常话语，人间真情，字里行间充满了款曲相通的融洽气氛。

尾联承接上文，主客对饮交谈，兴致越来越高，诗人情不自禁地想要约请邻家老翁共饮，先是用“肯与”二字征询意见，后是“隔篱呼取”的忘情高呼，待客之热情将席间的气氛推向更热烈的高潮。这里的“肯”字是关键，用词典的释义怎么也翻不出那种渴望来。杜甫为什么有这种渴望？这就需要说一说“邻翁”的身份了。如果只是一个农家老头，随便请来陪远道而来身为县令的舅舅，那就是失礼的事了。考诸杜甫草堂期间的诗作《北邻》《南邻》《过南邻朱山人水亭》等，北邻是王姓县令，南邻是朱姓山人。不论是县令还是隐士，都是雅人，都有高致。这样的对饮，将是一段佳话：既体现了杜甫与崔顼的亲情，也体现了杜甫与王明府、朱山人的邻里情。诗至尾句，酒宴在主客间如此亲切融洽的气氛中戛然而止，文已尽而意无穷，至于后来的对饮、对谈，全在读者的想象之中。

重读全诗，前两联虚写客至，后两联实写待客，首尾两联都有起兴之意，峰回路转处别开生面，细腻传神处热烈诚挚。这样的神仙友情令人羡叹！要想更多了解杜甫笔下的友情，可以继续赏读《宾至》《赠卫八处士》等诗。

编者：黄耀新

For a Guest

North and south of my cottage winds spring water green;

I see but flocks of gulls coming from day to day.
The footpath strewn with fallen blooms is not swept clean;
My wicket gate is opened but for you today.
Far from market, I can afford but simple dish;
Being not rich, I've only old wine for our cup.
To drink together with my neighbour if you wish,
I'll call him o'er the fence to finish the wine up.

语言知识

1. 单词

cottage/ˈkɒtɪdʒ/*n.* a small house, especially in the country 小屋；（尤指）村舍，小别墅

wind/waɪnd/*v.* (of a road, river, etc.) to have many bends and twists 蜿蜒；曲折而行；迂回

flock/flɒk/*n.* a group of sheep, goats or birds of the same type （羊或鸟）群

strew/struː/*v.* to be spread or lying over a surface 布满；撒满；散播在……上

bloom/bluːm/*n.* a flower (usually one on a plant that people admire for its flowers)（常指供观赏的）花

sweep/swiːp/*v.* to clean a room, surface, etc. using a broom 扫；打扫；清扫

but/bʌt/*adv.* only 只有；仅仅

afford/əˈfɔːd/*v.* (formal) to provide sb with sth 提供；给予

fence/fens/*n.* a structure made of wood or wire supported with posts that is put between two areas of land as a boundary, or around a garden, field, etc. to keep animals in, or to keep people and animals out 栅栏；篱笆；围栏

2. 词义辨析

✓ cabin、cottage、hut 与 shed

cabin 多指建造粗糙的简陋小木屋，也指旅客或船员住的船舱。现在也指节假日旅游者的简便住房。

例：We moved into a cabin with electricity but no running water.

我们搬进一栋通了电但没有自来水的小屋。

cottage 指穷苦人住的乡间小茅屋。现在也指雅致的小住宅，在美国可指别墅。

例：They live in an idyllic country cottage, with roses around the door.

他们住在一个田园诗般的乡村小屋里，门周围有玫瑰。

hut 多指供居住或遮蔽风雨的简易小屋，通常只有一个房间。

例：There is a row of beach huts over there.

那边有一排海滩小屋。

shed 一般指四壁没有完全封闭，供牲畜用或储藏东西、停放车辆等的简易棚屋。

例：There is a lambing shed on the farm.

农场里有一个产羔棚。

✓ alcohol 与 wine

alcohol 可以是饮品，即常见的食用酒精，酒精度表示其中包含酒精的百分比；也可以是非饮品，即我们说的工业酒精或者医药酒精。

wine 指的是用葡萄发酵后做出的可饮用酒精饮品，即红葡

萄酒或白葡萄酒。

3. 短语或特殊用法

✓ flocks of 成群的

The Thames was in spate, with flocks of Canada geese speeding downriver.

泰晤士河河水暴涨，成群的加拿大雁迅速游向下游。

✓ wicket gate（尤指大门旁的）小门，便门，旁门

Two stunted apple trees raised their gnarled and knotty branches on either side of the wicket gate.

边门两旁，是两株瘦小的苹果树那多节的丫枝。

✓ finish up 吃完；喝完

We might as well finish up the cake.

我们倒不如把蛋糕吃完。

编者：郭爱显

登　高

〔唐〕杜　甫

一、题解

诗题一作《九日登高》。中国自古有重阳节（农历九月九日）登高的习俗。现代学界一般采用清人仇兆鳌的说法，认为这首诗是唐代宗大历二年（767）重阳节杜甫流寓夔州（今重庆市奉节县）时作。安史之乱虽已结束，但地方割据势力之间纷争不断，战乱不息。杜甫病重家贫，在深秋独自登上夔州白帝城外的高台，不禁百感交集，写下了这首诗。明人胡应麟评价此诗说："五十六字，如海底珊瑚，瘦劲难名，沉深莫测，而精光万丈，力量万钧。通章章法、句法、字法前无昔人，后无来学，微有说是，是杜诗，非唐诗耳。然此诗自当为古今七言律第一，不必为唐人七言律第一也。"（《诗薮》）

二、原文

风急天高猿啸哀，渚清沙白鸟飞回。
无边落木萧萧下，不尽长江滚滚来。
万里悲秋常作客，百年多病独登台。
艰难苦恨繁霜鬓，潦倒新停浊酒杯。

三、注释

1. 渚：水中的小洲。
2. 落木：指秋天飘落的树叶。
3. 萧萧：模拟草木飘落的声音。
4. 常作客：长期漂泊他乡。
5. 苦恨：一说极其遗憾，一说愁苦愤恨。
6. 潦倒：一说穷蹇失意，一说容止疏放，一说年老。
7. 新停：一说刚刚戒酒，一说杯到唇边停而未饮。

四、译文

江风急秋空高山猿啼啸哀，洲渚清沙滩白小鸟飞又回。
一望无际无尽秋叶萧萧落，千秋万岁不尽长江滚滚来。
漂泊万里悲秋常做他乡客，多病一生忍痛独自登高台。
深憾家国艰难重霜染双鬓，痛感生命衰颓浊酒亦停杯。

五、导读

中国古代的文人有一种登高情结，重阳节登高赋诗在唐代已成为风俗，王维《九月九日忆山东兄弟》“遥知兄弟登高处，遍插茱萸少一人”的“思亲”更是所有中国人耳熟能详的名句。杜甫早年《望岳》中的“会当凌绝顶，一览众山小”是一种渴望登高的壮志豪迈，而晚年《登高》一诗则是“俯仰天地间，乾坤一腐儒”的悲歌。但它绝不是细之又细的颓唐萎靡，而是一种“‘拔山扛鼎’式的悲歌”（萧涤非语）。赏读此诗，最重要的是以知人论世为基础，披文入境，体会杜甫的壮怀悲歌。

根据学界的主流观点，此诗是大历二年（767）杜甫流寓夔州时作。当时的时代特征是：朝廷无能，外不能靖强敌，内不能惩横将；重税敛财，兴佛乱政，百姓流离。自安史之乱起，大唐边防力量减弱，吐蕃、回纥、吐谷浑等多有犯边，广德元年（763），吐蕃一度攻占长安。安史之乱后，藩镇割据势力纷争不断，郭英乂、崔旰乱蜀，仆固怀恩甚至联合吐蕃、回纥等部三十万人欲攻占长安。大历元年（766），推行什一税，民不堪其苦，多流亡。大历二年兴佛事，动辄耗资巨亿，迷信“因果”，期待乱者自亡。当时杜甫的遭际是：立功无望，以期立言；至交散亡，老病孤愁。永泰元年（765）春，杜甫不堪老友严武不用其意、同僚龃龉而辞职。夏，在忠州受到族侄的冷遇，写《旅夜书怀》，“飘飘何所似，天地一沙鸥”成为诗歌史上最重要的飘零之叹。九月起，病滞云安。大历元年流寓夔州，寄居西阁，食蔬屡有不谐。冬，有《阁夜》诗“野哭千家闻战伐”“人事音书漫寂寥”之句描述战乱给人民带来的痛苦。其时，杜甫的挚友李白、高适、严武已逝，兄弟离散，不知西东。大历二年，堂舅崔翁兼夔州刺史，得督东屯公田，迁瀼西，流居东屯。根据医学界的考证，其时杜甫的风湿病、糖尿病、肺病都已非常严重，消瘦，病足，又咳又喘，牙齿脱落过半，双眼白内障，听力严重下降。行动必须依靠竹杖，担任督田之责乡间行走已是不易，更遑论独自登高？据考，重阳日杜甫本与朋友有约，可惜朋友爽约，这才有杜甫独自登上夔州白帝城外的高台，百感交集，写下《登高》。

作为一首典型的登高之作，前两联写景、后两联抒情是标准写法，但取景典型，状景传神，情景交融，比兴、象征、暗示之寄意遥深、字字血泪、凝练深沉处，就是诗圣“语不惊人死不休”的追求和“晚节渐于诗律细”的境界。

首联落笔就是夔州的典型景物：瞿塘峡峡口，山高而风急。风急则无云，无云则更显天高，高天的寥廓苍茫更让人感觉急风凄寒萧瑟。山中多猿，郦道元曾说“晴初霜旦”之时，高猿长啸总是“空谷传响，哀转久绝”。重阳日“风急天高”，这样的背景下，杜甫自然是心生悲凉。“猿啸哀”三字，总让人想起“猿鸣三声泪沾裳”的三峡古歌。秋日水落，堤岸洲渚的新沙白得凄清，水上鸥鸟在急风中飞去飞回。对句的“回”字最是耐人寻味：是迅疾盘旋而飞，还是逆风难进而被吹回，抑或是返巢归家的回，历来解诗者并无定论，但种种姿态都是杜甫内心情怀的流露。高天急风中，听着凄厉的猿啸，看着鸥鸟的回飞，个人的渺小感、孤凄感，与对生命的渴望、坚定、执着，当是弥漫了杜甫心胸吧。

颔联转眼就看见了整个秋天。出句上承首联出句，写山。“落木”就是“落叶”，杜甫用“木”代“叶”，只因他看到了树叶失水飘落枝头，就是一场生命的告别。“萧萧”的是风声，是生命的告别之声。“无边”是万山，是空间的无限延展。繁声在耳，最后落在一个“下”字上，如千斤锤落。对句上承首联对句，写水。一个“来”字告诉我们：江流滚滚，是生命的奔流，是力量的涌动。“不尽”是源流，是时间的无始无终、千秋万代。这个“来”字之妙，可以与“大江东去”的“去”字、“滚滚长江东逝水”的“逝”字做个比较，那就是生与死、希望与幻灭、振奋与消沉的根本区别。

颈联抒情，从诗人自身的遭际开始。出句从空间落笔，一想就是“万里”；对句从时间落笔，一晃就是“百年”。两句合起来看，我们会感受到杜甫这一生遭际是怎样的悲凉：本是长安城南望族，却出生在巩义寒窑；志在鹰马凤凰，“致君尧舜”，却行如丧家之犬，漂泊流寓，仰人鼻息。“客”是“常”态，是“百年”“万里”的四海漂泊；“悲”是“常”态，是“百年”“万里”的家国之悲；“独”亦是“常”态，是“百年”“万里”的“莫我知也夫”；“病”亦是“常”态，是令生命日渐消亡的病。就是这样一个常“客”常“悲”常“病”常“独”的杜甫，在漂泊“百年”“万里”之后，在这个秋天里，登上这个高台，让自己直接与无尽的时空相对，又是怎样一种生命的抗争与执着？知此，罗大经《鹤林玉露》所言“十四字之间含八意”亦不为确解。

> 杜陵诗云：“万里悲秋常作客，百年多病独登台。”盖“万里”，地之远也；“秋”，时之惨凄也；“作客”，羁旅也；“常作客”，久旅也；“百年”，暮齿也；“多病”，衰疾也；“台高”，迥处也；“独登台”，无亲朋也。十四字之间含八意，而对偶又精确。(罗大经《鹤林玉露》卷十一)

尾联抒情，“艰难”二字背后是无限深远沉重的家国不幸。“吾庐独破”也要“大庇天下寒士”的忧国忧民的杜甫，和当时的人民一样，生活多艰，但他想到更多的是国家、社稷、民生。忧国国多难，伤时时多艰。“有心杀贼，无力回天”的人生让杜甫一生“苦恨”，国难未除，鬓已先斑，斑之又斑，已如繁霜。出句之解，关键在句法结构。解法就是与对句照应，都是“2+（2+3）”的结构。“苦”修饰“恨”，“恨”的对象是“繁霜鬓”，是自己的年老；正如“新”修饰

"停","停"的对象是"浊酒杯",是仅有的安慰剂。两句合起来讲,家国多艰,潦倒地一步步走向衰亡,可是自己已经衰老,"无能为也已",一念及此,杯中浊酒怎能安慰自己,让自己忘怀?

本诗有"古今七言律第一"的大名,却也遭受过惫懒后学、狂悖诸生的曲解,实是令人痛心。当然,诗无达诂,本诗亦有别解,毕竟本诗的创作时间、地点在学界也还没有取得一致的认同。另有宝应元年(762)作于梓州的说法,非常重要。赏读本诗,尤其要重学理,不能错失了杜甫忧国忧民的灵魂,不能错失了杜甫在家国艰难面前自感无力尽责的痛苦遗憾。

编者:黄耀新

On the Height

The wind so swift, the sky so wide, apes wail and cry;
Water so clear, and beach so white, birds wheel and fly.
The boundless forest sheds its leaves shower by shower;
The endless river rolls its waves hour after hour.
A thousand miles from home, I'm grieved at autumn's plight;
I'll now and then for years, alone I'm on this height.
Living in times so hard, at frosted hair I pine;
Cast down by poverty, I have to give up wine.

语言知识

1. 单词

alone/əˈləʊn/*adj.* & *adv.* without any other people 独自

poverty/ˈpɒvəti/*n.* the state of being poor 贫穷；贫困

2. 短语

✓ now and then 不时，有时

I hear from him now and then.

我有时会收到他的来信。

✓ cast down 沮丧

He was much cast down by the failure of the experiment.

实验的失败使他非常沮丧。

编者：李书梅

登岳阳楼

〔唐〕杜　甫

一、题解

岳阳楼，与黄鹤楼、滕王阁、鹳雀楼（一说蓬莱阁）并称中国古代四大名楼，位于湖南省岳阳市岳阳古城西门城墙之上，下临浩瀚的“八百里洞庭”。始建于东汉末年，历代屡加重修，为游览胜地。唐代宗大历三年（768），杜甫离开夔州沿长江向东一路漂泊，在江陵、公安居无可居，在冬雪中泊船岳阳城下，登上神往已久的岳阳楼，凭轩远眺，感慨万千，写下了这首流传千古的五律《登岳阳楼》。

二、原文

昔闻洞庭水，今上岳阳楼。
吴楚东南坼，乾坤日夜浮。
亲朋无一字，老病有孤舟。
戎马关山北，凭轩涕泗流。

三、注释

1. 吴楚：吴地、楚地，两地在中国东南。坼：分裂。
2. 乾坤：指日月星辰。

3. 老病：杜甫时年五十七岁，身患多种疾病。

4. 关山北：北方边境。

5. 涕泗：眼泪。

四、译文

从前听说洞庭湖壮丽丰美，如今登上岳阳楼感慨悲愁。

吴楚大地被洞庭一分两半，日月星辰在湖中日夜漂浮。

亲朋故旧或散或亡没音信，年老多病时漂时泊一孤舟。

北望河洛关山戎马多战乱，伫倚轩窗流民逸臣泪横流。

五、导读

《登岳阳楼》是杜甫五言律诗中具有典型意义的一首，出语平淡而寄意遥深。从某种意义上讲，《登岳阳楼》与《登高》是一样的，都是"俯仰天地间，乾坤一腐儒"的悲歌，都是那种"'拔山扛鼎'式的悲歌"。学习此诗，也应该以知人论世为基础，披文入境，体会杜甫的壮怀悲歌。

首联落笔非常平淡，出句写洞庭水，"昔闻"二字写出了向往已久；对句写岳阳楼，"今上"二字写出了夙愿得偿。"昔"和"今"两个字在这里提醒我们一定要展开联想。杜甫是什么时候听谁谈起过什么样的洞庭湖？又是在什么情况下登的岳阳楼？第一个问题答案比较多，考之杜甫的学习和交往，至少应该与屈原《湘夫人》、司马相如《子虚赋》、孟浩然《临洞庭湖赠张丞相》、李白《与夏十二登岳阳楼》相关。其景则壮，其情则畅。今天是什么情况呢？《旧唐书 · 地理志》载："至德后（758 年之后），中原多故，襄邓百姓，两京衣冠，尽投江湘。故荆南进邑，十倍其初。"洞庭湖地区成为中原地区的贵族和百姓流亡的目的地，这是国事；杜甫本人从夔州到江陵再到公安，生计无着，被迫要到潭州投奔旧友韦之晋，这才漂泊到了岳阳，而且是残冬，刚刚下过雪。这样的今昔对比怎能不令人感慨悲伤？

颔联承首联出句，专写洞庭水，极写其大。我们从文字中仿佛看到了杜甫站在岳阳楼上，西望洞庭，极目都是起伏荡漾、无边无际的洞庭湖水，满心都是吴楚大地好像被洞庭湖给分成了两半，天地万物日月星辰好像都在湖水上浮动。洞庭湖的大给了杜甫太大的震撼。在这里，“坼”和“浮”两个字提醒我们一定要展开联想。“坼”字可不是一个吉祥的词。《资治通鉴·周纪四》中有这样一段文字：“天雨血沾衣者，天以告也；地坼及泉者，地以告也；有人当阙而哭者，人以告也。天、地、人皆告矣，而王不知诫焉，何得无诛！”有注家将本句注作“地坼东南”的不祥之义，不无道理。由此再想，“浮”字好像也意味着动荡。杜甫坐小船漂泊了太久，所以这种动荡感一定比我们更强烈。

颈联转向自己，联想到自己的身世、遭遇和处境，转向抒情。诗人念念不忘家国，重情重义，却音信断绝，茫然孤寂；“致君尧舜”之志未展，却年岁已老，多病缠身，生存无着，漂泊江湖。诗人精神上、生活上的孤苦悲惨程度可想而知。在这里提醒大家：杜甫的亲友圈遍及天下，这一点有诗为证；但同时，晚年的杜甫亲友或散或亡，杜甫行踪不定，亲友音书断绝也是事实，这也有诗为证。这里不做赘述，感兴趣的同学可以做一个专题研究。

尾联再点题。诗人从岳阳楼上向长安望去，联想到战火就在北面燃烧，禁不住伤心得老泪纵横。诗人身在洞庭，心系长安，孤舟虽小却装着整个天下，衰老多病仍然忧国忧民。

这首诗即景抒情，前两联写登上岳阳楼赏景，用凝练的语言，用联想和夸张的手法，将洞庭湖水势浩瀚无际的磅礴气势形象地描画出来；后两联写登上岳阳楼抒情，自身年老疾困，漂泊孤独，却心系国家安危，壮怀不已。江山的壮阔，与诗人胸襟的博大，在诗中互为表里。诗人身世之悲、家国之忧，浩浩茫茫，与洞庭浩渺的水势融合无间，形成沉雄悲壮、博大深远的意境。全诗在历史与现实、国家与个人的种种矛盾之中，显得感情更加跌宕、更加深切、更加动人。

编者：黄耀新

On Yueyang Tower

Long have I heard of Dongting Lake,
Now I ascend the Yueyang Height.
Here eastern state and southern break;
Here sun and moon float day and night.
No word from friends or kinsfolk dear,
A boat bears my declining years.
War is raging on the northern frontier,
Leaning on rails,I shed sad tears.

语言知识

1. 单词

state/steɪt/*n.* an organized political community forming part of a country 州；邦；诸侯国

float/fləʊt/*v.* to move slowly on water or in the air 浮动；漂流；飘动；漂移

word/wɜːd/*n.* a piece of information or news 信息；消息

kinsfolk/ˈkɪnzfəʊk/*n.* (old-fashioned or formal) a person's relatives（统称个人的）亲戚，亲属

bear/beə(r)/*v.* to support the weight of sb or sth 支撑，承受（重量）

decline/dɪˈklaɪn/*v.* (rather formal) to become smaller, fewer, weaker, etc. 减少；下降；衰弱；衰退

rage/reɪdʒ/*v.* (of a storm, a battle, an argument, etc.) to continue in a violent way（暴风雨、战斗、争论等）猛烈地继续；激烈进行

shed/ʃed/*v.* (formal or literary) to cry 哭；流泪

2. 词义辨析

✓ country 与 state

country 表示地理概念，侧重“疆土”，即一个国家的整个区域。

例：China is a large country with various geographical terrains. 中国国土面积很大，地形各异。

state 侧重“政权”，即独立的国家，也可指其政府。

例：The state provides free education.

政府提供免费教育。

✓ decline 与 decrease

decline 有“减少、下降、衰退”的意思，除了指数值上的下降，还能指能力等抽象量的下降，多指经济方面。

例：Support for the party continues to decline.

对该党的支持继续下降。

decrease 有“降低、减少”等意思，专指数值上的下降或减少。

例：This species of bird is decreasing in numbers every year.

这种鸟的数量在逐年减少。

3. 短语或特殊用法

✓ hear of 听说；得知

She disappeared and was never heard of again.

她消失了，再也没人听到过她的消息。

✓ declining years 暮年；晚年

That old lady wants to spend her declining years by the sea.

那位老太太想在海边度过她的晚年。

✓ shed tears 哭；流泪

She shed no tears when she heard he was dead.

她听到他的死讯时没流一滴眼泪。

编者：郭爱显

琵琶行（并序）

〔唐〕白居易

一、题解

唐宪宗元和十年（815）六月，藩镇势力派刺客在长安街头刺死了宰相武元衡，刺伤了御史中丞裴度，朝野大哗。白居易时任左赞善大夫，为东宫属官，竟赶在谏议大夫、御史这些朝廷言官之前上表，主张严缉凶手。于是白居易以“僭越言事”的罪名被贬为江州司马，这个司马只有虚职而无实权。第二年秋天，他在浔阳江头送别客人，偶遇一位来自京都、年少曾红极一时的歌女在演奏琵琶，心有戚戚，创作了这首著名的《琵琶行》以抒怀。琵琶，一种弹拨乐器，隋唐时期流行。行，古乐府诗体。

二、原文

元和十年，予左迁九江郡司马。明年秋，送客湓浦口，闻舟中夜弹琵琶者，听其音，铮铮然有京都声。问其人，本长安倡女，尝学琵琶于穆、曹二善才，年长色衰，委身为贾人妇。遂命酒，使快弹数曲。曲罢悯然，自叙少小时欢乐事，今漂沦憔悴，转徙于江湖间。予出官二年，恬然自安，感斯人言，是夕始觉有迁谪意。因为长句，歌以赠之，凡六百一十六言，命曰《琵琶行》。

浔阳江头夜送客，枫叶荻花秋瑟瑟。主人下马客在船，举酒欲饮无管弦。醉不成欢惨将别，别时茫茫江浸月。

忽闻水上琵琶声，主人忘归客不发。寻声暗问弹者谁，琵琶声停欲语迟。移船相近邀相见，添酒回灯重开宴。千呼万唤始出来，犹抱琵琶半遮面。转轴拨弦三两声，未成曲调先有情。弦弦掩抑声声思，似诉平生不得志。低眉信手续续弹，说尽心中无限事。轻拢慢捻抹复挑，初为《霓裳》后《六幺》。大弦嘈嘈如急雨，小弦切切如私语。嘈嘈切切错杂弹，大珠小珠落玉盘。间关莺语花底滑，幽咽泉流冰下难。冰泉冷涩弦凝绝，凝绝不通声暂歇。别有幽愁暗恨生，此时无声胜有声。银瓶乍破水浆迸，铁骑突出刀枪鸣。曲终收拨当心画，四弦一声如裂帛。东船西舫悄无言，唯见江心秋月白。

沉吟放拨插弦中，整顿衣裳起敛容。自言本是京城女，家在虾蟆陵下住。十三学得琵琶成，名属教坊第一部。曲罢曾教善才服，妆成每被秋娘妒。五陵年少争缠头，一曲红绡不知数。钿头银篦击节碎，血色罗裙翻酒污。今年欢笑复明年，秋月春风等闲度。弟走从军阿姨死，暮去朝来颜色故。门前冷落鞍马稀，老大嫁作商人妇。商人重利轻别离，前月浮梁买茶去。去来江口守空船，绕船月明江水寒。夜深忽梦少年事，梦啼妆泪红阑干。

我闻琵琶已叹息，又闻此语重唧唧。同是天涯沦落人，相逢何必曾相识！我从去年辞帝京，谪居卧病浔阳城。浔阳地僻无音乐，终岁不闻丝竹声。住近湓江地低湿，黄芦苦竹绕宅生。其间旦暮闻何物？杜鹃啼血猿哀鸣。春江花朝秋月夜，往往取酒还独倾。岂无山歌与村笛，呕哑嘲哳难为听。今夜闻君琵琶语，如听仙乐耳暂明。莫辞更坐弹一曲，为君翻作《琵琶行》。

感我此言良久立，却坐促弦弦转急。凄凄不似向前声，满座重闻皆掩泣。座中泣下谁最多？江州司马青衫湿。

三、注释

1. 左迁：贬官、降职的委婉说法。

2. 明年：第二年。

3. 倡女：歌女。倡，古时歌舞艺人。

4. 善才：当时对技艺高超的乐师的称呼。

5. 委身：托身，这里是嫁人的意思。

6. 贾人：商人。

7. 出官：京官贬黜到地方任职。

8. 长句：指七言诗。唐代的习惯说法。

9. 浔阳江：万里长江流经江西省九江市北的一段，因九江古称浔阳，所以又名浔阳江。

10. 转轴拨弦：拧转弦轴，拨动弦丝。这里指调弦校音。

11. 拢：扣弦。捻：揉弦。抹：顺手下拨。挑：反手回拨。

12. 《霓裳》：即《霓裳羽衣曲》，与《六幺》都是唐代乐曲名。

13. 冰下难：泉流冰下阻塞难通，形容乐声滞塞难通。

14. 拨：拨子，弹奏弦乐的用具。

15. 虾蟆陵：地名，在长安城东南。一说为“下马陵”之谐音，本是董仲舒墓，文人至此须下马而过。

16. 教坊：古时管理宫廷音乐的官署，专管雅乐以外的音乐、舞蹈、百戏的教习、排练、演出等事务。把第一流的乐舞者登记在第一部，在需要的时候特召进宫演出，是教坊重要的职责。

17. 秋娘：唐时歌舞伎常用的名字。这里是对善歌貌美歌伎的通称。

18. 五陵：汉代五个皇帝的陵墓，当时富家豪族多聚居在这一带。五陵年少，指京城富家豪族子弟。

19. 缠头：古代对歌伎舞女打赏用的锦帛。

20. 绡：精细轻美的丝织品。

21. 钿头银篦：上端镶着花钿的银质发篦。钿，用金银等制成的花形首饰。

22. 浮梁：地名，在今江西景德镇北。

23. 唧唧：叹息。

24. 呕哑嘲哳：指声音嘈杂刺耳。

25. 促弦：把弦拧得更紧。

26. 青衫：白居易被贬江州司马时的官服。一说为黑色单衣，一说为淡青色单衣。

四、译文

元和十年，我被贬为九江郡司马。第二年秋天，到湓浦口送别朋友，夜里听到船上有人弹琵琶。听那声音，铮铮的有京都流行的韵味。询问这个人，原来她是长安的歌女，曾经向穆、曹两位琵琶大师学艺。后来年纪大了，美貌不再，嫁给商人为妻。于是命人摆酒，让歌女畅快地弹几曲。她弹完后，有些忧郁的样子，自己说起了少年时欢乐的事，而今漂泊流落，形容憔悴，在江湖之间辗转流浪。我离京调外任职两年来，随遇而安，自得其乐，今天夜里对这个歌女的话深有感触，这才有被降职的感觉。于是撰写一首长诗赠送给她，共六百一十六字，题为《琵琶行》。

夜晚我到浔阳江边送别朋友，枫叶荻花被风吹得瑟瑟发抖。我和朋友下马后登上了小船，没有音乐饯别的酒欲饮不欢。心碎当成酒醉就要凄惨离别，别意茫茫就像江水浸染寒月。

忽然听见江水上传来琵琶声，朋友忘了要走我也忘了回还。循着声源轻声询问是谁在弹，琵琶声停了想说却迟疑无言。把船划过去邀请她出来相见，添上酒再掌灯重新摆开酒宴。千声呼万声唤她才慢慢出来，还抱着琵琶遮住了一半脸面。转琴轴拨琴弦试着弹上几声，还没弹成曲调就蓄满了深情。次次拨弦声声琴都带着哀愁，好像诉说着没实现平生志愿。低垂着眉头随手自由地弹奏，琴声里有心底无限往事重现。轻轻拢慢慢捻顺手抹回手挑，先弹了《霓裳》又弹《六幺》。大弦声嘈嘈如夏日骤落急雨，小弦声切切如秋日月下私语。大弦小弦交错变化音律回旋，像大大小小的珍珠弹跳玉盘。流利处像花下黄鹂啼鸣婉转，幽咽时像冰下泉水流动艰难。琴声好似冰泉冷涩琴弦凝停，琴弦凝停不再发声只留寂静。另有种幽愁深恨暗暗地滋生，这时候的无声胜过一切有声。琴声突起像瓶破时水浆飞迸，又像铁骑突然杀出刀枪齐鸣。曲终时拨子从琴弦中间划过，四弦同时发声好像撕裂布帛。四面的画舫全都悄然无人言，只有江心秋月白得动人心魄。

沉思着收起拨片插入琴弦中，整理衣裳收起了深思的表情。她说自己本是京城里的歌女，从小就在长安的虾蟆陵居住。十三岁弹琵琶就学到了大成，教坊第一乐队里有我的芳名。一曲弹罢曾教琵琶乐师叹服，妆容扮好总令美貌歌女嫉妒。出身五陵的公子争抢着打赏，弹奏一曲就能得到彩绸无数。打节拍打碎了镶花钿的银篦，喝美酒喝脏了鲜艳的红罗裙。欢声笑语中过了一年又一年，秋月春风里光阴虚度停不住。一个个兄弟从军阿姨亦死去，一天天暮去朝来容颜被嫌恶。门前车马稀稀拉拉日渐冷落，年岁大了嫁给个商人做妾妇。商人总是重视营利轻看别离，上个月要买茶就到浮梁县去。从他走后我就守着江口空船，望着船头的明月更觉江水寒。深夜里如果梦到了少年情事，梦醒后总是泪洗红妆湿又干。

我听琵琶曲已经是感慨叹息，听了这番话更添上一重悲凄。漂泊天涯的沦落之人成相知，又何必在意此前是否曾相识！自从去年我离开了帝都京城，被贬到了这浔阳城卧伏养病。浔阳这地方偏僻到没有音乐，一年到头也听不见丝竹之声。我住在湓江附近低洼又潮湿，黄芦和苦竹在院子周围丛生。在这里早晚能听到什么声音？杜鹃和猿猴凄厉悲凄的哀鸣。春秋天江边也有花朝和月夜，往往是我一人饮酒冷冷清清。难道这里就没有山歌和村笛？那声音嘈杂刺耳是实在难听。今晚听您弹奏的这段琵琶曲，像是仙乐入耳心头顿时清明。请再坐下弹一曲您不要推辞，我要为您创作一首《琵琶行》。

这句话让她心生感触久站立，回身坐再紧弦琴声变得更急。弦声凄凄不再像刚才的清雅，在座的人听了全都掩面哭泣。满座的人流泪最多的又是谁？江州司马的青衫早已被打湿。

五、导读

《琵琶行》是白居易“感伤诗”的代表作。《琵琶行》一经问世，就广为传唱。这首诗的语言保持了白居易一贯的明白晓畅，但婉曲处却蕴藏着不尽的“情”“义”，需要我们在赏读时吟咏品味。白居易曾说：“感人心者，莫先乎情，莫始乎言，莫切乎声，莫深乎义。诗者，根情，苗言，华声，实义。”赏读此诗，可以沿此路径进行：观其言而见其情，闻其声而识其义。

这首诗主体是叙事，言简意丰。例如开头“浔阳江头夜送客”，七个字写尽地之僻、时之晚、人之漂泊、离别之难；“主人下马客在船”，七个字写尽主客同下马、同上船，不舍之情绵绵不断。再如结尾“感我此言良久立”，七个字写尽我所言之诚、琵琶女所感之深；“江州司马青衫湿”，七个字写尽琵琶女所奏曲调之哀凄，更写尽我从中所感人生沦落之悲苦。

琵琶曲是这首叙事诗情节发展的关键，也是赏读这首诗的关键。诗中的第一首琵琶曲是白居易和他的朋友在“江浸月”的一片“茫茫”中，在浓得化不开的离愁别绪中无意听到的。此时，琵琶女所弹奏的曲子能够达到“主人忘归客不发”的艺术效果，那是什么曲子？这是诗人留给读者的空白，可以根据下文琵琶女的自叙来填补。是“少年”时的欢笑？是“老大”后的失落？是教坊得冠时的“成名作”？是“五陵”少年“击节”欣赏的“主打歌”？心中所想的是“从军”的“弟”、“死”去的“阿姨”，还是“前月浮梁买茶去”的“商人”？似乎每一种说法都有其合情合理处。这个曲子让两条船接近，让两个“天涯沦落人”一个“寻声暗问”“千呼万唤”，一个含羞带怯地出来了也还要“犹抱琵琶半遮面”。诗中的第二首琵琶曲是《霓裳羽衣曲》，是唐玄宗所作，最初用于太清宫祭献老子，后来成为唐朝大曲中的法曲精品，唐歌舞的集大成之作，白居易《长恨歌》中有句“渔阳鼙鼓动地来，惊破《霓裳羽衣曲》”。第三首琵琶曲是《六幺》，这是一首在唐代流传甚广的舞曲，又称《绿腰》《录要》《乐世》等，为女子独舞，节奏由慢到快，舞姿轻盈柔美，白居易《杨柳枝》中有“《六幺》《水调》家家唱”之句。两曲连奏，其演奏过程大有孔子“乐成之”的轨范。鲁大师之乐，“始作，翕如也；从之，纯如也，皦如也，绎如也，以成”。琵琶女之乐也，其始，“未成曲调先有情”；其从，“大珠小珠落玉盘”“凝绝不通声暂歇”“银瓶乍破水浆迸”；其收，“四弦一声如裂帛”。只是此次演奏与少年时不同，听众不是“击节碎”“争缠头”的“五陵年少”，而是同样沦落天涯的白居易和他的朋友；曲调传达的感情也不复“少年”时的“欢笑”，而是“弦弦掩抑声声思，似诉平生不得志”的深沉哀婉。第四首琵琶曲是一首与前三首都不同的节奏更快的曲子，只是这快不是欢快，相反，其中充溢着“凄凄”之情，至于是什么曲子，不得而知，可能比较“小众”，心有戚戚者最能感知其中深情。

这首诗在叙事描写中塑造了两个“天涯沦落人”的形象。叙事中，明暗交织，虚实交替。琵琶女弹琴自叙是明线实写，诗人的感情渗透在字里行间，随琵琶女弹奏曲子和她身世的不断变化而荡起层层波浪，可算是暗线虚写。诗人的送别与自叙谪居生活是明线实写，琵琶女的感情随之荡起层层波浪，可算是暗线虚写。诗人的别情谪意与琵琶女的人生失落融二为一，说琵琶女也是说自己，说自己也是说琵琶女，命运相同，同病相怜。两个主人公性别、阶层的反差具有了广阔的社会代表性，因而也就使“同是天涯沦落人，相逢何必曾相识”具有了更强的典型意义，从而使这首“感伤诗”成为脍炙人口的现实主义杰作，引人共鸣，雅俗共赏。

这首诗叙事中的景物也写得很精妙。例如开头“枫叶荻花秋瑟瑟”，七个字中，两个秋夜江边的典型景物，色调暗淡；一个叠音词，唇齿交战，令人顿感阵阵凉意。再如“别时茫茫江浸月”“唯见江心秋月白”“绕船月明江水寒”三句交相辉映，同样的秋江夜月，不同的情绪表达，离情别绪、音乐之境、人生失落，又哪能分得清呢？

当然，这首诗的语言优美鲜明，有音乐感，流转匀称，明快和谐。特别是描绘琵琶的演奏，比喻贴切，设喻形象。“如急雨”“如私语”“水浆迸”“刀枪鸣”“珠落玉盘”“莺语花底”，这些比喻化虚为实，呈现出鲜明的音乐形象，读来如闻其声，如临其境。再比如“千呼万唤始出来，犹抱琵琶半遮面”“别有幽愁暗恨生，此时无声胜有声”“门前冷落鞍马稀，老大嫁作商人妇”“夜深忽梦少年事，梦啼妆泪红阑干”“同是天涯沦落人，相逢何必曾相识”等等，凝练优美，扣人心扉，让人过目难忘。

另外，本诗以及诗前的小序中还有许多“埋伏”，例如“是夕始觉有迁谪意”“弟走从军阿姨死”等等，需要我们结合白居易同时期的其他诗作进一步解读，否则，白居易可能会有“不问苍生问鬼神”一样的失落。毕竟，“感伤诗”中也有“新乐府”的精神存在。

编者：黄耀新

Song of a Pipa Player

In 805, I, having been demoted, assumed the position of Sima (military oficial) in Jiujiang Prefecture. The following autumn, I escorted a guest to the port of Penpu Kou, where I heard someone playing pipa on a boat at midnight. In my ears, the music resounded with the melody of the Capital. Inquiring about the player, I learned she was originally a talented girl from Chang'an, who had studied the pipa under two exponents–Master Mu and Master Cao. As her youth gradually faded, she married a merchant. I then ordered wine, asking her to play several tunes. After the music stopped, she sighed, recounting the joyful events of her youth, but now, straying in plight, she roamed the rivers and lakes. These words moved me, as I had been out of office for two years and lived in peace. For the first time, I sensed the feeling of exile that night. I then composed a long poem to express my sentiments, totaling six hundred and sixteen words, titled "Song of a Pipa Player."

One night by riverside I bade a friend goodbye;
In maple leaves and rushes autumn seemed to sigh.
My friend and I dismounted and came into the boat;
We wished to drink but there was no music afloat.

Without flute songs we drank our cups with heavy head;
The moonbeams blended with water when we were to part.
Suddenly o'er the stream we heard a pipa sound;
I forgot to go home and the guest stood spellbound.
We followed where the music led to find the player,
But heard the pipa stop and no music in the air.
We moved our boat towards the one whence came the strain,
Brought back the lamp, asked for more wine and drank again.
Repeatedly we called for the fair player till
She came, her face half hidden behind a pipa still.
She turned the pegs and tested twice or thrice each string;
Before a tune was played we heard her feelings sing.
Each string she plucked, each note she struck with pathos strong,
All seemed to say she'd missed her dreams all her life long.
Head bent, she played with unpremeditated art
On and on to pour out her overflowing heart.
She lightly plucked, slowly stroked and twanged loud
The song of "Green Waist" after that of "Rainbow Cloud".
The thick strings loudly thrummed like the pattering rain;
The fine strings softly tinkled in a murmuring strain.
When mingling loud and soft notes were together played,
You heard large and small pearls cascade on plate of jade.
Now you heard orioles warble in flowery land,
Then a sobbing stream run along a beach of sand.
But the stream seemed so cold as to tighten the string;

From tightened strings no more song could be heard to sing.
Still we heard hidden grief and vague regret concealed;
Then music expressed far less than silence revealed.
Suddenly we heard water burst a silver jar,
And the clash of spears and sabers come from afar.
She made a central sweep when the music was ending;
The four strings made one sound, as if silk one was rending.
Silence reigned left and right of the boat, east and west;
We saw but autumn moon white in the river's breast.
She slid the plectrum pensively between the strings,
Smoothed out her dress and rose with a composed mien.
"I spent," she said, "in the capital my early springs,
Where at the foot of Mount of Toads my home had been.
At thirteen I learned on the pipa how to play,
And my name was among the primas of the day.
I won my master's admiration for my skill;
My beauty was envied by songstresses fair still.
The gallant young men vied to shower gifts on me;
One tune played, countless silk rolls were given with glee.
Beating time, I let silver comb and pin drop down,
And spilt-out wine oft stained my blood-red silken gown.
From year to year I laughed my joyous life away
On moonlit autumn light as windy vernal day.
My younger brother left for war, and died my maid;
Days passed, nights came, and my beauty began to fade.
Fewer and fewer were cabs and steeds at my door;

I married a smug merchant when my prime was o'er.
The merchant cared for money much more than for me;
One month ago he went away to purchase tea,
Leaving his lonely wife alone in empty boat;
Shrouded in moonlight, on the cold river I float.
Deep in the night I dreamed of happy bygone years,
And woke to find my rouged face crisscrossed with tears."
Listening to her sad music, I sighed with pain.
Hearing her story, I sighed again and again.
Both of us in misfortune go from shore to shore.
Meeting now, need we have known each other before?
"I was banished from the capital last year
To live degraded and ill in this city here.
The city's too remote to know melodious song,
So I have never heard music all the year long.
I dwell by riverbank on a low and damp ground
In a house with wild reeds and stunted bamboos around.
What is here to be heard from daybreak till nightfall
But gibbon's cry and cuckoo's homeward-going call?
By blooming riverside and under autumn moon
I've often taken wine up and drunk it alone.
Though I have mountain songs and village pipes to hear,
Yet they are crude and strident and grate on the ear.
Listening to you playing on pipa tonight,
With your music divine e'en my hearing seems bright.
Will you sit down and play for us a tune once more?

I'll write for you an ode to the pipa I adore."
Touched by what I said, the player stood for long,
Then sat down, tore at strings and played another song.
So sad, so drear, so different, it moved us deep;
Those who heard it hid their face and began to weep.
Of all the company at table who wept most?
It was none other than the exiled blue-robed host.

语言知识

1. 单词

strike/straɪk/*v.* to hit sb/sth hard or with force 撞；碰；撞击；碰撞

note/nəʊt/*n.* a single sound of a particular length and pitch, made by the voice or a musical instrument; the written or printed sign for a musical note 单音；音调；音符

reveal/rɪˈviːl/*v.* to make sth known to sb 揭示；显示；透露

admiration/ˌædməˈreɪʃ(ə)n/*n.* a feeling of respect and liking for sb/sth 钦佩；赞赏；羡慕

envy/ˈenvi/*v.* the feeling of wanting to be in the same situation as sb else; the feeling of wanting sth that sb else has 羡慕；忌妒

sigh/saɪ/*v.* to take and then let out a long deep breath that can be heard, to show that you are disappointed, sad, tired, etc. 叹气；叹息

remote/rɪˈməʊt/*adj.* far away from places where other people live 偏远的；偏僻的

tune/tjuːn/*n.* a series of musical notes that are sung or played in a particular order to form a piece of music 曲调；曲子

touch/tʌtʃ/*v.* to make sb feel upset or sympathetic 感动；触动；使同情

company/ˈkʌmpəni/*n.* a group of people together 在一起的一群人

2. 词义辨析

✓ strike、beat、hit、knock

beat 可指“有意地打”。knock 和 strike 既可表示有意地“打”，也可表示无意地“撞”。

例：The fall knocked me senseless.

那一次摔得我失去了知觉。

beat 指用棍、棒等连续击打；hit 指对准某一目标去“打”；strike 指徒手或持物一次性地打击。

例：The missile hit the carrier but only dented the hull.

这枚导弹击中了航空母舰，但只是把舰体打凹了。

hit 引申为“攻击”“抨击”“受打击”，也可以指精神上或感情上的“打击”；beat 可指在游戏、竞赛或战争中击败对方，用作不及物动词时，可指心脏或脉搏的“跳动”；而 strike 则可以用于时钟敲响。

例：The reviewers hit his novel severely.

评论家们对他的小说批评得很严厉。

3. 短语

✓ in the air 在空中

There was a smell of burning in the air.

空气中有一股烧东西的焦煳味。

It's Valentine's Day and lurve is in the air.

今天是情人节，空气中弥漫着爱情的气息。

✓ call for 要求；需要

He didn't even have the intelligence to call for an ambulance.

他连呼叫救护车的头脑都没有。

✓ as if 犹如；好似

I felt as if my heart had stopped.

我觉得好像我的心都不跳了。

✓ dream of 梦想；梦见

She dreams of running her own business.

她梦想自己开公司。

He dreams of changing the world for the better.

他梦想将世界变得更美好。

✓ again and again 再三地；反复地

The same changes took place again and again.

同样的变化一再发生。

✓ none other than 不是别的而正是……

It was none other than Tom! We thought he was in Africa.

不是别人而正是汤姆！我们还以为他在非洲呢！

编者：李书梅

译者：许渊冲、宁立波

李凭箜篌引

〔唐〕李　贺

一、题解

李凭，唐元和年间著名的宫廷乐师，擅弹箜篌。顾况《李供奉弹箜篌歌》“驰凤阙，拜鸾殿，天子一日一回见。王侯将相立马迎，巧声一日一回变”记录了李凭的音乐影响力，其声望甚至已超过盛唐时期的李龟年。箜篌，古代一种弦乐器，体制不一，有大箜篌、小箜篌、竖箜篌、卧箜篌等数种。从诗中“二十三丝”可知，李凭弹的是《通典》所载的“竖箜篌”，“体曲而长，二十三弦，竖抱于怀中，用两手齐奏”。引，一种古代诗歌体裁。

二、原文

吴丝蜀桐张高秋，空山凝云颓不流。
江娥啼竹素女愁，李凭中国弹箜篌。
昆山玉碎凤凰叫，芙蓉泣露香兰笑。
十二门前融冷光，二十三丝动紫皇。
女娲炼石补天处，石破天惊逗秋雨。
梦入神山教神妪，老鱼跳波瘦蛟舞。
吴质不眠倚桂树，露脚斜飞湿寒兔。

三、注释

1. 吴丝蜀桐：吴地之丝、蜀地之桐都是制作箜篌的上等材料，此处代指李凭弹奏的箜篌。

2. 江娥：一作“湘娥”。舜之二妃，舜崩，二妃以泪挥竹，竹尽斑。素女：古代神话传说中的女神，善鼓瑟。

3. 中国：即国中，国都长安之中。

4. 昆山玉碎：形容乐音清脆。昆山，即昆仑山，昆仑玉以质硬音清闻名。凤凰叫，形容乐音和缓优美。凤凰，传说中的神鸟，凤鸣之声清亮优美，往往与仁王德政或夫妻和谐相应。

5. 芙蓉泣露：形容乐声凄惨，能够引芙蓉花垂泪。香兰笑：形容乐声欢快，能够引兰花欢笑。

6. 十二门：指长安城的十二座门，即东墙正中的清明门，南北两侧的霸城门、宣平门；西墙正中的直城门，南北两侧的章城门、雍门；南墙正中的安门，东西两侧的覆盎门、西安门；北墙正中的厨城门，东西两侧的洛城门、横门。

7. 二十三丝：借代，指箜篌，竖箜篌二十三弦。紫皇：天皇，这里兼指皇帝。

8. 女娲炼石补天：古代神话传说，在《列子》《淮南子》中有载，说法大体相同。共工在战斗中撞倒了西方撑天的不周山，天的一角崩塌，女娲炼五色石补天。

9. 石破天惊逗秋雨：女娲补天的五色石被乐音震破，引来了一场秋雨。

10. 神妪：《搜神记》中记载的成夫人，晋永嘉年间出现在兖州，擅弹箜篌。

11. 老鱼跳波：《列子·汤问》中有载："瓠巴鼓琴而鸟舞鱼跃。"瓠巴演奏古琴能够让鸟儿跳舞，让鱼儿跃出水面。

12. 吴质：即古代神话传说中的吴刚，《酉阳杂俎》中有载。吴刚在学仙过程中犯错了，天帝罚他在月宫砍桂树，只有砍倒了桂树才能免罪。但是桂树具有强大的自愈功能，吴刚的斧子一抬起来就立即愈合。

13. 露脚：露珠下滴的形象说法。寒兔：即神话传说中的月中玉兔。汉乐府《董逃行》中有载，玉兔在月中捣制长生不老药蛤蟆丸。

四、译文

在秋夜弹奏吴丝蜀桐制成的箜篌，
青天上的白云迷恋流连不再飘流。
湘娥热泪洒斑竹素女满腹皆是愁，
全都是由于李凭在京城弹奏箜篌。
清脆像昆山玉碎柔缓似凤凰鸣叫，
悲如芙蓉泣露珠乐似香兰开口笑。
乐声融暖了长安十二城门的寒光，
二十三根丝弦打动天宫中的紫皇。
乐声透空来到女娲炼石补天之处，
五色神石破裂逗引来惊天的秋雨。
乐声入梦教给神山中的年老女仙，
老鱼瘦蛟都重焕生机来水面跳舞。
吴刚听到这乐声失神地靠上桂树，
寒露斜飞打湿了沉浸乐声的玉兔。

五、导读

《李凭箜篌引》大约作于唐宪宗元和六年至八年之间（811—813），其时李贺在长安做奉礼郎（执掌祭祀的从九品小官）。全诗语言峭丽，构思新奇，独辟蹊径，用大量笔墨来渲染乐曲惊天地、泣鬼神的动人效果，大量的联想、想象和神话传说使作品充满浪漫主义气息。郭濬《增订评注唐诗正声》评此诗“幽玄神怪，至此而极，妙在写出声音情态”。赏读此诗，关键在于体会诗人奇特的想象、精妙的语言、深婉的情感融为一体创造出的奇特境界。

第一步，披文入境。

前四句是出人意表的总写。首句写乐器与演奏的时间。“吴丝蜀桐”写箜篌材质精良，衬托演奏者技艺的高超。二、三句写箜篌演奏的效果，天空的流云和神话中的人物，都能因李凭箜篌而情动于中，极力烘托箜篌声神奇美妙，真是达到了“惊天地，泣鬼神”的程度。第四句才点出演奏者的名姓和演奏的地点。这是对先交代人物、时间、地点，再写弹琴这一俗法的突破。先写琴张高秋，声动天地鬼神，然后主人公李凭出场，这就突出了箜篌演奏，取得了先声夺人的艺术效果。

五、六两句正面写乐声。第五句运用比喻，以声写声，着重表现乐声的音色和韵律。乐声清脆激越处，如昆山玉碎；乐声轻柔和缓处，似鸾凤和鸣。第六句运用通感，以形写声，着重表现乐声的音色和情感。乐声凄惨处，如芙蓉泣露；乐声欢快处，如香兰欢笑。带露的芙蓉，盛开的兰花，都是美的化身。“泣”“笑”二字，让这样美丽的形象情溢言表，从而来表达乐音中蕴含的情感世界，奇妙无比。

第七句到篇终，诗人用音乐效果来衬托音乐本身。神奇的想象由近及远，由实入虚；大胆的夸张，瑰丽的形象，人间天上，鬼神动情。第七、八两句虽然时间有先后，空间有远近，但是看作是互文合起来解读更妙。二十三丝拨动之后，乐声传到长安十二个城门，传遍长安城，传到天宫，乐声让长安十二个城门、整个长安城、天宫都笼上乐曲的冷暖色调，人间的人和天上的神都被这迷人的乐声打动。这是一种巧妙的过渡，自然地把诗歌的意境由人间扩大到神仙世界，乐声在神仙的世界里展开了翅膀。乐声来到了女娲炼石补天的地方，导致了“石破天惊逗秋雨”。这个“逗”字形象传神——是石破天惊逗来了秋雨，还是乐声美妙逗得女娲忘记了补天，五色神石没炼好，以致秋雨倾泻？乐声来到了神山，擅长弹箜篌的成夫人心有所感，琴艺大长；垂垂老矣的“鱼”和“蛟”因此勃发生机，来到水面跳跃起舞。“老”和“瘦”两字用得巧妙，这一反衬，既出其不意，又合情合理。乐声来到月宫，砍了一天桂树的吴刚竟忘了睡觉、忘了砍树，靠在桂树上出神；捣药的玉兔听到乐声也任凭露水打湿皮毛。音乐的魅力，想象的奇特，到了极致。一连串出人意表的比喻、想象、夸张，生动地再现了李凭弹奏箜篌的高超技艺以及李凭创造的诗意浓郁的音乐境界。

方扶南《李长吉诗集批注》中说：“白香山‘江上琵琶’，韩退之‘颖师琴’，李长吉‘李凭箜篌’，皆摹写声音至文。韩足以惊天，李足以泣鬼，白足以移人。”李贺的《李凭箜篌引》可与白居易的《琵琶行》、韩愈的《听颖师弹琴》并读，进一步赏读其意境之美。

第二步，知人论世。

李贺生于唐德宗贞元六年（790），远祖是唐高祖李渊的叔父李亮，到李贺父亲李晋肃时，早已世远名微，家道中落，隐沦昌谷（今洛阳宜阳县三乡）。李晋肃去世后，家境愈贫寒，李贺兄弟二人生活凄凉，被迫外出谋生。所幸李贺自幼聪颖，七岁能诗，得韩愈赏识而名扬京洛。元和五年（810）通过了河南府试，可惜因为有人说李贺的父亲“晋肃”之名与“进士”犯嫌名，即便韩愈为其辩解也于事无补。元和六年（811）五月，李贺经宗人推荐，祖荫得官，任奉礼郎，从九品。为官三年间，李贺亲身经历、耳闻目睹了许多事情，创作了一批“深刺当世之弊，切中当世之隐”（清姚文燮语）的诗歌。也就是在这一时期，李贺写下了本诗《李凭箜篌引》，若说诗中没有人生寄托，怎么可能？李凭艺术才能出众，李贺政治才能就不出众吗？李凭能够“驰凤阙，拜鸾殿，天子一日一回见”，而李贺这个从九品的奉礼郎却有志难骋。知道了李贺这样的人生，再读此诗，蕴藏在神奇想象、热情赞美背后深婉的羡慕与生命的哀怨也就动人心旌了。

如果再联想到作此诗后不久，李贺举足南游，深感“九州人事皆如此”，元和九年（814）决然辞职，“归卧”昌谷，病卒时年仅二十七岁，我们读者怎能不感慨唏嘘！

编者：黄耀新

Song of Li Ping's Twenty-three Strings

The Southern Strings on Western chest played in autumn high,
The congealed clouds over empty mountains will not fly.

The lutists after the king's death would weep to hear;
Li Ping playing his twenty-three strings and feel drear.
Broken jade or dew-shedding lotus is not more sad;
Nor is phoenix' song or sweet orchid's smile more glad.
Before the Twelve Gates melts away cold light aglow;
His twenty-three strings move emperors high and low.
The Goddess forgets to mend the sky with might and main;
The stones fall down from on high like torrential rain.
Celestial lutists wake from dreams in mountains deep;
Slender loongs dance and old fish on the waves leap.
The sleepless woodcutter leans on the laurel tree;
The rabbit wet and cold with dew crouches with glee.

语言知识

1. 单词

string/strɪŋ/*n.* a tightly stretched piece of wire, nylon, or catgut on a musical instrument, that produces a musical note when the instrument is played 弦

chest/tʃest/*n.* a large strong box, usually made of wood, used for storing things in and/or moving them from one place to another（常为木制的）大箱子

congealed/kən'dʒiːld/*adj.* changed from a liquid or soft state to a thick or solid state 凝结的，凝固的

lutist/'luːtɪst/*n.* a person who play the lute 弹奏者

weep/wiːp/*v.*（formal or literary）to cry, usually because you are sad（通常因悲伤）哭泣，流泪

drear/drɪə(r)/*adj*. (= dreary) that makes you feel sad; not bright or interesting 令人沮丧的；沉闷的；枯燥无味的

jade/dʒeɪd/*n*. a hard stone that is usually green and is used in making jewellery and beautiful objects 玉；翡翠；碧玉

dew/ˈdjuː/*n*. the very small drops of water that form on the ground, etc. during the night 露；露水

lotus/ˈləʊtəs/*n*. a tropical plant with white or pink flowers that grows on the surface of lakes in Africa and Asia 莲属植物

orchid/ˈɔːkɪd/*n*. a plant with brightly coloured flowers of unusual shapes 兰科植物；兰花

melt/melt/*v*. to become or to make a feeling, an emotion, etc. become gentler and less strong （使）软化，变得温柔

aglow/əˈgləʊ/*adj*. (literary) shining with colour, warmth or happiness 光照融融；发红光

emperor/ˈempərə(r)/*n*. the ruler of an empire 皇帝

goddess/ˈgɒdes/*n*. a female god 女神

might/maɪt/*n*. (formal or literary) great strength, energy or power 强大力量；威力

torrential/təˈrenʃ(ə)l/*adj*. (of rain) falling in large amounts （雨）倾泻的；如注的

celestial/səˈlestiəl/*adj*. (formal or literary) of the sky 天空的；天上的

slender/ˈslendə(r)/*adj*. thin or narrow 细的；窄的

leap/liːp/*v*. to jump high or a long way 跳；跳跃；跳越

woodcutter/ˈwʊdkʌtə(r)/*n*. (old-fashioned) a person whose job is cutting down trees 伐木工

lean/liːn/*v*. to rest on or against sth for support 倚靠；靠在；靠置

laurel/ˈlɒrəl/*n*. a bush or tree with dark, smooth, shiny leaves that remain on the bush and stay green through the year 月桂灌木；月桂树

crouch/kraʊtʃ/*v*. to put your body close to the ground by bending your legs under you 蹲；蹲下；蹲伏

glee/gliː/*n*. a feeling of happiness, usually because sth good has happened to you, or sth bad has happened to sb else 欢喜；高兴；幸灾乐祸

2. 词义辨析

✓ cry、weep 与 sob

cry 大声地哭、喊，强调因痛苦、悲哀或伤感等出声地哭。

例：The baby can cry as soon as he is born.

婴儿生下来就会哭。

weep 书面用词，小哭或无声地哭，侧重无声流泪，这种情绪悲伤会产生流泪，喜悦也会产生喜极而泣。

例：She wept tears of joy.

她喜极而泣。

sob 指抽泣、呜咽，强调因为抑郁、悲伤等情绪产生的抽泣、哭诉。

例：She sobbed she hadn't gone there.

她呜咽着说她并没有去过那儿。

✓ jump、skip、hop 与 leap

jump 泛指“双脚离地，向空中弹起”的动作。

例：The burglar escaped by jumping out of the window.

入室窃贼跳出窗外逃跑了。

skip 意思是“轻快地跳、小步地跳”。

例：The kid is skipping down the street with an ice-cream in

her hand.

那个孩子手里拿着冰淇淋，在街上一蹦一跳地走着。

hop 常指“用单腿跳”和“像小动物那样蹦蹦跳跳”，还可以指“迅速上下车”。

例：I hurt my ankle,so I had to hop all the way home.

我把脚踝扭伤了，所以只能一路单腿蹦回家。

leap 形容“纵身一跃，骤然一跳”，这个动作通常需要更大的力量，而且更加突然。

例：When the balloon popped,my cat leapt out of my arms and ran upstairs.

气球破了，发出一声巨响，我的猫瞬间从我的臂弯一跃而出，跑上了楼。

3. 短语或特殊用法

✓ melt away（使）慢慢消失

At the first sing of trouble,the crowd melted away.

人群一看有麻烦，便作鸟兽散。

✓ high and low 到处，各处

I've searched high and low for my purse.

我到处找我的钱包。

✓ might and main 全力以赴；尽全力地

Everybody rowed with might and main and soon we got into the safe waters.

大家拼命地划，很快就到了安全水域。

✓ lean on 倚靠；靠在

She walked slowly,leaning on her son's arm.

她倚靠着她儿子的手臂缓慢行走。

编者：郭爱显

菩萨蛮（小山重叠金明灭）

〔唐〕温庭筠

一、题解

菩萨蛮，词牌名，又名“子夜歌”“重叠金”等。据《杜阳杂编》载，本词牌起于唐宣宗大中初年，其时有女蛮国来进贡，女蛮国人高髻金冠，璎珞被体，形似菩萨，所以称之为“菩萨蛮”。教坊倡优歌其事，谓之“菩萨蛮曲”；文士亦效仿之，用为词牌。本词无题，以第一句称之。

《唐才子传》记载，唐宣宗非常喜欢《菩萨蛮》曲，当时的丞相令狐绹请温庭筠代写二十首《菩萨蛮》进献唐宣宗，本词就是其中的一首。后蜀赵崇祚编《花间集》以本词为开篇第一首，温庭筠亦被称为“花间派”的鼻祖。

二、原文

小山重叠金明灭，鬓云欲度香腮雪。懒起画蛾眉，弄妆梳洗迟。

照花前后镜，花面交相映。新帖绣罗襦，双双金鹧鸪。

三、注释

1. 小山：此意象历来多解，有“额山”“额黄”说、“画屏”“屏画”说、“山枕”“枕山”说、“眉山”“山眉”说、“山髻”“髻山”说、 “小梳子”说等。与此相应，金亦有“额黄”说、“头饰”说、“屏画”说、“初阳金光”说等。今已无法确读，可依“重叠”“明灭”词义，合而赏之。

2. 鬓云：鬓发浓密如云。度：飞越，这里指鬓发纷披的样子。雪：白净如雪，指女子粉白的脸。

3. 蛾眉：唐代的蛾眉妆有两种，最流行的是蛾翅眉，像蚕蛾翅膀一样阔而短；另一种是蛾须眉，像蚕蛾触须一样细而弯。

4. 弄妆：唐代女子化妆有七个步骤，敷粉、抹胭脂、涂额黄、画眉、点口脂、画面靥、贴花钿。

5. 照花前后镜：插头花时借助两面镜子，一前一后，察看脑后插花情况。

6. 帖：即“贴绣”，又称“贴布绣”。其绣法是将贴花布按图案要求剪好，贴在绣面上，也可在贴花布与绣面之间衬垫棉花等物，使图案隆起而有立体感。贴好后，再用各种针法锁边。

四、译文

朝阳晨光透过画屏小山，眉眼之间金光闪动透出娇颜。春梦初醒想要翻身起坐，如云鬓发要从雪白香腮滑过。慵懒坐起描描淡淡蛾眉，慢慢梳洗再把晨妆仔细打理。

前后两面镜子照插头花，看镜中鲜花映照人面如仙葩。穿上新贴绣的绫罗短衣，金色鹧鸪恩爱情深双双依偎。

五、导读

这首《菩萨蛮》的创作背景是相对明确的，词中的“小山”等意象虽然有不同说法，但是对主人公形象的整体把握并没有本质的影响。温庭筠在词中细腻、秾艳地描绘了一位慵懒迟起的少妇慢慢梳妆的情态。本词的妙处在于温庭筠对于写作主旨不着一字，读者只能通过披文入境、知人论世去窥视其内心的隐秘。也正因此，后人对本词的主旨产生了不同的解读。赏读此诗，最完美的过程是素读、参读、研读三步走。所谓素读，就是紧扣文本，读出自己对词作的第一印象；所谓参读，就是查一查，看看别人是怎样解读这首词的；所谓研读，就是在参读的基础上进一步披文入境、知人论世，得出自己所认同的最优解读。下面简录四种影响比较大的解读。

第一种解读认为这首词是“感士不遇”，像屈原《离骚》一样“有寄托”。代表人物是清代词评家张惠言、陈廷焯。张惠言《词选序》云：“此感士不遇也。篇法仿佛《长门赋》，而用节节逆叙，此章从梦晓后领起。‘懒起’二字，含后文情事；‘照花’四句，《离骚》‘初服’之意。”陈廷焯《白雨斋词话》说得更明确：“飞卿《菩萨蛮》十四章，全是变化楚《骚》，古今之极轨也。”屈原在《离骚》中借香草美人抒发自己高洁的志趣和怀才不遇的境遇，对后代诗人创作产生了深远的影响，也确实有许多诗人借用屈原的笔法来抒发自己的情志。张惠言、陈廷焯就是根据这一文化背景来看待温词的。恰好词中对刻意化妆的描写与屈原《离骚》中“进不入以离尤兮，退将复修吾初服”有相似之处，于是就坐实了这是“《离骚》‘初服’之意”。对于这种解读，王国维在《人间词话》

中明确批评说有“深文罗织”之弊。叶嘉莹《论温庭筠词》中说：“张惠言诸人之以温词上拟楚《骚》，盖因用意推尊词体之故，故不惜牵附立说，然而张氏诸人之为此说，盖亦非无故。良以温词多写精美之物象，而精美之物象则极易引人生托喻之联想。……温词虽未必有心存托喻之想，然其所叙写之情思如‘懒起’‘画眉’‘弄妆’‘照花’等词句，则隐然与此种托喻之传统有暗合之处。”

第二种解读认为这是一首表现“闺怨”的诗。代表人物是清代文艺理论家刘熙载。刘熙载《艺概》中说：“温飞卿词，精妙绝人，然类不出乎绮怨。”这一观点是目前比较流行的观点。当代词学大家唐圭璋《唐宋词简释》中说：“此首写闺怨，章法极密，层次极清。首句写绣屏掩映，可见环境之富丽。次句写鬓丝缭乱，可见人未起之容仪。三、四句叙事，画眉梳洗，皆事也，然‘懒’字、‘迟’字又兼写人之情态。‘照花’两句承上，言梳洗停当，簪花为饰，愈增艳丽。末句言更换新绣之罗衣，忽睹衣上有鹧鸪双双，遂兴孤独之哀与膏沐谁容之感。有此收束，振起全篇。上文之所以懒画眉、迟梳洗者，皆因一段怨情蕴蓄于中也。”其实这种解读与张惠言等人一样，也认为这首词是表现怨情的，不同的是认为词意到此为止，没有更深的寓意。由于这种解释注重文本根据，没有生拉硬扯，比较容易被接受。

第三种解读，认为是表现“贵族女子空虚的生活”的。这种解读出现在“以阶级斗争为纲”的年代，当时阶级分析是一切批评的出发点。站在这样一个文化背景下，再来看这首词中的女主人公，华丽的起居，刻意的装束，肯定不属于劳动人民，因而所表现的情感也一定是空虚的。如朱东润主编

《中国历代文学作品选》就这样写道：“此词描写一个贵族女子空虚的寄生生活。”游国恩主编《中国文学史》在谈到这首词的时候也说：“他在词里把妇女的服饰写得如此华贵，容貌写得如此艳丽，体态写得如此娇弱，是为了适应那些唱词的宫伎的声口，也为了点缀当时没落王朝醉生梦死的生活。”

以上三种解读都认为这首词中女主人公的情绪是感伤的，而近年来出现的第四种解读却认为词中女主人公的情绪是快乐的，代表人物是首都师范大学中文系的吴相洲、张煜。他们在《温庭筠〈菩萨蛮·小山重叠〉的不同文化解读》中说：“这首词所描写的正是一个拥有幸福的爱情生活的妇女形象。上片首句描写太阳照在闺房的屏风上，忽明忽暗，闪烁不定，既写出了女子住处的华丽，又点明了女子起来得很迟。她起来后并不急于梳洗，听任头发掠过雪白的面颊，一副慵懒的情态。她不必为生计而操劳，不必担心别人的催促。下片写女子前后照镜，自我欣赏，刻意打扮，然后又在新婚的绣罗袄上，贴上成双成对的金色鹧鸪，喜悦之情溢于言外。”

以上四种解读都是人们站在自己的文化背景下来解读文学作品。对作品的赏读需要深入到文本意象、诗人的文化背景中，不断挖掘史料，不断用自己的情感去碰触诗人的心灵。

编者：李岫泉

Tune: Buddhist Dancers

A bed screen carved in intricate perspective,

Depicts a scene of sunlight dancing on its surface.

Her temples' hair flows gracefully against her cheeks, resembling clouds.

Leisurely arising from her slumber,

She delicately sketches eyebrows shaped like a crescent moon.

And attends to her needs at her own pace, unhurriedly completing her toilette.

Between two mirrors, her headwear blooms,

Creating an intricate pattern complemented by her exquisite features.

The new silk short cotton-padded jacket is adorned with pairs of golden partridges,

Their threads shimmering in the light.

语言知识

1. 单词

depict /dɪˈpɪkt/ *v.* to show an image of sb/sth in a picture 描绘；描画

temple /ˈtempl/ *n.* each of the flat parts at the sides of the head, at the same level as the eyes and higher 太阳穴；鬓角；颞颥；颞部

resemble /rɪˈzembl/ *v.* to look like or be similar to another person or thing 看起来像；显得像

leisurely /ˈleʒəlɪ/ *adj.* done without hurrying 不慌不忙的；慢悠悠的

slumber /ˈslʌmbə(r)/ *n.* sleep; a time when sb is asleep 睡眠

sketch/sketʃ/ *v.* to make a quick drawing of sb/sth 画素描；画速写

crescent /ˈkresənt/ *n.* a curved shape that is wide in the middle and pointed at each end 新月形

toilette/twɑːˈlet/ *n.* the process of washing oneself, dressing, and attending to one's appearance（旧）梳洗打扮

headwear/ˈhedweə/ *n.* a hat or other covering for the head 头饰

exquisite /ɪkˈskwɪzɪt/ *adj.* extremely beautiful or carefully made 精美的；精致的

shimmer /ˈʃɪmə/ *v.* to shine with a soft light that seems to move slightly 发出微弱的闪光；闪烁

2. 词义辨析

✓ depict 与 picture

depict 指用言语、文字、图画等来描写某人或某事。

例：The writer depicted country life before the industrial revolution.

这位作家描述了工业革命到来前的乡村生活。

picture 指用某种方式描写某人或者某事物，通常用被动语态。

例：Before their marriage, he had been pictured as a perfect boyfriend.

在他们结婚之前，他被描述为一个完美男友。

3. 短语或特殊用法

✓ attend to 处理

I have some urgent business to attend to.

我有一些急事要处理。

✓ at one's own pace 按照自己的节奏

I believe it is better to handle things at one's own pace than to plunge into it.

我认为，根据自身的步调来处理事情比急于求成更有效。

✓ be adorned with 装饰着……

Their house is adorned with beautiful antique ornaments.

他们的房子装饰得古色古香。

编者：任嫚嫚

译者：文 叒

锦　瑟

〔唐〕李商隐

一、题解

《锦瑟》语言华美，典故纷繁，历来为人所爱。诗题“锦瑟”用起句头二字，似是借瑟以隐题的“无题”之作。这首诗的创作时间说法不一，重要的说法有二：一说是二十五岁左右，一说是五十岁左右。这首诗的意旨更是众说纷纭、莫衷一是：一说是写给令狐楚家一个侍女的爱情诗，一说是写给去世妻子的悼亡诗，一说是锦瑟所奏乐曲适、怨、清、和的声情转换而引发的咏物诗，一说是影射政治的讽喻诗，一说是自伤身世的哀怨诗……元好问感叹说：“诗家总爱西昆好，独恨无人作郑笺。”王士祯也感叹：“一篇《锦瑟》解人难。”学习此诗，可用张中行先生之说：“与其胶柱鼓此锦瑟，不如重点取意境而不求甚解。”（《诗词读写丛话》）

二、原文

锦瑟无端五十弦，一弦一柱思华年。
庄生晓梦迷蝴蝶，望帝春心托杜鹃。
沧海月明珠有泪，蓝田日暖玉生烟。
此情可待成追忆，只是当时已惘然。

三、注释

1. 锦瑟：瑟是中国古代的弹弦乐器，传说最早的瑟有五十弦，黄帝之孙太帝因为素女弹奏的乐曲太过悲伤，所以下令破为二十五弦。周代的瑟有雅瑟、颂瑟、宝瑟、锦瑟之分，其中，雅瑟二十三弦，颂瑟二十五弦，有宝玉装饰的叫宝瑟，漆有织锦纹的叫锦瑟。唐瑟常制为二十五弦，由三个尾岳分成三组，计内九、中七、外九，按宫商角徵羽五声音阶调弦。

2. 无端：没有缘由。

3. “庄生”句用典“庄周梦蝶”出自《齐物论》：“庄周梦为蝴蝶，栩栩然蝴蝶也；自喻适志与，不知周也。俄然觉，则蘧蘧然周也。不知周之梦为蝴蝶与？蝴蝶之梦为周与？”意为：庄周梦见自己变成蝴蝶，感到很快乐，以至于忘记了自己是庄周。醒后惊惶地发现蝴蝶不见了，只有一个庄周。于是庄周开始怀疑：是庄周做了个梦变成蝴蝶了呢，还是蝴蝶做了个梦变成庄周了呢？这个典故背后的哲学意义是人并不能清楚地区分现实与虚幻。

4. “望帝”句所用典故“望帝啼鹃”，《蜀王本纪》《蜀志》等所载各有不同。《蜀王本纪》载望帝杜宇与治水之臣鳖灵的妻子私通，愧而禅位给鳖灵，自隐，时有子规鸣。《华阳国志·蜀志》载望帝杜宇教民务农，会水灾，国相开明决玉垒山除水害，望帝遂禅国给开明，自隐西山。以此二说为基础演为民间传说：天降杜宇立蜀称帝，娶美女龙妹为妻，治水有大功，人民爱戴。有贼臣鳖灵，囚杜宇，占龙妹。龙妹自杀，杜宇化鹃而啼，啼至泣血。

5. “沧海”句用典大致有三种说法。一说基于《博物志》

所载鲛人泣珠：鲛人于沧海月明之时哭泣，眼泪化为珍珠。二是基于《文选注》所载：沧海蕴珠，月满则圆，月亏则缺。三是基于《新唐书·狄仁杰传》所载：未获重用的狄仁杰就好像是“沧海遗珠”。

6. “蓝田”句所用典故大致有四种说法。一是源于《汉书·地理志》的蓝田山中蕴玉之处日暖有烟。二是源于干宝《搜神记》的“蓝田种玉”：杨伯雍种石成玉得美眷，李商隐《喜雪》诗中有句“有田皆种玉，无树不飞花”。三是源于干宝《搜神记》的“紫玉成烟”：吴王夫差之女紫玉自许杨重，杨重父母求亲，夫差不许，紫玉自杀而葬于阊门外，杨重到坟前悼念，紫玉灵魂与杨重成婚，赠杨重明珠一颗。杨重拜见夫差陈情，夫差认为杨重盗墓取珠，紫玉灵魂与夫差说明情由后化烟而去。四是起于戴叔伦的“诗家美景”：诗家美景，如蓝田日暖，良玉生烟，可望而不可置于眉睫之前也。

四、译文

锦绣华美的瑟静陈目前，五十根弦没有来由根源；
每一弦，每一柱，都让我思念那无比美好的流年。
庄周在梦中化为蝴蝶，真与幻从此再也无法分辨；
望帝的苦心化作杜鹃，却回不去思念的故国家园。

珍珠的晶莹是来自沧海月华的蕴养，还是南海鲛人深情的眼泪变幻？

美玉的精气是来自古代神灵的凝聚，还是蓝田日光让山川精华浮现？

这样的情景在思忆里一重重叠加，那是莫名的怅惘还是无言的怀念？

五、导读

关于这首诗的解读没有定论。解读路径有二：一是张中行先生建议的路径，纯文本，取意境，不求甚解；二是附会上李商隐人生的某些特征，比附生义。

统编版教材建议采用纯文本取意境的解读：锦瑟有五十弦，是一个事实，“无端”二字“流露了诗人心底的嗔怨”，诵读这首诗要仔细体会“往事如烟的独特感受”。多少情事都已迷离惝恍，宛如庄周梦蝶的故事，真实与记梦无法分辨。曾经的感受如月光中带泪的珍珠，带着伤感；又如蓝田温润的美玉，引人怀恋。

李商隐之名起于“商山四皓”，一生囿于“牛李党争”，政路坎坷，多有难言之痛、至苦之情，其诗多有幽伤要眇、往复低回之致。如果说《锦瑟》之诗别有寄托，也不能说是全出臆断，所以刘学锴先生“融通众解，不废单解”的说法亦可遵循。刘学锴先生曾考《锦瑟》诗四十余种解读，后人还时有新说，无法尽录。简录其三，以供参考。

咏物诗说。此说出自宋代黄朝英《缃素杂记》，托语苏东坡，借《古今乐志》之名，说锦瑟这种乐器有五十弦、五十柱，乐音适、怨、清、和，并下案语：“庄生晓梦迷蝴蝶”，适也；“望帝春心托杜鹃”，怨也；“沧海月明珠有泪”，清也；“蓝田日暖玉生烟”，和也。“适怨清和”出自宋人陈允平词《还京乐》“彩鸾去，适怨清和，锦瑟谁共理”之句。适，舒适；怨，哀怨；清，清亮；和，和润。据此说，首联见瑟闻曲动心；颔联、颈联写瑟音婉转，或舒适、或哀怨、或清亮、或和润；尾联感慨此情形之意境：神魂入曲。清代薛雪《一瓢诗话》则以托物起兴解说：此诗全在起句“无端”二字，通体妙处，俱从此出。意云：锦瑟一弦一柱，已足令人怅望年华，不知何故有此许多弦柱，令人怅望不尽；全似埋怨锦瑟无端有此弦柱，遂使无端有此怅望。即达若庄生，亦迷晓梦；魂为杜宇，犹托春心。沧海珠光，无非是泪；蓝田玉气，恍若生烟。触此情怀，垂垂追溯，当时种种，尽付惘然。对锦瑟而兴悲，叹无端而感切。如此体会，则诗神诗旨，跃然纸上。

悼亡诗说。此说出自清人朱鹤龄《李义山诗集笺注》，认为颔联意为“生者辗转结想，唯有迷晓梦于蝴蝶；死者魂魄能归，不过托春心于杜鹃”。颈联意为“其容仪端妍，如沧海之珠，今深沉泉路，空作鲛人之泪矣；性情温润，如蓝田之玉，今销亡冥漠，不啻紫玉之烟矣”。“‘此情’二字，紧承上二句，谓不堪追忆其人亡事在。‘当时’二字，缴回‘华年’，谓不堪悲悼其年远日湮。起‘思’字，结‘忆’字，一篇之呼应也。”清人沈厚塽《李义山诗集辑评》所引朱彝尊语却又从另一角度解释悼亡：“意亡者善弹此，故睹物思人，因而托物起兴也。瑟本二十五弦，一断而为五十弦矣，故曰‘无端’也，取断弦之意也。‘一弦一柱’而接‘思华年’三字，意其人年二十五而殁也。胡蝶、杜鹃，言已化去也。‘珠有泪’，哭之也；‘玉生烟’，葬之也，犹言埋香瘗（yì）玉也。此情岂待今日‘追忆’乎？只是当时生存之日，已常忧其至此，而预为之‘惘然’……”

自伤说。清代叶矫然《龙性堂诗话》中说：“细味此诗，起句说‘无端’，结句说‘惘然’，分明是义山自悔其少年场中，风流摇荡，到今始知其有情皆幻，有色皆空也。次句说‘思华年’，懊悔之意毕露矣。……‘晓梦’‘春心’‘月明’

‘日暖’，俱是形容其风流摇荡处，着解不得。……义山《锦瑟》诗之佳，在‘一弦一柱’中思其‘华年’，心绪紊乱，故中联不伦不次，没首没尾，正所谓‘无端’也。”清代汪师韩《诗学纂闻》中说：“《锦瑟》乃是以古瑟自况……世所用者，二十五弦之瑟，而此乃五十弦之古制，不为时尚。成此才学，有此文章，即己亦不解其故，故曰‘无端’，犹言无谓也。”清沈厚塽《李义山诗集辑评》引何焯语曰：“此篇乃自伤之词，骚人所谓美人迟暮也。”

从纯文本角度解读此诗，可以反复诵读，感受意境，需要在艺术感受、审美方面下功夫。从知人论世的角度解读此诗，需要借助李商隐的生平遭遇，附丽比义，需要在资料搜集方面下功夫。

编者：贾一震

The Sad Zither

Why should the sad zither have fifty strings?
Each string, each strain evokes but vanished springs.
Free morning dream to be a butterfly;
Grief-laden heart poured out in cuckoo's cry.
In moonlit pearls see tears in mermaid's eyes;
With sunburned mirth let blue jade vaporize!

Such feeling cannot be recalled again;

It seemed long lost even when it was felt then.

语言知识

1. 单词

recall/rɪˈkɔːl/*v.* (formal)(not used in the progressive tenses 不用于进行时) to remember sth 记起；回忆起；回想起

2. 词义辨析

✓ string 与 rope

rope 一般是粗粗的绳子；string 是细的线，或者乐器的弦。

例：He went off to change a guitar string.

他离开了去换一根吉他弦。

We tied his hands together with rope.

我们用绳子把他的手绑在一起。

3. 短语

✓ dream to be 梦想成为

He dreams to be a scientist.

他梦想成为一名科学家。

编者：李书梅

虞美人（春花秋月何时了）

〔南唐〕李　煜

一、题解

词牌“虞美人”起于项羽的“虞兮歌”，唐代演变为教坊曲。李煜《虞美人（春花秋月何时了）》之后，“虞美人”这一词牌又叫“一江春水”。李煜是五代时成就最高的词人。前半生，作为南唐的国君，他奢华乱政，词作格调也低；后半生，作为亡国俘囚，亡国之痛、故国之思在孤寂悲凉中发酵，词作格调遂高。本词是其中最著名的一篇，是他的代表作，也是他的绝命词。据詹安泰先生考证，本词写于太平兴国三年（978）正月，其时南唐国亡二年整。另据王铚《默记》所载推想本词作于太平兴国三年七夕，李煜四十二岁生日，与诗中意象“东风”“春水”不合。

二、原文

春花秋月何时了，往事知多少。小楼昨夜又东风，故国不堪回首月明中。

雕栏玉砌应犹在，只是朱颜改。问君能有几多愁，恰似一江春水向东流。

三、注释

1. 春花秋月：春天的花，秋天的月，是每一年都会出现的应季美景。了：完结，结束。

2. 东风：春风，从东方刮来的风，也是从故国故都刮来的风。南唐的都城江宁（今南京）在李煜被囚禁的汴京（今开封）东南。

3. 雕栏玉砌：雕刻着精美图案的栏、玉石制作的台阶，代指富丽堂皇的宫廷建筑。朱颜：青春的容颜，指当年生活在江宁宫殿中的人。

四、译文

春花秋月这样的应季美景什么时候才会结束？过往的美好悲痛谁知道到底有多少？昨夜小楼上又吹起了东风，明月光里回忆故国的伤痛令我再也无法忍受。

精雕细刻的栏杆、玉石砌成的台阶应该依然存在，只是当年的青春容颜已经不再。你问我心中有多少哀愁？就像那一江春水滚滚东流无尽无休。

五、导读

李煜后半生所写的伤怀之词，情真意切，千百年来引起无数读者的共鸣，被王国维誉为“血写”之作。这首《虞美人》将俘囚被束缚控制的幽怨、亡国之君对过往的怀想和悔叹、时光流逝物是人非的无奈、国破家亡愁怀难解的悲凉，编织在一起，时空交错，虚实相生，创造了一个奇妙的艺术境界。赏读本词，需要在知人论世的基础上，仔细分辨虚实，深入体会文字及其背后的家国人生，需要设身处地做一个当事者，而非旁观者。

第一句破空而来，机杼自出。“春花秋月”本是生命中最美好的景物，历来为人们赞赏、珍重，可是李煜面对又一次盛开的春花却喊出了“何时了”的质问。这一问的正解是：“什么时候才能结束呢？”前半生“寻春须是先春早，看花莫待花枝老”的李煜，在做了俘囚之后的第三年春天，终是看厌了这“春花”，连带着“秋月”也不愿看了。有人说此时的李煜有求死之心，这种说法是有道理的。只是做了俘囚的李煜连自杀都是奢求，这才在七夕之夜高歌此曲，得到赵光义送来的“牵机药”，在痛苦中离开这个世界。在这一句中，眼前的“春花”是实，受了牵连的“秋月”是虚，这一实一虚，就是李煜做俘囚的悲苦人生：看着眼前美丽的春花或是秋月，他总是会想起当年的春花或是秋月，那些“往事”桩桩件件涌上心头，同样是无穷无尽。不同的时空、情事无限交织、纠结，怎样一个痛字了得！第三句直到结尾都是李煜对这种痛苦的细节描述。“昨夜”在小楼上吹到的“东风”，让李煜“又”一次感受到时光的无情，让他想起不堪回首又情难自抑回首的“故国”，这种痛从昨夜绵延到今天。忘不了“小楼”的“东风”“月明”，忘不了“故国”的“东风”“月明”。“雕栏玉砌应犹在”是一个美好的想象，是否真的还在？“只是朱颜改”，改变的哪里只是“朱颜”啊？一切都变了啊！“问君能有几多愁”，所问的“君”真的只是自己吗？“一江春水向东流”，那是多少南唐人的愁思啊！结句这一问一答，问得好，答得更好。设问中“君”字是第二人称，是他人问的李煜，还是李煜问的他人？这他人是李煜生活中的人，还是我们这些芸芸读者？这一答，化无形为有形，是比喻，是象征。人生诸多的愁情连绵不绝，“恰似一江春水向东流”。“一江春水”，浩浩荡荡，“不舍昼夜”，在时间上绵延不尽；李煜的“几多愁”在赵宋王朝的囚室里自然是安放不下的，这愁，需要一方苍茫辽阔的空间、需要无尽的时间方可安放，而“向东流”的“一江春水”无疑就是这样可以安放愁情的永恒的时空……如此，李煜就将自己的千古愁情与“一江春水”之天地自然接续起来，将一己的生命与人类共同的无尽的生命感慨衔接起来。虽然这愁可能各不相同，但究其本质，皆是生命的纠结和灵魂的褶皱……

这首词之所以能引起广泛的共鸣，在很大程度上，赖于李煜这种虚实交织的写法，赖于富有感染力和象征意味的比喻。作者并没有明确写出其愁思的真实内涵——怀念昔日奢华幸福的享乐生活，而仅仅展示了它的外部形态——“恰似一江春水向东流”。这样既形象化又抽象化的愁思就很容易得到人们心灵上的某种呼应，并借用它来抒发自己类似的情感。也正因如此，我们读者才无法在这首词面前只是做一个旁观者。我们不仅能够设身处地理解李煜的痛苦愁思，也能想起我们自己的痛苦愁思。虽然内涵各异，却都可以具有“一江春水向东流”那样的外部形态。这就是“形象往往大于思想”的艺术影响力了。

编者：李岫泉

Tune: The Beautiful Lady Yu

When will there be no more an autumn moon and spring time flowers
For me who had so many memorable hours?
My attic which last night in the east wind did stand
Reminds me cruelly of the lost moonlit land.

Carved balustrades and marble steps must still be there,
But rosy faces can not be as fair.
If you would ask me how my sorrow has increased,
Just see the over-brimming river flowing east.

语言知识

1. 单词

memorable/ˈmemərəbl/*adj.* worth remembering or easily remembered, especially because of being special or unusual 难忘的；值得纪念的

attic/ˈætɪk/*n.* a room or space just below the roof of a house, often used for storing things（紧靠屋顶的）阁楼，顶楼

balustrade/ˌbæləˈstreɪd/*n.* a railing supported by balusters 护栏扶手

marble/ˈmɑːbl/*n.* a type of hard stone that is usually white and often has coloured lines in it 大理石

carve/kɑːv/*v.* to make objects, patterns, etc. by cutting away material from wood or stone 雕刻

sorrow/ˈsɒrəʊ/*n.* a feeling of great sadness because sth very bad has happened 悲伤；悲痛

over-brim/ˌəʊvəˈbrɪm/*v.* spill over 溢出；满出

2. 短语或特殊用法

✓ remind... of 提醒

In case I forget, please remind me of my promise.

假如我忘记了，请提醒一下我的诺言。

编者：李春景

望海潮（东南形胜）

〔宋〕柳　永

一、题解

“望海潮”是柳永创制的词牌，“东南形胜”是文学史上的第一首《望海潮》。据荆楚理工学院文学与传媒学院黄俊杰教授考证，这首词是咸平五年（1002）夏秋之际，刚刚十七岁的柳永应举前投赠孙何的干谒之作。其时孙何以两浙转运使代知杭州事。孙何与柳永的父亲柳宜都是宋初王禹偁的好友，孙何是淳化三年（992）状元，其弟孙仅是咸平元年（998）状元。杨湜《古今词话》载：“柳耆卿与孙相何为布衣交。孙知杭州，门禁甚严，耆卿欲见之不得，作《望海潮》词，往谒名伎楚楚曰：‘欲见孙相，恨无门路。若因府会，愿借朱唇歌于孙相公之前。若问谁为此词，但说柳七。’中秋府会，楚楚宛转歌之，孙即日迎耆卿预坐。”这首词本是柳永用来打动旧知孙何的，没想到却轰动了当时的词坛。罗大经在《鹤林玉露》中说：“此词流播，金主亮闻歌，欣然有慕于‘三秋桂子，十里荷花’，遂起投鞭渡江之志。”此说未必是史实，但足见此词流传之广、影响之大。只是柳永流连歌楼伎馆，慢词流传，导致其仕途不畅，令人唏嘘。据黄俊杰教授考证，柳永的生年至迟应在雍熙二年（985），卒年至早应在至和二年

（1055）以后。

二、原文

东南形胜，三吴都会，钱塘自古繁华。烟柳画桥，风帘翠幕，参差十万人家。云树绕堤沙，怒涛卷霜雪，天堑无涯。市列珠玑，户盈罗绮，竞豪奢。

重湖叠巘清嘉，有三秋桂子，十里荷花。羌管弄晴，菱歌泛夜，嬉嬉钓叟莲娃。千骑拥高牙，乘醉听箫鼓，吟赏烟霞。异日图将好景，归去凤池夸。

三、注释

1. 形胜：应多义合解。既有地理位置优越、险要之义，又有山川壮美之义。

2. 三吴：据《水经·浙江水注》，指吴兴郡、吴郡、会稽郡三地。其地域为今江苏南部、浙江北部一带。

3. 钱塘自古繁华：钱塘就是今天的杭州市。因夏禹南航而得名余杭。秦时设县，称钱唐，始皇南巡时还是江海潮波凶险的滩涂。王莽改制时称泉亭。三国时在孙权主导下开始大规模开发建设。南朝陈祯明元年（587）升为钱唐郡。隋开皇九年（589）始称杭州，开皇十一年（591）始筑杭州城。大运河开凿后，杭州开始迅速发展，大业六年（610），杭州常住人家15380户。经唐、五代十国时吴越国的大开发，经白居易等诗人的题咏，民间始有“上有天堂，下有苏杭”的俗语。

4. 重湖：西湖以白堤为界分外湖、里湖，故称重湖。巘：山峰，山顶。叠巘，重重叠叠的峰峦。

5. 三秋：秋季的第三个月，农历九月。

6. 羌管：羌笛。菱歌：采菱曲。钓叟：垂钓的老翁。莲娃：采莲姑娘。

7. 千骑：众多的骑马随员。高牙：高大的牙旗，高官仪仗的标志，这里代指孙何。

8. 图：画出来。将：语助词，无实义。凤池：凤凰池，最高行政机关中书省的美称。

四、译文

地处东南，位置优越，山川优美，作为三吴地区最核心的大都会，钱塘自古以来就十分繁华。堤柳如烟，桥梁如画，短帘当清风，帐幕如翡翠，楼阁高低错落，十万户在此安家。茂盛如云的树木环绕着钱塘江的沙堤，钱塘江潮汹涌而来，卷起的巨浪如漫天的霜雪，天然可阻断交通的钱塘江面一望无涯。市场上陈列着琳琅满目的珠玉珍宝，家家户户都存满了绫罗绸缎，谁又比谁更奢华？

白堤两侧里湖外湖相掩映，孤山头上十山连绵相重叠，山清水秀无以复加。这里有桂花三秋沁脾香，这里有荷花十里透清雅。晴天里有羌笛欢快地吹奏，月夜里有采菱人自由地唱和，垂钓的老翁、采莲的姑娘都喜笑颜开。成群的马队簇拥着高高的牙旗，那是州牧长官在微醺中听着箫鼓管弦，吟诗赞赏着美丽的山水。如果有一天能够把这美好的景致画出来，回京述职一定会得到君王和中书省长官的夸奖。

五、导读

这首词是柳永将观潮时的感受谱入律吕而创制的新声，投赠家族故交孙何以求举荐，其大气豪情处与宋人俞文豹《吹剑录》中"柳郎中词，只合十七八女郎，执红牙板，歌'杨柳岸晓风残月'"的说法大相径庭。不同于科场失意离别情人时所写《雨霖铃（寒蝉凄切）》的缠绵婉约，十七八岁的柳永视野广阔、格调高雅、乐观自信、志气昂扬。赏读本词，千万不能被柳永"婉约派"的标签局限，要立足文本，体会其赋法入词而创长调慢词的苦心大才，品味其点染艺术的高妙手法，思考其理想丰满现实骨感的根由。

以赋法入词而创长调慢词，实因杭州美景盖世无双，小令不足以描画传情。全词以赋法点染描画杭州，字里行间洋溢着赞美之情，需要逐层析赏。开篇三句"形胜""繁华"简明扼要点出杭州地理位置重要、山川景致优美、三吴政治核心、经济自古繁华。随后围绕"形胜""繁华"这两个点交错变换、层层渲染，从四个角度把杭州夸了又夸。

夸杭州的自然风光，有"云树绕堤沙，怒涛卷霜雪，天堑无涯""重湖叠巘清嘉"和"三秋桂子，十里荷花"。"云树绕堤沙，怒涛卷霜雪，天堑无涯"写的是著名的钱塘江潮。江岸绿树如云，江潮汹涌翻卷，从广阔的江面滚滚而来，拍击江堤击起漫天水沫如霜雪，其声势之大，撼人心魄。"重湖叠巘清嘉"和"三秋桂子，十里荷花"写的是西湖美景。白堤掩映着里湖外湖，孤山顶上还有重重叠叠的峰峦。山、水、云、堤、岸浑然一体，山清水秀，美不胜收，再有"三秋桂子""十里荷花"香入骨、清透心。一幅山水大画画出了一个人间仙境。

夸杭州的经济富庶，有"烟柳画桥，风帘翠幕，参差十万人家""市列珠玑，户盈罗绮，竞豪奢"。"烟柳画桥"写的是市容市貌的富丽，"风帘翠幕"写的是市民家装的精美，

“参差十万人家”写的是建筑的错落之美和人烟的阜盛，“市列珠玑”写的是繁华的商业贸易，“户盈罗绮”写的是市民衣装的华美，“竞豪奢”写的是市民美好生活的普遍性。一幅建筑静物大画画出了杭州的民殷财阜。

夸百姓的美好生活，有“羌管弄晴，菱歌泛夜，嬉嬉钓叟莲娃”。“羌管弄晴”写的是白天音乐爱好者的悠然自得，“菱歌泛夜”写的是夜晚歌者的自由曼妙，“嬉嬉钓叟莲娃”写的是男女老少全都笑逐颜开、笑靥如花的众人之乐。这一幅杭州市民昼夜游乐图让我们看到整个杭州城都是一派和乐，颇有大同世界之感。

夸官民的良好关系，有“千骑拥高牙，乘醉听箫鼓，吟赏烟霞”。“高牙”透出孙何的身份，“千骑”写出了孙何受人拥戴，“乘醉听箫鼓，吟赏烟霞”写出了孙何参与民俗活动时的真情投入和高雅情趣。这一幅杭州官民的游乐图既表现了杭州城山水的美丽，也衬托出了孙何的儒雅风流。

夸杭州就是夸孙何，杭州有多繁华，孙何就有多优秀。柳永真心地希望有优秀的画工将这四幅图画合而为一，让孙何带回京城述职，得到皇帝和中书省的夸奖。张择端早生百年，《清明上河图》可能就变成《杭城形胜繁华图》了。柳永这首词为他赢得了孙何的接见，也是他声名鹊起的一个起点。可惜，流连歌楼伎馆的风流名声最终还是阻断了他求仕、科举的人生路径。文才对于一个人的确很重要，但是更重要的是人格的力量。

编者：李岫泉

Tune: Watching the Tidal Bore

Scenic splendor to the Southeast of River Blue
And capital of ancient Kingdom Wu,
Qiantang's as flourishing as e'er.
Smokelike willows form a windproof screen;
Adorned with painted bridges and curtains green,
A hundred thousand houses stand here and there.
Upon the banks along the sand,
Cloud-crowned trees stand.
Great waves roll up like snowbanks white;
The river extends till it's lost to sight.
Jewels and pearls at the Fair on display,
Satins and silks in splendid array,
People vie in magnificence
And opulence.

Lake on lake reflects peak on peak which towers,
Late autumn fragrant with osmanthus flowers,
Lotus in full bloom for miles and miles.
Northwestern pipes play with sunlight;
Water chestnut songs are sung by starlight;

Old fishermen and maidens young all beam with smiles.
With flags before and guards behind you come;
Drunken, you may listen to flute and drum,
Chanting praises loud
Of the land beneath the cloud.
You may picture the fair scene another day
And boast to the Court where you're in proud array.

语言知识

1. 单词

tidal/ˈtaɪd(ə)l/*adj.* connected with tides 潮汐的；有潮的

bore/bɔː(r)/*n.* a strong, high wave that rushes along a river from the sea at particular times of the year（海水涌入江河的）涌潮，激潮

scenic/ˈsiːnɪk/*adj.* having beautiful natural scenery 风景优美的

splendor/ˈsplendə(r)/*n.* grand and impressive beauty 壮丽；雄伟；豪华；华丽

ancient/ˈeɪnʃənt/*adj.* belonging to a period of history that is thousands of years in the past 古代的

kingdom/ˈkɪŋdəm/*n.* a country that has a king or queen as head of state 王国

flourish/ˈflʌrɪʃ/*v.* to develop quickly and become successful or common 繁荣；昌盛；兴旺

willow/ˈwɪləʊ/*n.* a tree with long, thin branches and long, thin leaves, that often grows near water 柳，柳树

form/fɔːm/*v.* to produce sth in a particularway or make it have a particular shape（使）成形，组成；制作

windproof/ˈwɪn(d)pruːf/*adj*. able to keep wind out 防风的

adorn/əˈdɔːn/*v*.（formal） to make sth/sb look more attractive by decorating it or them with sth 装饰；装扮

curtain/ˈkɜːt(ə)n/*n*. piece of cloth that is hung up as a screen in a room or around a bed, for example 帘；幔

bank/bæŋk/*n*. the side of a river, canal, etc. and the land near it 岸；河畔

crown/kraʊn/*n*. an object in the shape of a circle, usually made of gold and precious stones, that a king or queen wears on his or her head on official occasions 王冠；皇冠；冕

roll/rəʊl/*v*. to turn over and over and move in a particular direction; to make a round object do this（使）翻滚，滚动

extend/ɪkˈstend/*v*. to cover a particular area, distance or length of time 涉及（范围）；延伸（距离）；延续（时间）

jewel/ˈdʒuːəl/*n*. pieces of jewellery or beautiful objects that contain precious stones 珠宝首饰

pearl/pɜːl/*n*. small hard shiny white ball that forms inside the shell of an oyster and is of great value as a jewel 珍珠

fair/feə(r)/*n*. an event at which people, businesses, etc. show and sell their goods 商品交易会；展销会

display/dɪˈspleɪ/*n*. an arrangement of things in a public place to inform or entertain people or advertise sth for sale 陈列；展览

satin/ˈsætɪn/*n*. a type of cloth with a smooth shiny surface 缎子

array/əˈreɪ/*n*. a group or collection of things or people, often one that is large or impressive 大堆；大群；大量

vie/vaɪ/*v.*（formal）to compete strongly with sb in order to obtain or achieve sth 激烈竞争；争夺

magnificence/mæɡˈnɪfɪsns/*n.* the quality of being extremely attractive and impressive 壮丽；宏伟

opulence/ˈɒpjələns/*n.*（formal）a display of great wealth 豪华；华丽；富丽堂皇

reflect/rɪˈflekt/*v.* to show the image of sb/sth on the surface of sth such as a mirror, water or glass 反映；映出（影像）

peak/piːk/*n.* the pointed top of a mountain; a mountain with a pointed top 山峰；峰峦

bloom/bluːm/*v.* to produce flowers 开花

pipe/paɪp/*n.* a musical instrument in the shape of a tube, played by blowing 管乐器

water chestnut/ˈwɔːtə tʃesnʌt/*n.* the thick, round white root of a tropical plant that grows in water, often used in Chinese cooking 荸荠

beam/biːm/*v.* to have a big happy smile on your face 笑容满面；眉开眼笑

flute/fluːt/*n.* a musical instrument of the woodwind group, like a thin pipe in shape 长笛

chant/ˈtʃɑːnt/*v.* to sing or shout the same words or phrases many times 反复唱；反复呼喊

praise/preɪz/*n.* words that show that you approve of and admire sb/sth 赞扬；称赞；赞美

beneath/bɪˈniːθ/*prep.* in or to a lower position than sb/sth; under sb/sth 在（或往）……下面；在（或往）……下方

boast/bəʊst/*v.* to talk in a way that shows you are too proud of sth that you have or can do 自夸；自吹自擂

court/kɔːt/*n.* the official place where kings and queens live 王宫；宫殿；宫廷

2. 词义辨析

✓ country 与 kingdom

country 意思是“国；国家；（尤指具有某种自然特征、适于某目的或与某种人有关的）地区、区域”，侧重指国土、疆域。

例：People in this country enjoy a high standard of living.

这个国家的人民享有很高的生活水平。

kingdom 意思是“王国”，通常指由国王或女王统治的国家，或君主立宪的国家。

例：The king is the most important person in a kingdom.

国王是王国中最重要的人物。

✓ extend 与 expand

extend 指在一个方向上的延伸、加长。

例：Theoretically,a line can extend into infinity.

从理论上说，直线可以无限地延伸。

expand 指范围、体积的扩大或膨胀。

例：Metals expand when they are heated.

金属受了热就会膨胀。

✓ fair 与 market

fair 是集市、展览会，一般指在乡村小镇定期举行的比较具体的、规模较小的、众多摊位集中在一起的集市，如买卖牛羊或农产品等的集市。现引申指国际性的博览会、交易会等。

例：I bought a wooden salad bowl at the local craft fair.

我在当地的手工艺品集市上买了个木制色拉碗。

market 则是常设的交易场所，如超市、商业中心、菜场等经常出售商品的市场。也可表示抽象意义上的市场、市场份额，或总体上就业市场、股票市场等。

例：They have increasesd their share of the market by 10%.

他们将其所占的市场份额增加了 10%。

✓ laugh 与 beam

laugh 指笑或出声大笑，是一般用语。

例：The boys and girls are jumping and laughing on the playground.

孩子们在操场上又跳又笑。

beam 指面带笑容，暗示对他人友好、善良或内心满意，是正式用语。

例：He beamed as he opened the door.

他开门时以微笑表示欢迎。

3. 短语或特殊用法

✓ here and there 在各处；到处

Papers were scattered here and there on the floor.

地板上到处散落着文件。

✓ roll up 卷起

We will need to roll up the paper.

我们得把这纸卷起来。

✓ on display 陈列；展出

Designs for the new sports hall are on display in the library.
新体育馆的设计图展示在图书馆里。

✓ in（full）bloom 正开花的；花朵绽放的

Our educational work is like a hundred flowers in bloom, like ten thousand horses galloping ahead.
我们的教育事业，正如百花齐放，万马奔腾。

编者：郭爱显

桂枝香·金陵怀古

〔宋〕王安石

一、题解

“桂枝香”是北宋新创词牌，取登科折桂之意，唐代裴思谦《及第后宿平康里》有“夜来新染桂枝香”之语。“金陵怀古”是本词的题目，根据词意和王安石的生平推测，本词可能是治平四年（1067）王安石任江宁知府时所写。据柳湜《古今词话》载：“金陵怀古，诸公寄词于《桂枝香》，凡三十余首，独介甫最为绝唱。”后来《桂枝香》词的填制者，皆奉此词为圭臬，可见王安石《桂枝香·金陵怀古》的开创之功。

金陵即今南京市，六朝古都所在。吴称建业，东晋和南朝宋、齐、梁、陈称建康，南唐时称江宁，是虎踞龙盘之地，也是秦淮秾艳之地。金陵的大好山水和前朝旧事，在王安石“济用”的文学理念下，经王安石廓大的胸襟及高超的识见格调陶炼，才有了这篇笔力清遒、境界朗肃、苍劲峭拔的政治抒情词。

二、原文

登临送目，正故国晚秋，天气初肃。千里澄江似练，翠峰如簇。归帆去棹残阳里，背西风，酒旗斜矗。彩舟云淡，星河鹭起，画图难足。

念往昔，繁华竞逐。叹门外楼头，悲恨相续。千古凭高对此，谩嗟荣辱。六朝旧事随流水，但寒烟衰草凝绿。至今商女，时时犹唱，后庭遗曲。

三、注释

1. 送目：举目望远。

2. 故国：故都，旧时的都城。

3. 肃：萧肃。形容草木枯落，寒风渐紧。一说肃爽，天高气爽。

4. 练：白绢。语出谢朓《晚登三山还望京邑》："余霞散成绮，澄江静如练。"比喻清澈的长江好似白绢一样。

5. 簇：通"镞"，箭头。这里比喻山峰像箭头一样尖挺峭拔，直指苍穹。一说丛聚，描述群峰密集丛聚的样子。

6. 归帆去棹：归，靠岸入港。去，出港起航。帆、棹，船帆、船桨，借指船。

7. 彩舟：画船。星河：天河，这里指秦淮河。

8. 难足：难以完美地表现出来。

9. 繁华竞逐：达官贵人攀比着生活的奢华。

10. 门外楼头：门，指朱雀门。楼，指结绮阁。皆为陈后主为宠妃张丽华所建。这里代指南朝陈亡国惨剧。语出杜牧《台城曲》："门外韩擒虎，楼头张丽华。"隋将韩擒虎统兵已到朱雀门外，陈后主与张丽华尚在结绮阁上寻欢作乐。

11. 悲恨相续：王朝更替的悲恨接连不断。

12. 凭高：登高。

13. 谩嗟荣辱：空叹朝代兴衰。谩，通"漫"，不切实，没有意义，空。

14. 商女：歌楼伎馆的歌女。

15. 后庭遗曲：指《玉树后庭花》，陈后主为享受奢靡的宫廷生活而作，后人将它看成亡国之音。

四、译文

登山临水，极目远望，就在这六朝故都，晚秋时候，寒风渐紧，天气开始萧肃。千里长江澄澈得好似一条白练，青翠山峰峭拔犹如支支箭镞。残阳下，小船有的靠岸入港，有的出港起航，西风里，酒家旗幡斜立着猎猎飘舞。秦淮河上烟淡云浮，彩舟轻轻滑过；白鹭洲前星河灿烂，白鹭憩息或是翩翩飞起；这景象最好的画工也难以全部画出。

想起往昔岁月，一代代豪门互相攀比着奢华淫逸，可叹都落得“门外韩擒虎，楼头张丽华”的亡国悲恨接连不断。千古以来，登高感怀，面对这千古江山、六朝兴替，代代士人只能徒自感叹其中的荣辱。六朝的风云变化已随流水消逝，只有那寒冷的烟雾和衰萎的野草凝聚着苍绿的颜色。时至今日，卖唱的歌女仍然时时放声歌唱着奢华淫靡的《玉树后庭花》。

五、导读

《桂枝香·金陵怀古》可能是第一首成熟的怀古咏史词。《花间集》开婉约词风，延及北宋，咏史词虽有，只是香软太过。变柔弱哀婉为苍劲峭拔，情感和境界取得突破，是从王安石这首词开始的。赏读这首《桂枝香·金陵怀古》，要从写景论史的层次安排、构意用字的细节处仔细品味。

这首词，上阕写景，下阕议论。上阕写景是为下阕议论抒情服务。就下阕议论抒情而言，感慨历史是为针砭现实服务。王安石写这首词，就是要人们深刻记取六朝教训，丢掉萎靡苟安，正视现实，振作精神，励精图治。所以就全词意境看，展现出来的是一位心忧天下、积极进取、立志改革的政治家的胸怀。

上阕写景极有层次而又结构完整。先立主干，构建全貌，而后逐层增添、渲染。每一笔都在加强主体的深厚和生动，而用笔过程又与人的自然视觉相一致。澄江、翠峰是总体轮廓，舟船、酒帘、画船、白鹭这些细部的完善也用动态呈现，充满感情和想象的取景为江山传神。下阕论史，由“念”字领起，“繁华竞逐”四个字概括几百年各王朝历史的特点，作为论述的基础，“悲恨相续”则斩钉截铁地直接说出结果。历史总是惊人相似，“后人哀之而不鉴之，亦使后人而复哀后人也”的历史一次次地重复。“千古”“荣辱”，“嗟叹”皆“谩”，唯有“寒烟衰草”越“凝”越深。文意如行云流水，层层递进，愈转愈深。最后自然逼出“至今商女”的“后庭遗曲”，逼出“当今”社会最大的弊端仍然是“繁华竞逐”。

在炼字方面，“肃”“练”“簇”，精炼决断，不可移易；“竞逐”“相续”“凝绿”，既概括又具体，总能使人感到是一幅幅压缩的图画，然而深沉的感慨、议论就存在于其中。又如“念”“叹”“至今”等寻常词语，总是下在最恰当处，所以传达了那一层深似一层的感情。再看“正”“初”“难”“谩”“但”“犹”这些虚字，都透着王安石敏锐的目光、深沉的思想、伟大的担当。

王国维《人间词话》评价南唐后主李煜之词坛地位时有言：“词至李后主而眼界始大，感慨遂深，遂变伶工之词为士大夫之词。”所谓“变伶工之词为士大夫之词”指的是改变原来为应歌而制的小词，使之成为抒发士大夫情怀的文体；所谓“眼界始大”指的是词人的艺术视野扩大，词的题材范围扩大，使词由花前月下转而面向宇宙人生、社会百态；所谓“感慨遂深”指的是由思考儿女柔情转而言人生问题与国家之志。王安石《桂枝香·金陵怀古》一词，正是沿着“士大夫之词”的道路，将词引向历史时空并在历史时空中反照现实，力陈时弊，抒发士大夫忧国忧民情怀的杰作。

柳湜《古今词话》记载，苏东坡见到这首《桂枝香·金陵怀古》，“不觉叹息曰：‘此老乃野狐精也。’”所谓“野狐精”，典自佛家语“不落因果，堕入野狐禅”，意即不正宗。有人认为苏轼是戏用此语赞赏王安石，说他在诗文之外，偶尔填词，也能冠绝诸家。此说自然不错，但应再深入一点考虑：晚唐五代以来，词以婉约为正宗，本词风格高峻，感慨深沉，自非“正宗”，但却是“一洗五代旧习”（刘熙载《艺概·词概》），“指出向上一路，新天下耳目”（王灼《碧鸡漫志》），而苏轼也正是在此大路上阔步前行，开豪放一脉的大词人。由此看来，苏轼以“野狐精”称王安石的《桂枝香·金陵怀古》词，不只是戏言，更是惺惺相惜。

编者：李屾泉

Tune: Fragrance of Laurel Branch

Memories of the Past at Jinling

I climb a height
And strain my sight:
Of autumn late'tis the best time
The ancient capital looks sublime.
The limpid river, belt like, flows a thousand miles;
Emerald peaks on peaks tower in grandiose styles.
In the declining sun sails come and go;
In west wind wineshop flags fly high and low.
The painted boat
In clouds afloat,
Like stars in Milky Way white egrets fly.
What a picture before the eye!

In days gone by,
For opulence people did vie.
Alas! Shame came on shame beneath the walls,
In palace halls.
Against the rails, in vain I call
O'er ancient kingdoms' fall and rise.
The running water saw the Six Dynasties pass,

But I see only chilly mist and withered grass.
Even now
The songstresses still sing
The songs composed
By a captive king.

语言知识

1. 单词

fragrance /ˈfreɪgrəns/ *n.* a pleasant smell 香气；香味；芳香

laurel /ˈlɒrəl/ *n.* a bush or tree with dark, smooth, shiny leaves that remain on the bush and stay green through the year 月桂灌木；月桂树

sublime /səˈblaɪm/ *adj.* of very high quality and causing great admiration 崇高的；壮丽的；宏伟的；令人赞叹的

limpid /ˈlɪmpɪd/ *adj.* (of liquids, etc.) clear （液体等）清澈的；清晰的；透明的

emerald /ˈemərəld/ *n.* (also emerald green) bright green in colour 翡翠绿；绿宝石色

decline /dɪˈklaɪn/ *v.* (rather formal) to become smaller, fewer, weaker, etc. 减少；下降；衰弱；衰退

afloat /əˈfləʊt/ *adj.* floating on water （在水上）漂浮

egret /ˈiːgrət/ *n.* a bird of the heron family, with long legs and long white tail feathers 白鹭

rail /reɪl/ *n.* a wooden or metal bar placed around sth as a barrier or to provide support 栏杆；扶手；围栏

vain /veɪn/ *adj.* that does not produce the result you want 徒劳的；枉然的；无结果的

chilly /ˈtʃɪli/ *adj.* (especially of the weather or a place, but also of people) too cold to be comfortable（尤指天气或地方，亦指人）寒冷的；阴冷的

mist /mɪst/ *n.* a cloud of very small drops of water in the air just above the ground, that make it difficult to see 薄雾；水汽

withered /ˈwɪðəd/ *adj.* (of plants) dried up and dead 干枯的；枯萎的

songstress /ˈsɒŋstrəs/ *n.* a word sometimes used in newspapers to mean "a woman singer" 女歌手

compose /kəmˈpəʊz/ *v.* to write music 作曲；创作（音乐）

captive /ˈkæptɪv/ *adj.* kept as a prisoner or in a space that you cannot get out of; unable to escape 被监禁的；被关起来的；被困住的

2. 词义辨析

✓ decline 与 decrease

decline 有"减少、下降、衰退"的意思，除了指数值上的下降，还能指能力等抽象量的下降，多指经济方面。

例：Support for the party continues to decline.

对该党的支持继续下降。

decrease 有"降低、减少"等意思，专指数值上的下降或减少。

例：This species of bird is decreasing in numbers every year.

这种鸟的数量在逐年减少。

3. 短语或特殊用法

✓ high and low 到处；各处

I've searched high and low for my purse.

我到处找我的钱包。

✓ go by（时间）流逝；过去

Things will get easier as time goes by.

随着时间的推移，情况会有所改善。

✓ fall and rise 兴衰

Poetry in the Yuan Dynasty experienced fall and rise in which imperial examination system plays an important role.

元诗的发展呈现出前衰后兴的微妙变化，而科举的废兴在其中起着重要作用。

编者：郭爱显

江城子·乙卯正月二十日夜记梦

〔宋〕苏　轼

一、题解

“江城子”词牌又名“村意远”“江神子”等。起于晚唐，初为单调，苏轼此词，变单调为双调，遂成定格。“乙卯正月二十日夜记梦”是题目，“乙卯”是纪年。苏轼的结发妻子王弗，十六岁时与十九岁的苏轼成婚。治平二年（1065）五月在汴京（今河南开封）去世，年方二十七岁。所余一子苏迈，年仅六岁。一年后，移葬眉州苏家祖坟。熙宁元年（1068），长相品性与王弗相似的王闰之，以十一岁的年龄差距，嫁给堂姐夫苏轼，两年后生子苏迨，再两年后生子苏过。时在熙宁八年（1075），苏轼知密州，王弗去世已整十年，续弦王闰之已七年，纳妾王朝云也已三年；王安石推行新法已经六年。“正月二十日”是“雨水”节气，在中国古人的意识中，下雨就是天漏了，神话传说中有女娲补天，民俗中有主妇烙饼放到屋顶，担纲祭祀。“夜”在中国阴阳文化中属阴。“记梦”是词作内容：在王闰之忙前忙后的身影中，苏轼不由自主想起王弗，日有思，夜有梦，在“天穿节”这样一个唯一可以体现“家庭主妇”家庭重要地位的节日里，苏轼写下这首追忆亡妻的深情词作。

二、原文

十年生死两茫茫，不思量，自难忘。千里孤坟，无处话凄凉。纵使相逢应不识，尘满面，鬓如霜。

夜来幽梦忽还乡，小轩窗，正梳妆。相顾无言，惟有泪千行。料得年年肠断处，明月夜，短松冈。

三、译文

十年来，我们夫妻阴阳两隔，生也茫茫，死也茫茫。从来都没有正正经经地去思念你，可是我从来也没有办法把你淡忘。你的坟茔，孤独地在我千里之外，我们都没有地方诉说心中的凄凉。纵使你我夫妻真的相逢，怕是连你也认不出我来了，十年后的今天，我已是灰尘满面、两鬓如霜。

昨天夜里我偷偷在梦里回到家乡。看见你时，你正坐在小轩窗前对镜梳妆。你我二人相对无言，只有眼泪无声地滑落千行。料想你一天天、一年年，都为我柔肠寸断，在那凄冷的月明之夜，在那荒寂的短松冈上。

四、导读

这首词是宋代文学家苏轼为悼念结发妻子王弗而创作的一首悼亡词。全词出语质朴，如话家常，却字字都出自血泪灌溉的肺腑，平淡中见真淳。上阕侧重记实，下阕侧重记梦，虚实掩映中，苏轼对亡妻的思念更显得情意缠绵、字字血泪。此词自问世以来一直广为传诵，是中国文学史上悼亡的杰作。赏读这首词，最重要的是了解苏轼所处的文化语境、人生处境，设身处地体会苏轼的情感。其次才是从虚实相生的写法切入，体会词中的夫妻形象之美。

本词最重要的文化语境是北宋时的男尊女卑。北宋时商品经济比较发达，择婿嫁女也带上了商品的性质。蔡襄说："观今之俗，娶其妻不顾门户，直求资财。"司马光这样描述这一现象："将娶妇，先问资装之厚薄；将嫁女，先问聘才之多少。"女性商品化表现得最严重的地方在于歌楼伎馆的发达，官僚士大夫蓄伎之风盛行。寇准、晏殊、梅尧臣、欧阳修、宋祁、苏轼、黄庭坚、周邦彦、陆游、辛弃疾、文天祥等都有这样的"雅事"。在夫妻关系中的男尊女卑也非常严重，男子休妻有"七出"，女子要提出"和离"却要受两年的牢狱之苦。历史上比较著名的如陆游之妻唐琬就因为与陆游太过恩爱，犯了"七出"中的"泆"（放纵）被陆游的母亲休弃；李清照就因为提出与张汝舟和离而遭受了牢狱之苦。同时，在夫妻关系中，对女子的要求也更多，尤其是贤德与贞节方面，程颐就提出了"饿死事极小，失节事极大"的说法。"天穿节"主妇模拟女娲补天的祭祀活动背后，也有对女性贤德的追求。

本词需要了解的苏轼的人生处境有二：一是苏轼的政治生活，一是苏轼的爱情生活。苏轼在政治上一直都是中间派，既批评王安石的新法，也批评司马光的旧法，这是苏轼仕途坎坷的根源。苏轼的爱情生活是从"唤鱼联姻"开始的，王方选他为乘龙快婿那年他十九岁，妻子王弗十六岁。夫妻恩爱情深，可惜苏轼宦海浮沉，聚少离多，婚后五年才生子苏迈，王弗又不幸早夭，二十七岁就去世了。三年后，长相品性与王弗相似的王闰之，以十一岁的年龄差距，嫁给姐夫做填房，成为苏轼的贤内助，对待姐姐所生的儿子苏迈和自己所生的苏迨、苏过"三子如一"。王闰之陪苏轼从杭州到密州，后来还陪苏轼走过乌台诗案、被贬黄州那一段苏轼一生内心最为黑暗痛苦的时光。元祐八年（1093），四十六岁的王闰之在陪伴苏轼二十五年之后染病去世。苏轼去世后，苏辙将苏轼与王闰之合葬于苏轼选定的河南浃县小峨眉。

从虚实相生的写法切入，体会词中的夫妻形象之美，需要披文入境，透过朴实自然的语言，想象苏轼与王弗这一对阴阳时空两隔的夫妻形象，品味苏轼情感的深挚。开篇“十年生死两茫茫”，“十年”写时间之久，“生死”写阴阳两隔，“两茫茫”写的是生也茫茫、死也茫茫。苏轼想念王弗，苏轼想念中的王弗也想念着苏轼。“千里孤坟，无处话凄凉”，“千里”是空间之远，“孤坟”是千里之外的王弗。相隔千里，孤坟里头的王弗怎么对苏轼说凄凉？密州任上的苏轼又怎么对王弗说凄凉？时空阴阳两隔，无法相见，即便相见了又能如何？想来也不过是“应不识”，因为王弗的音容青春永驻，苏轼却已是“尘满面，鬓如霜”。词的上阕，写实为主，可以看到苏轼的痴情；其中却也有想象中的思念着苏轼的王弗，这种从对面写来的手法，颇有杜甫《月夜》诗中想象妻子在鄜州“忆长安”的感觉。这种感觉在下阕中越来越真切。苏轼借着“梦”的魔力，“忽”然之间，就回到了家乡，回到了当年的“小轩窗”前，“相顾无言，惟有泪千行”的梦境终是超越了理性推想的“纵使相逢应不识”。年轻的王弗是怎样认出了“尘满面，鬓如霜”的苏轼？从乍见之惊到无声垂泪，再到“相顾无言”四目“泪千行”，该是一个怎样催人泪下的场景？但是，要说整首词最催泪的，还是结尾“料得年年肠断处，明月夜，短松冈”。“年年”是长情，“肠断”是伤痛，“明月夜，短松冈”是王弗坟丘的所在，也是苏轼爱情凝结的地方，这些都是“梦”中之情景。而“料得”二字，却是那样的清醒、理性。依情而推理，其情何限？苏轼的学生陈师道曾用

“有声当彻天，有泪当彻泉”来评赞此词，不知是否也是被这个“料得”击穿了心胸？

悼亡是中国古代诗歌重要的题材之一，《诗经》中有《黄鸟》《绿衣》，元稹有《离思》，陆游有《沈园》，纳兰性德有《浣溪沙》……这些脍炙人口的佳作到底哪一首蕴含着最深的情？读一读，品一品，冷暖自知。

编者：李岫泉

Tune: A Riverside Town

Dreaming of My Deseased Wife on the Night of the 20th Day of the 1st Month

For ten long years the living of the dead knows nought.
Though to my mind not brought,
Could the dead be forgot?
Her lonely grave is far, a thousand miles away.
To whom can I my grief convey?
Revived, even if she be, could she know me?
My face is worn with care,
And frosted is my hair.

Last night I dreamed of coming to my native place:

She was making up her face
Before her mirror with grace.
Each saw the other hushed,
But from our eyes tears gushed.
When I am woken, I fancy her heart broken
Each night when the moon shines
O'er her grave clad with pines.

语言知识

1. 单词

nought/nɔːt/*n.* (also zero) the figure 0（数字）零

grave/ɡreɪv/*n.* a place in the ground where a dead person is buried 坟墓；墓穴；坟头

grief/ɡriːf/*n.* a very sad feeling, especially when sb dies（尤指因某人去世引起的）悲伤，悲痛，伤心

convey/kən'veɪ/*v.* to make ideas, feelings, etc. known to sb 表达；传递（思想、感情等）

revive/rɪ'vaɪv/*v.* to become, or to make sb/sth become, conscious or healthy and strong again（使）苏醒；复活

worn/wɔːn/*adj.* (of a person) looking very tired（人）疲惫的；筋疲力尽的

frost/'frɒst/*v.* to cover sth or to become covered with a thin white layer of ice（使）蒙上霜，结霜

grace/ɡreɪs/*n.* an attractive quality of movement that is smooth and done with control; a simple and beautiful quality 优美；优雅

hush /hʌʃ/ *v.* (used especially in orders) to be quiet; to stop talking or crying（尤用于命令）安静；别说话；别叫喊

gush /gʌʃ/ *v.* to flow or pour suddenly and quickly out of a hole in large amounts（从……中）喷出，涌出，冒出

clad /klæd/ *adj.* covered in a particular thing 覆盖的

2. 词义辨析

✓ sorrow 与 grief

sorrow 伤心，也可以指普通大众对某人的悼念。

例：He always woke with a sense of deep sorrow and depressing loss.

他醒来时总是满怀哀愁，抑郁惆怅。

grief 悲痛，程度上较重的悲哀，如丧偶或失去至亲内心的大创伤。

例：She was overcome with grief when her husband died.

丈夫去世时她悲痛欲绝。

✓ hush 与 silent

hush 强调寂静，鸦雀无声，人们停止说话或叫喊。

例：An expectant hush fell on the guests.

客人们即时安静了下来，期待着将要发生的事。

silent 强调无声的、沉默的、少言寡语、不喧闹。

例：At a single motion of his hand, the room fell silent.

他手一挥，屋子里便安静了下来。

3. 短语或特殊用法

✓ bring to mind 使想起

I can't seem to bring to mind her address.

我似乎想不起她的地址了。

✓ even if 即使；尽管；纵然

You have to let us struggle for ourselves, even if we must die in the process.

你得让我们为自己拼搏，哪怕我们会在这个过程中死去。

✓ dream of 梦见；梦想

He had finally accomplished his dream of becoming a pilot.

他最终实现了成为一名飞行员的梦想。

✓ make up 化妆；上妆

I can't be bothered to make up my face.

我懒得化妆。

编者：郭爱显

念奴娇·赤壁怀古

〔宋〕苏　轼

一、题解

“念奴娇”，词牌名，本于唐天宝年间歌女念奴。元稹《连昌宫词》自注有这样的记载：“念奴，天宝中名倡，善歌。每岁楼下酺宴，累日之后，万众喧隘。严安之、韦黄裳辈辟易而不能禁，众乐为之罢奏。玄宗遣高力士大呼于楼上曰：‘欲遣念奴唱歌，邠王二十五郎吹小管逐，看人能听否？’未尝不悄然奉诏。”五代时王仁裕《开元天宝遗事》中记载念奴之歌“声出于朝霞之上，虽钟鼓笙竽嘈杂而莫能遏”。作为词牌，苏轼的这首词即便不是首创，也是定格之作。因此，“念奴娇”又有“大江东去”“酹江月”等名称。

本词是元丰五年（1082），苏轼在被贬黄州团练副使两年之后所写，具体时间可能是中元节（有祭祖习俗）后的农历七月十六。当时苏轼四十七岁（农历虚岁），所游赤壁（又称“赤鼻矶”，在今湖北黄冈西）因此词而被后人称为“文赤壁”。历史上的赤壁之战发生地在今赤壁市蒲圻县西北，被后人称为“武赤壁”。

二、原文

大江东去，浪淘尽，千古风流人物。故垒西边，人道是，三国周郎赤壁。乱石穿空，惊涛拍岸，卷起千堆雪。江山如画，一时多少豪杰。

遥想公瑾当年，小乔初嫁了，雄姿英发。羽扇纶巾，谈笑间，樯橹灰飞烟灭。故国神游，多情应笑我，早生华发。人生如梦，一尊还酹江月。

三、注释

1. 淘：用水冲洗，去除杂质。

2. 风流人物：才华出众而又洒脱不拘，对一个时代有影响、有贡献的杰出人物。

3. 垒：防护军营的墙壁或其他建筑。故垒，是古代的军营遗迹。

4. 周郎：据《三国志》记载，东吴名将周瑜，字公瑾，身高体壮，姿貌出众，精通音乐，当时有歌谣“曲有误，周郎顾”来赞美他的音乐才能和儒雅风度。少年得志，二十四岁为中郎将，掌管东吴重兵，吴中皆呼为“周郎”，与吴主孙策有“登堂拜母”之交。建安三年（198）随孙策攻皖，“得乔公两女，皆国色也。策自纳大乔，瑜纳小乔”。建安五年(200)，孙策遇刺，孙权继吴主之位，“诸将宾客为礼尚简，而瑜独先尽敬，便执臣节。性度恢廓，大率为得人”。建安十三年（208)，曹操攻吴，周瑜统东吴军联合刘备与战赤壁，大胜。建安十四年（209)，领南郡太守。建安十五年（210）病逝于巴丘（今湖南岳阳)，年仅三十六岁。

5. 酹：最初是祭祀活动中的以酒洒地的动作，后用这一动作表示凭吊。

四、译文

滚滚长江向东流去，滔滔巨浪淘洗尽一代代所谓的英雄人物。众人都说眼前这一片营垒遗迹西边的赤壁矶，就是三国时周郎大破曹兵的赤壁。那一片林立的乱石像要刺破天空，令人惊恐的波涛拍击着江岸，激起千万堆如雪的浪花。这雄壮的江山如一幅图画，每一个时代都曾涌现过多少英雄豪杰！

遥想赤壁大战时的周公瑾，小乔刚刚嫁给了他，雄健的风姿英气勃发。手摇羽扇，头戴纶巾，谈笑之间，曹军的战船已是灰飞烟灭。如今我身临赤壁，神游往昔，情动于中，发为怀古，早已斑白的鬓发在江风中掠过眼前，实在是可笑可笑。古往今来的人生，如同一场场幻梦，就让我们洒一杯酒，对着这一片江月，凭吊过往人生吧！

五、导读

从影响力上讲，苏轼《念奴娇·赤壁怀古》是名副其实的宋词第一经典名篇。赏读本词，需要从登临怀古词的一般特点入手，在知人论世的基础上，披文入情，把握词作的复线结构，综合分析词作中的视角变换，体味苏轼思想情感的独特性和超越性。

从题材看，本词是登临怀古词。从登临怀古词的一般特点入手，就必须弄清楚这样几个问题：苏轼是在什么情形下来到赤壁的？苏轼在赤壁看到了什么？听到了什么？想到了哪些古人古事？古今人事之间有什么关联？透过这些问题，自然也就能够大致把握苏轼所要抒发的情感了。简要说明一下，苏轼是在乌台诗案后被贬黄州团练副使的第二年中元节后，和一些人一起来到这个赤壁的。这一年苏轼四十七岁，早已两鬓染霜，结发妻子王弗去世已经十七年了。同来的人不详，大致有一二好友和几个负责看管他的当地差役。苏轼在赤壁看到的有营垒遗迹，更有滚滚东逝的江水、峭挺屹立的岩石、澎湃激荡的浪花；听到的是人们传说的此地与周瑜赤壁之战的关联。苏轼明知此事不真，却依然在一代代英雄人物中拈出了周瑜，而且还把周瑜少年新婚时的春风得意与赤壁战时的儒雅风度、无上功绩叠加起来，使周瑜成为一个穿越时空的完美形象：在最美好的年华，有最娇美的新婚妻子，最得君主的宠信、士卒的拥戴，用最儒雅的风度建立了最宏大的功业。这样，古代的周瑜战赤壁就与当下的苏轼游赤壁形成了对比。这样，苏轼对周瑜的由衷赞美与对自己的自嘲对比就更加鲜明深刻了。

细读本词，我们会发现行文中的明暗复线、视角变换，会理解苏轼思想情感的独特和超越。题目“赤壁怀古”所涉及的具体时空是词作的明线。从全景式的“大江东去”到近前脚下的“乱石穿空，惊涛拍岸，卷起千堆雪”，由“千古风流人物”到“一时多少豪杰”再到“雄姿英发”的三国周郎，不论是所写之景还是所怀之人，都有一个由远及近、由一般到具体的过程。在“怀古”这条明线下，还隐含了一条作者的情感暗线，使《赤壁怀古》成为一个咏叹调。在赏读的过程中，要把握这条更为重要的情感暗线，不能简单停留在“大江东去”的震撼上，而是要曲径通幽地探索到苏轼不遵从人与事的客观真实性来写的内心深处。明知此赤壁非彼赤壁，却要把此赤壁当作彼赤壁，来写周瑜。明知周瑜娶妻与作战相隔了十年，却就是要把这两个场景重叠起来写。赤壁与周瑜都诗化了，成为带有了词人自身情感的形象，成为用来表现某种特定情感的“客观对应物”。就像清代诗人朱日浚《赤壁怀古》所写：“赤壁何须问出处，东坡本是借山川。”苏轼就是借来了山川及周瑜，将他们设定在自己要创造的审美空间内。我们可以推论：苏轼词中的周瑜就是苏轼理想中的自己。因此，“多情应笑我”一句中的“笑”就是自嘲了。这里有无奈，笑自己“早生华发”，空有满腹才华却壮志难酬。但这里更有洒脱，笑“千古风流人物”“一时多少豪杰”“三国周郎”也都被大江淘尽，最终消逝在历史长河中。在这样的基础上，我们再来看结尾句“人生如梦，一尊还酹江月”，就能够从中发现苏轼的三种视角，与《前赤壁赋》（可能与《赤壁怀古》作于同一天）中的三种人生态度相呼应。一是自我当下视角，类似《前赤壁赋》中的“客”；二是历史变换视角，类似《前赤壁赋》中的“自其变者而观之”；三是自然永恒视角，类似《前赤壁赋》中的“自其不变者而观之”。如果我们仅用自我当下视角来解读，就会感到这首词最终落到了自然永恒而生命渺小的悲伤。如果我们仅仅用历史变换视角来解读，就会感到这首词最终落到了完美的周瑜也会和我一样消逝在历史长河中的虚无感。如果我们仅仅用自然永恒视角来解读，就会感到这首词最终落到了痛享无尽自然的及时行乐。如果我们将这三种视角组合叠加起来解读，自然就会渐渐体会到苏轼思想的独特与超越处：人与自我、他人、自然在苏轼的心中逐渐和谐统一，既然完美的理想和完美的周瑜一样都会消逝，自己人生的坎坷与不完美又算得了什么呢？既然来到了这个永恒的自然世界，既然受到了祖国雄伟江山、历史杰出人物的熏陶渐染，为什么不能快乐地开始一段充满热爱的生活呢？

学习本词，可以领略到苏轼学于儒的事功、学于道的自然、学于禅的放下。这种既有一腔爱国热血情怀，又对万事万物看得透彻的态度，比那种“认清了生活的真相后，依然热爱生活”的“英雄主义”（罗曼·罗兰语）更加从容、高雅。

编者：李岫泉

Tune: Charm of a Maiden Singer

Memories of the Past at Red Cliff

The Great River eastward flows;
With its waves are gone all those
Gallant heroes of bygone years.
West of the ancient fortress appears
The Red Cliff. Here General Zhou won his early fame
When the Three Kingdoms were all in flame.
Jagged rocks tower in the air,
And swashing waves beat on the shore,
Rolling up a thousand heaps of snow.
To match the hills and rivers so fair,
How many heroes brave of yore
Made a great show!

I fancy General Zhou at the height

Of his success, with a plume fan in hand,
In a silk hood, so brave and bright,
Laughing and jesting with his bride so fair,
While enemy ships were destroyed as planned
Like shadowy castles in the air.
Should their souls revisit this land,
Sentimental, his wife would laugh to say,
Younger than they, I have my hair turned gray.
Life is but like a passing dream.
O Moon, I drink to you who have seen them on the stream.

语言知识

1. 单词

charm/tʃɑːm/*n.* the power of pleasing or attracting people 魅力；魔力；吸引力

gallant/ˈɡælənt/*adj.* (old-fashioned or literary) brave, especially in a very difficult situation（尤指在困境中）勇敢的，英勇的

bygone/ˈbaɪɡɒn/*adj.* happening or existing a long time ago 很久以前的；以往的

fortress/ˈfɔːtrəs/*n.* a building or place that has been made stronger and protected against attack 城堡；堡垒；要塞；设防的地方

general/ˈdʒen(ə)rəl/*n.* an officer of very high rank in the army 将军

fame/feɪm/*n.* the state of being known and talked about by many people 名声；声誉；名气

flame/fleɪm/*n.* a hot bright stream of burning gas that comes from sth that is on fire 火焰；火舌

tower/ˈtaʊə(r)/*v.* to be much higher or taller than the people or things that are near 耸立；高于，超过（附近的人或物）

beat/biːt/*v.* to hit sth hard several times 击打；敲打；锤砸

roll/rəʊl/*v.* to turn over and over and move in a particular direction; to make a round object do this （使）翻滚，滚动

heap/hiːp/*n.* an untidy pile of sth; a lot of sth 一堆；许多，大量

yore/jɔː(r)/*n.* (old use or literary) long ago 很久以前

fancy/ˈfænsi/*v.* (literary) to believe or imagine sth 认为；想象

plume/pluːm/*n.* a group of feathers or long thin pieces of material tied together and often used as a decoration（常用作饰物的）连在一起的羽毛，羽状物；羽饰

hood/hʊd/*n.* a part of a coat, etc. that you can pull up to cover the back and top of your head 风帽，兜帽

jest/ˈdʒest/*v.* (formal or humorous) to say things that are not serious or true, especially in order to make sb laugh 开玩笑；说笑话

sentimental/ˌsentɪˈmentl/*adj.* (often disapproving) producing emotions such as sympathy, romantic love, or being sad, which may be too strong or not appropriate; feeling these emotions too much（失之过度或不恰当地）伤感的；充满柔情的；多愁善感的

2. 词义辨析

✓ hit 与 beat

hit 意思是“打，打击”，指有目标地猛击，强调用力击中；引申指在精神、经济等方面予以打击。

例：The missile hit the carrier.

导弹击中了航空母舰。

beat 意思是“连续击打，击败”，指用手或器械连续击打，也指在游戏、竞赛或战争中战胜对手。

例：The poor child was beaten black and blue.

那可怜的孩子被打得青一块紫一块的。

✓ imagine 与 fancy

imagine 含义广，一般不含贬义，可指认真、带有启发性的想象，也可指凭记忆的想象或凭空想象事物的能力。

例：Can you imagine what it must be like to lose your job after 20 years?

你能想象得出干了二十年后被辞退是什么样的滋味吗?

fancy 指脱离实际的幻想或幻想力，常暗含所想象的东西近乎怪诞的意味。

例：She fancied she could hear footsteps.

她觉得好像听到了脚步声。

3. 短语或特殊用法

✓ The Red Cliff 赤壁（位于湖北省，三国时期古战场）

Now you have just finished *Red Cliff*, the most expensive Asian movie ever made.

你刚拍完了《赤壁》，这是亚洲影史上造价最高的一部影片。

✓ The Three Kingdoms 三国；三国演义

Sima Yi(179-251)was a general military strategiest,and politician of Cao Wei during the Three Kingdoms period.

司马懿（179—251）是三国时期曹魏首席军事战略家和政治家。

✓ heaps of 许多；大量

I've got heaps of writing to do,I'm afraid.

恐怕我有很多东西要写。

✓ of yore 很久以前

The love of yore now exists only in the memory.

昔日恩爱已成追忆。

✓ at the height of 在……顶点

He produced his most famous pieces at the height of his career.

他在他职业生涯的巅峰时期创作了他最著名的作品。

✓ as planned 按原计划

Things just didn't work out as planned.

事情根本没有按照计划进行。

编者：郭爱显

登快阁

〔宋〕黄庭坚

一、题解

快阁，始建于唐乾符元年（874），初名“慈氏阁”，奉祀西方慈氏（俗称观音菩萨）。宋初沈遵任泰和县令期间，因政通人和，百姓安居乐业，常登阁远眺，心旷神怡，遂易名“快阁”。元丰三年（1080），三十五岁的黄庭坚受乌台诗案牵连，被贬吉州太和县令，慢推新法，轻赋爱民。元丰五年（1082）八月，写《登快阁》诗，快阁因此名闻天下，宋、元、明、清题咏不绝。一千多年来，此阁屡毁屡建。目前泰和中学校园内的快阁是1986年重建的，黄庭坚手书《戒石铭》“尔俸尔禄，民膏民脂，下民易虐，上天难欺”是其中的瑰宝。

二、原文

痴儿了却公家事，快阁东西倚晚晴。
落木千山天远大，澄江一道月分明。
朱弦已为佳人绝，青眼聊因美酒横。
万里归船弄长笛，此心吾与白鸥盟。

三、注释

1. 痴儿：用西晋傅咸典故，“痴儿”是作者的自居与自嘲。傅咸疾恶如仇、直言敢谏，在他任左丞时，好友杨济曾写信告诫他说：天下的事情是复杂的，不易看得明白，你傅咸却想把每件事都看明白、处理清楚，而且还处在左丞这样一个非常敏感复杂的岗位上，只要一想到这些我就感到头痛。傅咸的回答是：很多人因为贪酒色而死却不后悔，可是却害怕因为正直带来灾祸，这都是心术不正，把苟且当作聪明圣哲。自古以来，所谓因正直招致祸患的人，其实都是他们过于苛刻，为邀名而失了忠诚公允。只要自己是诚恳尽忠、公允为国，怎么会被嫉妒憎恨呢？

2. 朱弦已为佳人绝：化用伯牙子期事，表达朋友已离去自己不复弹琴的意愿。伯牙子期事见《吕氏春秋 · 本味》：“钟子期死，伯牙破琴绝弦，终身不复鼓琴，以为世无足复为鼓琴者。”

3. 青眼聊因美酒横：化用阮籍青眼待雅士事，表达自己对美酒的喜爱。阮籍事见《晋书 · 阮籍传》：“籍又能为青白眼，见礼俗之士，以白眼对之。及嵇喜来吊，籍作白眼，喜不怿而退。喜弟康闻之，乃赍酒挟琴造焉，籍大悦，乃见青眼。”青眼，黑色的眼珠在眼眶中间，指正眼看人。白眼指露出眼白，表示轻蔑。聊，姑且。

4. 此心吾与白鸥盟：用鸥感机心典故表达自己的直而忘机。鸥感机心事见《列子 · 黄帝》：“海上之人有好鸥鸟者，每旦之海上从鸥鸟游，鸥鸟之至者，百住而不止。其父曰：‘吾闻鸥鸟皆从汝游，汝取来吾玩之。’明日之海上，鸥鸟舞而不下也。”后人以与鸥鸟盟誓表示毫无名利之机心。

四、译文

像痴儿傅咸一样把一天的公务处理清楚，
靠在快阁的栏柱上欣赏傍晚清朗的美景。
群山万木在高高的天空下更显萧疏空阔，
朗月高照苍茫大地上如练澄江更加分明。
朋友都被迫远离我也早没了弹琴的兴致，
忘忧消愁的美酒才让我的目光暂且停留。
船上悠扬的笛声是要返乡还是回汴京城？
我只想与白鸥结盟不让机心败坏了心情。

五、导读

在北宋诗坛上，黄庭坚与苏轼并称“苏黄”；从对宋诗的影响上讲，黄庭坚还远超苏轼。因为苏轼作诗以气运笔、放笔纵意、纵横驰骋、变化莫测、无迹可求，所以苏诗成就虽高，师之者极少。而黄庭坚以杜甫为学习对象，提出了“点铁成金”和“夺胎换骨”等诗学理论，创作思路有迹可循，甚讲法度，所以追随者很多，开创了著名的“江西诗派”。黄庭坚的诗法度严谨、说理细密，代表了宋诗的特点。《登快阁》是黄庭坚早期的代表作品，在宋代已是名作，化用文典事典而创新语是本诗的一大特色，颔联更是经常被提到的名句。赏读本诗，需要关注其结构法度、化用事典文典而创新语的效果，进而理解黄庭坚蕴含在诗中的超卓人品和艺术追求。

诗圣杜甫“尽得古今之体势，而兼人人之所独专”，对后世影响最大者，首推律诗。黄庭坚深得杜诗之妙，用起杜甫律诗典型的“起承转合”架构，更是令人叫绝。诗歌首联“痴儿了却公家事，快阁东西倚晚晴”是起，以叙事开头，“了却公家事”点破题目之“快”，“倚晚晴”三字引出见闻感受，有向颔联招手之态。颔联“落木千山天远大，澄江一道月分明”是承，紧承首联“倚晚晴”，由近及远描绘了登阁所见的“晚晴”辽远阔大、空明澄澈之景，对自然的喜爱之情溢于言表。颈联“朱弦已为佳人绝，青眼聊因美酒横”是转，既没有继续写景，也未针对景色发表议论，而是笔锋陡转，借用伯牙破琴绝弦以及阮籍善为青眼待友的典故写了自己知音远离、借酒消愁的困境与坚守。尾联“万里归船弄长笛，此心吾与白鸥盟”是合，直抒胸臆，表达归欤之思，虽然在归隐还是归朝之间有不同见解，但都是回护首联“了却公家事”的“痴儿”，也是挽合颔联歆羡自然的情愫，更是给颈联的愁绪找到了化解的良方，卒章显志，收束全诗，圆融而自然。

在赏析化用事典文典而创新语的过程中，我们首先体会到的是黄庭坚的艺术追求和艺术学养之丰厚，知人论世地体会黄庭坚在运用事典文典的过程中的创新处，更能体会黄庭坚超卓的人格。比如首句用西晋傅咸事中的“痴儿”自居自嘲。杨济本来是要劝傅咸糊涂一点，畅快做官，黄庭坚却用傅咸“空空为忠益”的“直正”“忠允”，勤政只为爱民，不求上级奖赏，不关下吏好恶，于是，以“痴儿”自命就表现出了一种自快、自放、自许的兀傲神情。第二句“倚晚晴”从杜甫“注目寒江倚山阁”及李商隐“万古贞魂倚暮霞”两句中来，又超越了杜诗倚于山阁之实境平叙和李诗“万古贞魂”之梦幻。黄庭坚的“倚”虚实相兼，是实景，但却倚在无际无垠的暮色晴空。想象一下，宛如一幅艺术摄影，在晚霞的逆光里，有诗人与亭阁的背影。颔联“落木千山天远大，澄江一道月分明”的千古绝唱中有杜甫“无边落木萧萧下，不尽长江滚滚来”和谢朓“余霞散成绮，澄江净如练”的智慧滋养，更有黄庭坚的胸襟境界呈现：远望无数秋山，万木枝叶飘零，不仅没有杜甫的悲慨，相反，在更显辽远阔大的天空下洋溢着一种生命的活力。澄净的江水映着明月，显得更加澄澈，苍茫的大地与秋月朗照的夜空相映，江流如练也显得更加空明。这种宏阔的生命活力与澄澈空明的境界正是黄庭坚勤政爱民、忠允处事的浩然之气、快哉之风的完美呈现。张宗泰《鲁斋所学集》评此二句时说“其意境天开，则实能劈古今未泄之奥妙”，真确。颈联二句直用伯牙破琴谢知音，化用阮籍青眼待雅士，“绝”“横”二字将黄庭坚无可奈何的孤寂无聊以及托情于酒的自在洒脱写得惟妙惟肖。尾联两句“万里归船弄长笛，此心吾与白鸥盟”历来被解释为归隐之誓，但考之黄庭坚太和县令任前“外和内坚”的道德修养、仁政官员的政治理想以及他在太和县令任上的所作所为，这种归隐之誓的说法并不成立。黄庭坚的“了却公家事”绝非不打折扣地执行王安石推行的新法，而是兴其利去其弊地选择性执行，这里没有个人名利追求的机心，正与“白鸥盟”典故的原意相吻合。如此，“万里归船”就未必是回故乡了。再说黄庭坚从快阁回家乡，乘船顺赣江二百多公里就到了。结尾两句分开来解，出句解作听闻他人万里归船上弄长笛，结句用“白鸥盟”表明自己坚定去除个人名利机心的决心，不图归朝之腾达，也不奢求归隐家乡田园的闲逸。这样解更觉意味隽永、想象无穷，也才配得上翁方纲“绝高之风骨，绝大之境界，造化元气发泄透矣”这样的评价。

编者：李屾泉

Climbing the Kuaige Pavilion

With affairs of the state done,

I lean on the rail of the pavilion in the late afternoon.

Millions of falling leaves paint the mountains far and wide,

The clear river and the bright moon are distinct in the sky.

The stringed instrument has been silent for my bosom friend's away.

I grow fond only when drinking good wine.

I row my boat back to my hometown thousands of miles away,

Playing the flute, I join my heart with the white gulls for a secluded life.

语言知识

1. 单词

pavilion /pəˈvɪlɪən/*n.* a building that is meant to be more beautiful than useful, built as a shelter in a park or used for concerts and dances 亭，阁

affair /əˈfeə/*n.* affairs [pl.] events that are of public interest or political importance 公共事务；政治事务

lean /liːn /*v.* （*adv.* /*prep.* ）to bend or move from a vertical position 前俯（或后仰）；倾斜

distinct/dɪˈstɪŋkt/*adj.* clearly different or of a different kind 截然不同的；有区别的；不同种类的

fond /fɒnd/*adj.* feeling affection for sb, especially sb you have known for a long time 喜爱（尤指认识已久的人）

2. 词义辨析

✓ matter、event 与 affair

matter 通常指客观存在的或有待处理的问题，常用于 a matter of 结构中。

例：It was a matter of some concern to most of those present.

这是当时在场的多数人关心的问题。

event 通常指大事、重要的事件。

例：The election was the main event of 2008.

那次选举是 2008 年的重大事件。

affair 用于描述严肃而认真的公共或政治事务，也可以描述与个人生活密切相关的小事情。

例：With more details, here is our foreign affairs correspondent.

详细情况，请听我们外交事务记者的报道。

✓ distinct 与 distinctive

distinct “清楚明确”（本身对内），扩大为“与众不同”。

例：There was a distinct smell of gas.

有一股明显的煤气味。

distinctive 单纯是“与众不同”（着重对外区别，不注重对内）。

例：The male bird has distinctive white markings on its head.

雄鸟的头上有明显的白色斑纹。

3. 短语或特殊用法

✓ grow fond of 渐渐喜欢上

As time went on, I grew fond of him.

随着时间的推移，我慢慢地开始喜欢他了。

✓ far and wide 到处；广泛

They searched far and wide for the missing child.

他们四处搜寻失踪的小孩。

编者：任嫚嫚

译者：文　叒

鹊桥仙（纤云弄巧）

〔宋〕秦　观

一、题解

“鹊桥仙”这一词牌由欧阳修所创，原本就是为歌咏牛郎织女的爱情故事所作，而秦词的内容也正是借牛女故事歌咏美好的爱情，所以，“鹊桥仙”既是此词的词牌，也是此词的题目。据扬州大学刘勇刚教授考证，此词是绍圣四年（1097）七夕，秦观为寄情长沙义倡而作。长沙义倡事，详见洪迈《夷坚志补》。大意是长沙有个艺伎特别喜欢秦观词，绍圣三年（1096），秦观被贬湖南郴州，路过长沙，被这位艺伎感动而自明身份，临别之际，艺伎表达了侍奉左右的心愿，秦观答应她北归重逢便是于飞之日。不想秦观竟死于广西藤县，艺伎梦觉秦观死日，行数百里，路遇秦观灵柩，一恸而死。

牛郎织女的故事是汉族古代四大民间爱情故事之一，从牵牛星、织女星的星名衍化而来。东汉应劭《风俗通》文本中已经出现七夕鹊桥会：“织女七夕当渡河，使鹊为桥，相传七日鹊首无故皆髡，因为梁以渡织女也。”后来版本渐多，新中国成立后出现了一个集大成的版本：相传织女是王母的孙女，她心灵手巧，善织，能用一双灵巧的手织出五彩缤纷的云朵。而牛郎是一个孤儿，他勤劳但贫穷，与老牛相依为伴。在老牛的指点下，牛郎与私自下凡的织女结成了夫妻，男耕女织，生下一儿一女。王母知道后大发雷霆，派天兵将织女捉回天宫。牛郎在老牛的帮助下，用箩筐挑着儿女追到天上。王母用头上的金钗在织女和牛郎之间划出一道大河，这就是银河，把牛郎和织女隔在两岸，只允许他们农历七月七日夜晚，在喜鹊搭的桥上相会。这个故事从此成为七夕节意蕴的代表性解析。2006 年 5 月 20 日，七夕节被国务院列入第一批国家非物质文化遗产名录。七夕节又叫“乞巧节”“双七节”“女儿节”等，各地都有不同的民俗，例如穿针乞巧、喜蛛应巧、拜织女、给牛庆生等。

二、原文

纤云弄巧，飞星传恨，银汉迢迢暗度。金风玉露一相逢，便胜却人间无数。

柔情似水，佳期如梦，忍顾鹊桥归路！两情若是久长时，又岂在朝朝暮暮。

三、注释

1. 纤云：微云，轻云。

2. 飞星：飞逝的流星。

3. 银汉：银河的别称。银河的别称还有天河、星河、星汉、云汉等。

4. 金风：秋风的别称。秋风的别称还有霜飔、商信、清商、西风、商风、索风、凄风、高风、激风、悲风等。

四、译文

天边的微云不断变幻，显示着织女的心灵手巧；闪亮的流星倏然飞逝，传递着牛女的相思愁怨；迢迢银河，他们今晚要悄悄地渡过。秋日金风吹动他们飘飞的衣袂，晶莹玉露折射他们凝望的眼睛。这一刻的相逢，胜过了人间无数凡俗所谓的爱情。

脉脉的柔情似流水，相会的佳期恍如梦，鹊桥上谁忍心去看那回头路？两人的感情如果真的长长久久，又怎会在意能否朝朝暮暮地卿卿我我？

五、导读

自欧阳修创制《鹊桥仙》以来，秦观的这首词最为其中之绝唱。赏读这首词，要披文入境，透过牛郎织女七夕鹊桥相会的故事，赏读秦观的爱情理想；更要知人论世，赏读秦观爱情生活中最深挚的感动。

披文入境，从题材上讲，这首词首先是一首七夕词。“纤云弄巧，飞星传恨”，开头八个字就营造了七夕独有的氛围，“巧”与“恨”将人间“乞巧”与天上“牛女”两个主题联系了起来，简练而凄美。人间乞巧，抬头就看见了“弄巧”的“云”、“传恨”的“星”，似乎也就看见了牛女二人衣袂带风、双眸含泪的相会，那种长久渴望期待后的迫切、相拥时的甜蜜美满，触动了作者的心弦。“金风玉露一相逢，便胜却人间无数”，道出了多少久别重逢的夫妇、情侣的欢快心情。下阕“柔情似水，佳期如梦”，照应“银汉迢迢暗度”，即景设喻，爱情温柔缠绵得如幻似梦，而离别却又来得那么猝不及防。“忍顾鹊桥归路”转写分离。刚刚借以相会的鹊桥，转瞬间又成了和爱人分别的归路。回顾佳期幽会，如幻似梦，及至鹊桥言别，又是痛入骨髓。秦观行笔至此忽又一转：“两情若是久长时，又岂在朝朝暮暮。”这两句词揭示了爱情的真谛：只要能彼此真诚相爱，即使终年天各一方，也比朝夕相伴的庸俗情趣可贵得多。秦观这种诗化了的爱情揭示了牛女双星故事所包孕的理想光芒，成了爱情颂歌当中的千古绝唱。

知人论世，我们会发现秦观此词中那一对恋人相见前的迫切激动、相会时的柔情似水、分别时的无尽痛苦，是那样的历历如绘、深情绵绵、韵致动人，满满的都是浓厚的人间情味。秦观一生漂泊不定，偶有所遇也不能不别，因此，他的词中多有这样的句子："奴如飞絮，郎如流水，相沾便肯相随。微月户庭，残灯帘幕，匆匆共惜佳期。"（《望海潮》）"银烛暗，翠帘垂，芳心两自知。楚台魂断晓云飞，幽欢难再期。"（《醉桃源》）……从这一串串幽怨的歌声中可以知道，正是那多次欢乐的聚会、痛苦的离别，才凝结出刻骨的相思，发而为词，才有这脍炙人口的《鹊桥仙》。

如果结合刘勇刚教授的考证，我们就能够在这首词中看到希望与失望相连，欢乐与痛苦交融；痛苦孕育了理想，而理想又与现实矛盾。"金风玉露一相逢"是那样的行色匆匆，"忍顾鹊桥归路"是那样的意难平。如果还有一线希望能够长相厮守，他们也会把这渺茫的希望变成现实。"妾愿身为梁上燕，朝朝暮暮长相见"（秦观《调笑令》）可能就是此时此刻这对痴情恋人的心声吧。可是现实却是：在上天有王母严令，牛郎织女不能不分离；在人间有皇命迁谪令，长沙义倡也只能说："今学士以王命不可久留，妾又不敢从行，恐重以为累。唯誓洁身以报，他日北归，幸一过妾，妾愿毕矣！"（洪迈《夷坚志补》）我们可以想象：一对情侣各自强忍泪水，彼此为对方着想，强作欢颜，道出了"两情若是久长时，又岂在朝朝暮暮"。这句乍读令人欣然的话，至此骤增苦况。洒脱伴随着失望，理想混杂着痛苦，安慰中流露苦涩，笑脸上闪动泪珠。

再看据刘勇刚教授考证，秦观在与长沙义倡初分别时所写的《阮郎归》：“潇湘门外水平铺，月寒征棹孤。红妆饮罢少踟蹰，有人偷向隅。挥玉箸，洒真珠，梨花春雨馀。人人尽道断肠初，那堪肠已无！”在初到郴州时所写的《踏莎行·郴州旅舍》：“雾失楼台，月迷津渡，桃源望断无寻处。可堪孤馆闭春寒，杜鹃声里斜阳暮。驿寄梅花，鱼传尺素，砌成此恨无重数。郴江幸自绕郴山，为谁流下潇湘去！”在难以北归的绝望中，“两情若是久长时，又岂在朝朝暮暮”蕴含着多少刻骨的思念啊。

本词是秦观《淮海长短句》中广为传唱的作品，当代又被谱成多种版本的流行歌曲，古韵新声相得益彰。“两情若是久长时，又岂在朝朝暮暮”最有境界，是高度凝练的名言佳句。这首词因而也就具有了跨时代、跨国度的审美价值和艺术品位。

编者：李岫泉

Tune: Immortals at the Magpie Bridge

Clouds float like works of art,
Stars shoot with grief at heart.
Across the Milky Way the Cowherd meets the Maid.
When Autumn's Golden Wind embraces Dew of Jade,

All the love scenes on earth, however many, fade.

Their tender love flows like a stream;
This happy date seems but a dream.
Can they bear a separate homeward way?
If love between both sides can last for aye,
Why need they stay together night and day?

语言知识

1. 单词

immortal/ɪˈmɔːt(ə)l/*n.* a god or other being who is believed to live for ever 神仙

cowherd/ˈkaʊˌhɜːd/*n.* a person employed to tend cattle 牛郎

maid/meɪd/*n.* (old use) a young woman who is not married 少女；年轻姑娘；未婚年轻女子

embrace/ɪmˈbreɪs/*v.* (formal) to put your arms around sb as a sign of love or friendship 抱；拥抱

dew/djuː/*n.* the very small drops of water that form on the ground, etc. during the night 露；露水

fade/feɪd/*v.* to disappear gradually 逐渐消逝；逐渐消失

tender/ˈtendə(r)/*adj.* gentle 温柔的

aye/aɪ/*adv.* always; still 总是；仍然

2. 词义辨析

✓ fade 和 disappear

fade 逐渐消失，逐渐消逝，更强调消失过程的逐渐性。

例：The sun has faded the curtains.

太阳把窗帘晒褪色了。

disappear 消失了，看不见了，更强调结果。

例：The plane disappeared behind the clouds.

飞机消失在云层里。

✓ tender 与 mild

tender 意思为“亲切的，温柔的”。

例：What you need is some tender loving care.

你需要的是体贴入微的关怀。

mild 指情感时，表示不强烈的，轻微的。

例：She received a mild reproof from the teacher.

她受到了老师温和的责备。

3. 短语或特殊用法

✓ with grief 由于悲伤

The mother, numb with grief, has trouble speaking.

那位母亲，由于悲伤而木然，说不出话来。

✓ at heart 内心里

He always has the well-being of the masses at heart.

他总是把群众的疾苦挂在心上。

编者：李春景

苏幕遮（燎沉香）

〔宋〕周邦彦

一、题解

“苏幕遮”来源于西龟兹国的浑脱舞曲，是波斯语“披肩”的音译，唐时又称“飒磨遮”“苏摩遮”。盛唐时演化为绝句，中唐时演化为长短句，宋人依旧曲而制新声，以范仲淹的“碧云天”为定格。有“词中老杜”之称的周邦彦所作这首词清新淳雅，别具一格。

此词写作于宋神宗元丰六年（1083）至宋哲宗元祐元年（1086）之间。周邦彦在元丰初年以太学生的身份入京都，因为献《汴都赋》受到宋神宗赏识，进为太学正。久仕京都，偶生思乡之情，写下此词。

二、原文

燎沉香，消溽暑。鸟雀呼晴，侵晓窥檐语。叶上初阳干宿雨，水面清圆，一一风荷举。

故乡遥，何日去？家住吴门，久作长安旅。五月渔郎相忆否？小楫轻舟，梦入芙蓉浦。

三、注释

1. 燎：延烧。沉香：一种名贵香料，置水中则下沉，故又名沉水香。宋代文人燎沉香的过程如下：平整香炉中的香灰后放置一个有曲线镂空的模具，把沉香粉末倒入模具镂空处铺平压实，然后取出模具，沉香粉末成为一个回旋屈曲的线香，点燃沉香粉末，再盖上镂空的香炉盖子，就可以品香了。

2. 溽暑：夏天闷热潮湿的暑气。

3. 呼晴：唤晴。旧有鸟鸣可占晴雨之说。

4. 侵晓：拂晓。侵，渐近。

5. 宿雨：隔夜的雨。

6. 一一风荷举：荷叶迎着晨风，一片片依次向上翻起，挺出水面。

7. 吴门：古吴县城，即今之江苏苏州。此处泛指吴越一带。作者是钱塘人，钱塘古属吴郡，故称之。

8. 长安：借指北宋的都城汴京（今河南开封）。旅：客居。

9. 楫：划船用具，短桨。

10. 芙蓉浦：有荷花的水边，有溪涧可通的荷花塘。词中指杭州西湖。浦，水湾、河流。

四、译文

细细地焚上一线沉香，缕缕香气消除暑气的湿热。拂晓时分，屋檐下的鸟雀呼朋唤友，告诉我天要晴了。看着初升的太阳，一点点晒干了荷叶上的夜雨；水面上清新圆润的荷叶，在晨风中一个个抬脸看向了我。

故乡遥遥，我是何时离开的？心里一阵恍惚。我家本在吴门，可是已经客居京都很久了。那年五月和我一起捉鱼的小伙伴是否也想起了我？那小小的船儿、小小的桨，昨夜又在梦中划进了那片荷花塘。

五、导读

周邦彦（1056—1121，一说1058—1123），字美成，号清真居士，钱塘（今浙江杭州）人。中国北宋末期著名的词人，历官太学正、庐州教授、知溧水县等。徽宗时为徽猷阁待制，提举大晟府。精通音律，曾创作不少新词调，格律谨严，语言典丽精雅，追求“词韵清蔚”，旧时词论称他为“词中老杜”“词家之冠”。有《清真集》传世。《苏幕遮（燎沉香）》是其代表作之一。赏读本词，首重形象境界之美，把握词中景物的灵魂；其次才是感受含蕴在形象背后的婉转情调、造语技艺，品味其清朗的意境和隽永的意味。

上阕写夏日清晨景象，由内而外，层层铺垫陪衬。“燎沉香”三字，可见诗人之静雅；“消溽暑”三字，则透出其静雅焚香背后的湿热空气和烦乱心绪。在这样的背景里，听到了鸟雀“呼晴”的声音。“呼晴”二字，既解释了湿热源自初夏的阴雨，也报告了天晴的消息。再抬眼望去，就看到了“窥檐语”的鸟雀和“侵晓”的晴天。“窥檐语”往往被人解作偷偷地往屋里看，告诉诗人天晴的消息，实在是大谬其趣。“呼”字让诗人听到了鸟雀的喜悦兴奋，“窥檐语”正是写这种喜悦兴奋的场景：每一只小鸟从窝里出来，看到清晨雨后初晴的天空，都不能满足于只有自己喜悦兴奋，而是要呼告、宣告，一呼告二，二呼告三，那种上下翻飞、叽叽喳喳、呼朋唤友的快乐，都被室内刚刚忘记烦闷的诗人“窥”到了眼里、爱到了心里，也把诗人从湿热的室内召唤到了室外。于是，他看到了最美的景致："叶上初阳干宿雨，水面清圆，一一风荷举。"水面上的荷叶是清新的、圆润的，叶面上蓄积的昨夜雨更是如玉露般晶莹，水面、荷叶、宿雨都折射着"初阳"不同的光芒，让作者感到那阳光是那么柔和亲善，甚至还有些调皮。就这样看着阳光晒干了叶面上的宿雨，就这样享受着初夏清晨的清新朗润。宿雨渐干，荷叶才一片片被晨风吹得立起，好像是一张张清秀的脸，在风中摇曳四顾、顾盼生辉。这里要郑重提醒："水面清圆"写的是初生的荷叶，叶茎还短，没有挺出水面，千万不要想成朱自清笔下的荷塘里"荷叶出水很高"的样子。

下阕抒情，虚实掩映之间，时空错乱，写尽了久客他乡之人的两难内心。"故乡遥"三字直击内心的乡愁。为什么这个情感的按钮按下得这么急切？抽丝剥茧，做一个分析。上下阕连起来看，那片荷塘最多算是直接原因，而根本原因则在于结尾"梦入芙蓉浦"透露出来的"昨夜的梦"。在梦中，诗人似乎是乘着当年的小舟和当年的小伙伴一起到家乡的荷塘里捉鱼了。这样再来看上阕，我们就会发现诗人的梦似乎是被那一夜的雨打断的，所以初夏才显得那么湿热。我们才会发现诗人盯着趴在水面上的荷叶看着宿雨一点点被晒干的过程中，是多么地希望这些荷叶快快长大，长得像梦中吴门的荷叶那么大。我们才会发现"一一风荷举"时，诗人该有怎样的欣喜。"故乡遥"啊，那遥远的绝不仅仅是吴门到长安的空间距离，更是一个想也想不起是什么时候离开的时间的距离。所以，"何日去"一句，一定要解作不知是何时离开家乡的迷惘，千万不能解为什么时候回家乡的急切。至于"五月渔郎相忆否"这个清浅的问句，最多不过是有一个“入梦”的玄学，诗人想象着少年时的小伙伴和自己在同一个夜里，一个在京城，一个在家乡，做了同一个梦。“小楫轻舟”，真有那么一条小船可以随时入梦吗？全词以“梦入芙蓉浦”收束，为江南荷塘的清幽之境蒙上一层朦胧，这里有“即使是在梦中也要回家”的执念，也有“只能在幻梦中回乡”的忧伤。

读通了这首《苏幕遮》，慢慢就明白了世间万物彼此的美好与羁绊：无论是在时间中还是在空间里，无论是眼前还是过去，丝丝缕缕，点点滴滴，万物都在相互凝望中建立情感联系。这也许就是周济《宋四家词选》中所说的“若有意，若无意，使人神眩”吧。

编者：李岫泉

Tune: Shawl Dancer

I burn an incense sweet
To temper steamy heat.
Birds chirp at dawn beneath the eaves,
Announcing a fine day. The rising sun
Has dried last night's raindrops on lotus leaves
Which, clear and round, dot water surface. One by one
The lotus blooms stand up with ease

And swing in morning breeze.

My homeland is far away;
When may I return to stay?
My kinsfolk live in South by city wall.
Why should I stay long in the capital?
Will not my fishing friends remember me in May?
In a short-oared light boat, it seems,
I'm back 'mid lotus blooms in dreams.

语言知识

1. 单词

incense/ˈɪnsens/*n.* a substance that produces a pleasant smell when you burn it 香

temper/ˈtempə(r)/*v.* to make sth less severe by adding sth that has the opposite effect 使缓和

chirp/tʃɜːp/*v.* (of small birds and some insects) to make short high sounds 吱喳叫；唧唧叫；发啁啾声

eave/iːv/*n.* the lower border of a roof that overhangs a wall, usually used in plural 屋檐

announce/əˈnaʊns/*v.* to tell people sth officially, especially about a decision, plans, etc. 宣布，宣告（决定、计划等）

dot/dɒt/*v.* (of a number of items) be scattered over (an area) 布满；点缀

breeze/briːz/*n.* a light wind 微风；和风

oared/ɔːd/*adj.* （船）有桨的，备桨的

mid/mɪd/*prep.*（literary）amid; surrounded by sth 在……中；四周是

2. 词义辨析

✓ clear 与 clean

clear 是"晴朗的，透明的，清澈的"意思，用于天气、水、眼睛、声音、天空等等。

例：The clear blue sea beckoned.

清澈蔚蓝的大海令人向往。

clean 是"干净的，洁净的"意思。

例：He wiped his hands on a clean towel.

他用一块干净的手巾擦了擦双手。

✓ bloom 与 flower

bloom 主要指诸如牡丹、玫瑰、梅花、菊花等供观赏的花以及花的状态。bloom 作动词时，主要是指观赏植物开花。

flower 指开放的花朵或泛指花卉。flower 作动词时，泛指开花，包括灌木和草本植物的花。

✓ wind 与 breeze

wind 普通用词，风，指空气的流动现象。

例：The forecast warned of winds of up to 60 miles an hour today.

天气预报警告说，今天有时速高达六十英里的强风。

breeze 指柔和、相对缓慢的风。

例：She let the gentle breeze cool her face.

她任由清凉的微风吹拂着自己的脸颊。

wind 的范围通常比 breeze 更广泛，持续的时间也更长，常常作为常态存在；而 breeze 相对较小，时间短暂，并且通常是一个短暂的事件。另外，wind 通常与寒冷的气候和没有大树的开阔地区联系起来，比如荒野、沙漠和海洋；breeze 则常常与温和的气候和植被茂密、有树木和草地的地区相关。

3. 短语或特殊用法

✓ at dawn 拂晓；天一亮

They start work at dawn.

天一亮他们就开始干活了。

✓ with ease 不费力地

Anne was intelligent and capable of passing her exams with ease.

安妮很聪明，能够轻易地通过考试。

✓ one by one 一个接一个

Now we can read it one by one.

现在我们可以一个接一个朗读。

编者：李春景

声声慢（寻寻觅觅）

〔宋〕李清照

一、题解

“声声慢”，最早见于北宋晁补之笔下，词名《胜胜慢》，是他为家伎荣奴离去所作的慢词。后来，贺铸词有“殷勤彩凤求凰”“寒松半欹涧底”句，故又名“凤求凰”“寒松叹”。

本词是李清照后期的作品。其时金兵入侵，北宋灭亡，丈夫去世，一连串的打击使她尝尽了国破家亡、颠沛流离的苦痛。亡国之恨、丧夫之哀、孀居之苦凝集心头，这才在某一个秋天的傍晚写下了这首《声声慢》。

二、原文

寻寻觅觅，冷冷清清，凄凄惨惨戚戚。乍暖还寒时候，最难将息。三杯两盏淡酒，怎敌他晚来风急！雁过也，正伤心，却是旧时相识。

满地黄花堆积，憔悴损，如今有谁堪摘？守着窗儿，独自怎生得黑！梧桐更兼细雨，到黄昏、点点滴滴。这次第，怎一个愁字了得！

三、注释

1. 乍暖还寒：在一天天变冷的秋天里，突然变暖，最终归于寒冷。也有人解作在依然寒冷的春天，忽然变暖，又变得寒冷。

2. 将息：调养休息，保养安宁。

3. 晚来：傍晚时刮起来的。有版本作“晓来”。

4. 黄花堆积：菊花在枝头堆叠。一说凋残的菊花在院中堆积。

5. 堪：可以，能够。

6. 怎生：怎样，如何。得黑：挨到天黑。

7. 梧桐：又叫碧梧、青桐、青玉等，是我国文化史上的重要物种，要注意与泡桐、法国梧桐（悬铃木）等区分。《诗经》有“凤凰鸣矣，于彼高冈。梧桐生矣，于彼朝阳”的诗句歌颂周王礼贤求士；民间也有“种得梧桐树，引得凤凰来”的俗语。战国时起，就有“梧桐一叶而天下知秋”，白居易《长恨歌》有“秋雨梧桐叶落时”，李煜《相见欢》中有“寂寞梧桐深院锁清秋”。

8. 这次第：这情形，这景色。

四、译文

寻寻觅觅，寻寻觅觅，屋里冷冷清清，院里冷冷清清，凄凉、悲惨、哀戚的情绪层层郁积。在一天冷似一天的秋季，忽然一个暖阳天，午后又刮起寒风的时候，最难将养身体调整心情。那三杯两盏越喝越寡淡的酒，怎么能抵得住这傍晚越刮越冷的寒风？正在我伤心的时候，一行大雁从头顶上飞过，仔细看一看，却还是当年给我送来书信的旧日相识。

书信是没我的了，园中的菊花这儿一堆那儿一堆的，可是在这家已破国已亡，我的青春早已憔悴衰损的时候，还有谁来摘这菊花，比一比谁肥谁瘦？守在窗前，看着“帘卷西风”，再没有人进来了，我独自一个人怎么熬过这样的时光？等天黑，怎么等？秋雨不知何时已经淋漓，雨丝已经融入了黄昏，只有那梧桐叶上的雨声还在滴滴答答。这种况味，怎么是一个“愁”字能够说得完的？

五、导读

李清照是中国最伟大的女词人，《声声慢（寻寻觅觅）》是她最有名的代表作品，一经问世便被时人争相传抄仿作，清代陆以湉称赞这首词是“千古创格，亦绝世奇文”。这首词艺术表现技巧高妙，音韵之美、形象之美、意蕴之美，无不引人入胜。赏读本词，需要在知人论世的基础上披文入境，细细品味文字的音韵、形象及其背后的意蕴，既赏其形之阅目，又赏其神之炼心。

在赏读本词之前，必须先知道李清照的基本人生：前半生是北宋人，十八岁与赵明诚结婚，有自由恋爱的“倚门回首”，有聚少离多的“人比黄花瘦”。四十四岁，在金兵南下时，被迫从山东青州“南渡”。四十五岁到南宋江宁府。四十六岁赵明诚去世，李清照按赵明诚的嘱托，带着已经多有散失的金石文物追着宋高宗赵构逃亡的路线一路颠沛。四十九岁到杭州，遇张汝舟，被骗婚。张汝舟为的是侵吞赵明诚、李清照夫妇的藏品，发现已经大量散失后，凶相毕露。李清照揭发张汝舟科考作弊，要求和离，依宋律入狱，得亲友救助，九天后出狱。

本词写作的时间只能大致推定是在经历了上述重大变故之后，在战乱流亡中某一段相对稳定的时间，某一个上午突然变暖，傍晚又刮起寒风、下起冷雨的秋天。写作的地点是金华还是临安已经不可考证，只是有一点可以确认：是在她独居的院子里，是在那一扇风雨夕的秋窗下。

“寻寻觅觅，冷冷清清，凄凄惨惨戚戚。”这落笔见奇的十四个字两两叠音，音调上的单调、低沉、疲弱、迟缓与心灵上的消沉、无力、郁闷相应和，让人产生郁郁的、闷闷的感觉。至于李清照“寻寻觅觅”的缘由，我们只能猜测了：可能是昨夜梦中出现了什么人、什么物；也可能是没有什么目的，只想为自己的生活找一点意义。到底是什么，我们怎么说得清呢？李清照什么都没有说，又好像什么都说了。国没有了，家没有了，丈夫没有了，金石文物没有了，幸福快乐没有了……剩下的只有“冷冷清清，凄凄惨惨戚戚”的层层郁积。“冷冷清清”中有深秋气象、暮年心境，饱含着只身飘零、孑然独处的寂寞之感。而“凄凄”言其悲凉、“惨惨”写其抑郁、“戚戚”绘其忧惧，由浅入深，淋漓尽致地表达着国破家亡造成的精神创伤。

再往下读：“乍暖还寒时候，最难将息。三杯两盏淡酒，怎敌他晚来风急。”这四句开始写具体的生活。“最难将息”表面上是就天气变化而言，实际又与上文“寻寻觅觅”相呼应，表明自己无处遣愁，即便是借酒消愁，也总会想起当年“赌书泼茶”的温暖，越发觉得这酒是越喝越淡。“赌书泼茶”之事，李清照在《〈金石录〉后序》中有这样的记载：“余性偶强记，每饭罢，坐归来堂烹茶，指堆积书史，言某事在某书某卷第几页第几行，以中否，角胜负，为饮茶先后。中，既举杯大笑，至茶倾覆怀中，反不得饮而起，甘心老是乡矣！”酒越喝越淡，心越想越凉，那天气的变化还怎么“将息”？也就是在这“正伤心”的时候，抬头看天，却看见了那曾经在“云中”给自己送来“锦书”的“旧时相识”大雁已然飞过去了。这就是“雁过也”三句叠加上来的一层悲愁。

再读下阕：“满地黄花堆积，憔悴损，如今有谁堪摘。”这一句本是和上阕“雁过也”背后的过往生活相对应的。在新婚不久的离别中，李清照是收得到赵明诚的来信的，所以《一剪梅》中写“云中谁寄锦书来，雁字回时，月满西楼”；小别后也还是有相见的，所以《醉花阴》中写“帘卷西风，人比黄花瘦”。只是“如今”国已破，家已亡，即便是看着满院繁盛堆叠着的菊花，却只是感觉到自己已然青春消殒，憔悴已极。赵明诚不会再来，她也无法承受摘下菊花比一比，人比黄花又瘦了多少。这一句，有学者解为菊花凋零花瓣堆满庭院，这种说法与菊花即便枯萎了也很少花瓣飘零的特性不符。郑思肖《寒菊》诗中有名句：“宁可枝头抱香死，何曾吹落北风中。”也有学者解说这“黄花”未必是菊花，甚至将这首诗的写作时间定为春天，更是无理。春天里的黄花飘零总是在暮春时节了，哪里还有什么“乍暖还寒”？另外，春天里哪有什么“梧桐更兼细雨”？从南向北飞的大雁又怎会是“旧时相识”？还有，“有谁堪摘”背后的往事与下句“守着窗儿，独自怎生得黑”中的“独自”也是相对应的。只不过当年的等待有盼头，一次次的“帘卷西风”之后，总有赵明诚掀帘回家的时候；“如今”的“独自”是绝对无望的孤独，再没有什么人会走进她的小院儿，走进她的心灵了。这种绝对的孤独中，生活的幸福快乐、生命存在的意义全部被消解。所以，“黑”，是这一天的天黑，也是生命意义上的天黑。从这一天的天黑上讲，挨到天黑已是不易，然后还有漫漫长夜。从生命意义上的天黑上讲，生存意义的虚无总是人难以承受的。就在这难以承受的生命意义都被消解的痛苦中，秋雨不知何时已经淋漓，天光一点点昏黄，秦观说“无边丝雨细如愁”，今天的雨丝已经融入了黄昏，只有那梧桐叶上的雨声还在滴滴答答，一点点，一滴滴，落在秋天的苍茫里，落在词人空空荡荡又密密匝匝的愁绪里。这种况味，一个“愁”字怎么能够说得完？这样的况味怎么才能有一个了结的时候？

淡酒、急风、雁过、花积、梧桐、细雨等一系列镜头组成的悲凄画面让我们记住了李清照难以名状、无法解脱的苦闷、沉痛。结句“这次第，怎一个愁字了得”中的“愁”字点破全词总旨，写出了李清照悲愁的极致，而反诘的语式，既收束全词，又辟出新境，给读者打开了一个苍茫的空间，让李清照国破家亡生存无着的痛苦在其中回旋激荡。之所以如此，是因为这首词中，那个心高气傲、富有才情、抱有理想的李清照找不到自己生命的价值了。寂寞、冷落、孤独、悲哀、疲惫、失望、凄凉、伤感、烦闷、无绪、无奈等等这些负面情绪都是在她不屈、不甘地自救而不可得的生活境况中找到的，也许只有这些才能证明她此时此地生命的价值和意义吧。

编者：李岫泉

Tune: Slow, Slow Tune

I look for what I miss;
I know not what it is.
I feel so sad, so drear,
So lonely, without cheer.
How hard is it
To keep me fit
In this lingering cold!
Hardly warmed up
By cup on cup
Of wine so dry,
Oh! How could I
Endure at dusk the drift
Of wind so swift?
It breaks my heart, alas!
To see the wild geese pass,
For they are my acquaintances of old.

The ground is covered with yellow flowers,
Faded and fallen in showers.
Who will pick them up now?

Sitting alone at the window, how
Could I but quicken
The pace of darkness which won't thicken?
On parasol trees a fine rain drizzles
As twilight grizzles.
O what can I do with a grief
Beyond belief?

语言知识

1. 单词

lingering/ˈlɪŋɡərɪŋ/*adj.* slow to end or disappear 缓慢消失的；迟迟不去的

endure/ɪnˈdjʊə(r)/*v.* to experience and deal with sth that is painful or unpleasant, especially without complaining 忍耐；忍受

dusk/dʌsk/*n.* the time of day when the light has almost gone, but it is not yet dark 黄昏；傍晚

swift/swɪft/*adj.* moving very quickly; able to move very quickly 速度快的

drift/drɪft/*v.* a slow steady movement from one place to another 流动

alas/əˈlæs/*exclamation.* (old use, literary) used to show you are sad or sorry（表示悲伤或遗憾）哎呀，唉

acquaintance/əˈkweɪntəns/*n.* a person that you know but who is not a close friend 认识的人；熟人

drizzle/ˈdrɪzl/*v.* when it is drizzling, it is raining lightly 下毛毛

雨；下蒙蒙细雨

twilight/ˈtwaɪlaɪt/*n.* the faint light or the period of time at the end of the day after the sun has gone down 暮色；薄暮；黄昏

grizzle/ˈɡrɪzl/*v.* to make or become grey 使成灰色

2. 词义辨析

✓ lonely 与 alone

alone 和 lonely 两者词义不同：alone 的意思是独自的、独立的、单独的；lonely 的意思是寂寞的、孤寂的。

例：I don't like going out alone at night.

我不喜欢夜晚单独外出。

She felt lonely and hopeless.

她感到孤独绝望。

alone 和 lonely 两者用法不同：alone 作形容词时只可以用作表语，不可以作定语；而 lonely 可以用作表语，也可以作定语。

例：He has been very lonely since his wife left him.

自他妻子离开他后，他一直感到很寂寞。

The story is about a lonely old man and his dog.

这个故事讲的是一个寂寞的老人和他的狗。

Hers is a lonely life.

她的生活很寂寞。

✓ swift 与 fast

swift 迅速的，指动得非常迅速的东西，如风、水、车等。

例：A swift current took him to the depth of water.

一股急流把他带到深水处。

fast 迅速的，通常指动作等的迅速。

例：He is the world's fastest runner.

他是世界上跑得最快的人。

3. 短语或特殊用法

✓ be covered with 被……覆盖

The island is covered with seabirds.

这岛上到处都是海鸟。

编者：李春景

书　愤

〔宋〕陆　游

一、题解

“书愤”，书写自己的愤恨之情。1127 年“靖康之变”后，金国迅速强大起来，南侵不断加剧，迅速占领了秦岭淮河以北大部分地区。绍兴三十一年（1161），金主完颜亮率军大举南下，后方的完颜雍夺权继位，反对对宋用兵。完颜亮在采石矶失败后，南宋也展开了多次北伐，但是由于主和派的掣肘，北伐也功亏一篑。隆兴二年（1164）十二月，宋金达成和议。此后，宋金之间维持了四十年的和平。淳熙十三年（1186），陆游被罢职居家已经六年，面对宋金稳定的格局，陆游深感世事多艰、小人误国，写下了这首七言律诗。当时陆游已经六十二岁，年华已逝，报国无门，郁愤之情溢于言表。

二、原文

早岁那知世事艰，中原北望气如山。
楼船夜雪瓜洲渡，铁马秋风大散关。
塞上长城空自许，镜中衰鬓已先斑。

出师一表真名世，千载谁堪伯仲间！

三、注释

1. 那：通“哪”。中原北望：绍兴十一年（1141）宋金“绍兴和议”，将淮河至大散关以北地区划给了金，故而有陆游的“中原北望”。

2. 楼船夜雪瓜洲渡：隆兴二年，陆游四十岁，任镇江通判，力劝张浚北伐，曾陪张浚乘楼船在瓜洲渡雪夜巡查防务。可惜，张浚收复宿州不久兵败符离，陆游也因此被罢官。楼船，高大的多层战船。瓜洲渡，长江渡口，在今江苏扬州。

3. 铁马秋风大散关：乾道八年（1172），陆游四十八岁，被王炎召为干办公事，在南郑草拟过驱逐金人、收复中原的战略计划《平戎策》。可惜很快被朝廷否决，王炎调任回京，幕府解散，陆游被任命为成都府路安抚司参议官，骑驴入川。铁马，配有铁甲的战马。大散关，即散关，在今陕西宝鸡，陆游拟《平戎策》时在此地有过八个月的军事活动。

4. 塞上长城：南朝宋文帝要杀名将檀道济，檀道济刑前怒斥说：“乃坏汝万里长城。”檀道济早年随刘裕起兵伐桓玄，刘裕北伐时檀道济做前锋克洛阳、入潼关、灭前秦，是刘宋王朝的开国功臣。宋文帝元嘉八年（431）北伐遇挫时，又是檀道济连克北魏军，直攻到济水一带，遇到北魏强力反击，才被迫撤军，撤军时还保全了全部主力。

5. 出师一表：即诸葛亮的《前出师表》，表达了诸葛亮以身许国、北伐复汉的思想。

四、译文

年轻时哪知道世事如此艰难，

北望中原胸中愤懑郁积如山。

我也曾雪夜乘船巡查瓜洲岸，

我也曾铁马秋风驰骋大散关。

自比檀道济塞上长城成空言，

揽镜自照又看见双鬓已斑斑。

一篇《出师表》北伐复汉千古传，

千年历史又有谁能与他比肩！

五、导读

《书愤》是陆游的代表作，全诗紧扣“愤”字，通过用典和对比的手法，表达出陆游对国运的担忧，对年华已逝、壮志未酬、报国无门的悲愤之情。赏读本诗，需要结合南宋的政治形势及陆游的人生经历，知人论世，把握诗中的“愤”之所指，学习诗人的爱国精神和伟大的人格魅力。

本诗是一首典型的七言律诗，从章法上讲，首联起、颔联承、颈联转、尾联合是标准结构。所以要把握诗中的“愤”之所指，第一个要关注的问题就是首联起句“早岁那知世事艰”中的“艰”之所在。可以明确地说，六十二岁的陆游回首自己的人生，反思早年的人生缺憾，得到的人生教训“那知世事艰”是值得我们关注的，因为这“艰”之所在，必为其“愤”之所指。首联的对句“中原北望气如山”中的

“气”字在阐释史上有不同的说法。从诗歌章法上讲，应该是陆游少年北望中原时的悲慨之气和收复志气。六十二岁的陆游对当年有这种悲慨和收复志气是愤恨的。所愤恨的大概是年轻时候的不懂事吧，如果早岁能够知道世事多艰，大概就能够“临事而惧，好谋而成”了吧。

颔联两句“楼船夜雪瓜洲渡，铁马秋风大散关”是承，写的是自己“早岁那知世事艰”的具体事例。许多读者都会被这两个句子豪放的字面意思给蒙蔽，这就需要用知人论世的态度，深入了解一下陆游的这两段经历了，尤其是这两件事情的结局。陆游曾经“楼船夜雪”的“瓜洲渡”和“铁马秋风”的“大散关”都是兵家重地，分别是南宋北伐东、西两线的战略要地。陆游有限的军事实践系于两地说明了他战略眼光的超卓。“楼船夜雪”的结局是张浚先胜后败而被罢相，陆游被罢官；左相汤思退与太上皇赵构合作，迫孝宗议和。“铁马秋风”的结局是陆游草拟的《平戎策》被朝廷否决，王炎调任回京，幕府解散，陆游被任命为成都府路安抚司参议官，骑驴入川。对于这样的艰难，六十二岁的陆游说起来时一定是满腔的愤懑。虽然他有志向、有眼光、有勇气，看到了重要的战略机遇，参与了重大的战略行动，但是即便是张浚、王炎这样更高职位的人物，对于朝廷旨意也只有执行权，没有改易权。在上疑惧多端、下无所适从的环境里，陆游又能如何？这样的世事艰难，不仅不能改变，甚至不能明言，所以陆游只能说事件的开端，隐去事件的结局。

也同样是这个原因，陆游转笔写起了历史。颔联写檀道济，隐隐地好像也在写自己。出句是“塞上长城空自许”，对句是“镜中衰鬓已先斑”。檀道济的功绩是配得起“塞上长城”这个比喻的，可是宋文帝不那样看；陆游也认为自己是可以做“塞上长城”的，可是孝宗皇帝不那样看。所以“自许”只能是“空”的，就这样空空地老去，头发都白了。明明是想说君无明君，却要包装成臣非贤臣。尾联写诸葛亮也是如此。千年以来都没有像诸葛亮一样的贤臣啊！透过这样的感慨、这样的结句，我们必须“瞪大了眼睛看”，去看到字的背面去。当朝真的就没有诸葛亮一样写《出师表》的贤臣吗？上一句“塞上长城”言犹在耳，墨迹未干啊！显然，像诸葛亮一样的贤臣是有的。且不说陆游自己的《平戎策》等，就是辛弃疾的《美芹十论》不也是连个水花都没有吗？再想想诸葛亮自比管仲、乐毅时，是“时人未之许也”，可是“先帝”却是“许”了的，于“败军之际”能够委命于诸葛亮，“临崩”时也要“寄”诸葛亮以“大事”。即便以“乐不思蜀”贻笑千年的刘禅，在读了《出师表》之后，也同意让诸葛亮数出祁山。辛弃疾在小词《鹧鸪天》中感叹：“却将万字平戎策，换得东家种树书。”陆游在《金错刀行》中说：“楚虽三户能亡秦，岂有堂堂中国空无人？”陆游的愤恨最深处埋藏的大概是高宗、孝宗这样的君王连刘禅都不如的悲慨吧！

书写了这样的愤恨与悲慨又将如何？陆游为什么要写《书愤》这首诗？这样的时局要不要改变？怎么才能改变？像诸葛亮一样的忠直陆游也还是有的，诸葛亮《后出师表》中所说的“鞠躬尽瘁，死而后已”这样的精神他也还是有的，

“铁马冰河入梦来”是经常性的，甚至他临死绝笔，也要对儿孙说：“王师北定中原日，家祭无忘告乃翁。”所以，在陆游的愤恨背后，还藏着一团化不开的希望：希望君王能够给自己一个献身国家社稷的机会。

编者：吴　颖

Indignation

How could I know the hard times in my early days?
Looking north, I heave up and down like mountain ways.
Warships crossed Melon Ferry on a snowy night;
Armored steeds ran in autumn breeze to border height.
In vain I'd be a “Great Wall” to bar the foe's way;
Before its time my hair in the mirror turns grey.
The premier's fame is widespread even on frontiers.
Who can boast to equal him for a thousand years?

语言知识

1. 单词

heave/hiːv/*v.* to make a sound slowly and often with effort（常

指吃力地）缓慢发出（声音）

warship /ˈwɔːʃɪp/ *n.* a ship used in war 军舰；舰艇

armored /ˈɑːməd/ *adj.* protected by metal covers 有装甲的

breeze /briːz/ *n.* a light wind 微风；和风

height /haɪt/ *n.* a particular distance above the ground 高度

foe /fəʊ/ *n.* (old-fashioned or formal) an enemy 敌人；仇敌

grey /greɪ/ *adj.* having the colour of smoke or ashes 灰色的；烟灰色的；灰白色的

fame /feɪm/ *n.* the state of being known and talked about by many people 名声；声誉；名气

frontier /ˈfrʌntɪə/ *n.* a line that separates two countries, etc.; the land near this line 国界；边界

boast /bəʊst/ *v.* to talk with too much pride about sth that you have or can do 自夸；自吹自擂

2. 词义辨析

✓ turn、become 与 grow

turn（使）转动，旋转，转身，扭转（身体部位）。

become 开始变得，变成，适合（某人），与……相称，使（人）显得漂亮，使好看。

grow 扩大，增加，增强，长大，长高。

become 用作系动词时，意思是“成为，变得”，表示情况的开始、发展和结束的变化。后接名词、形容词（或其比较等级）、过去分词作表语，偶尔也可接带疑问词的动词不定式。常用在书面语中。turn 可用作系动词，意为“成为，

变成”，后接名词或形容词作表语，用作表语的名词须用零冠词。grow 作“渐渐变成”解时是不及物动词，其后常接动词不定式作状语，表示结果。有时也可用作系动词，后接名词、形容词（多为比较级）或相当于形容词的过去分词作表语。

编者：任嫚嫚

临安春雨初霁

〔宋〕陆　游

一、题解

自隆兴二年宋金达成和议算起，二十二年之后，也是被罢职居家六年之后，淳熙十三年（1186）春，陆游又被任命为严州知州。赴任之前，先到临安（今浙江杭州）去觐见皇帝，住在西湖边的驿馆小楼上等候召见。头天晚上听了一夜的雨，次日清晨雨霁云收，天刚放晴就听到了深深的街巷中叫卖杏花的声音。百无聊赖中，又有百感交集，于是写下了这首被广泛传诵的名作。

二、原文

世味年来薄似纱，谁令骑马客京华。
小楼一夜听春雨，深巷明朝卖杏花。
矮纸斜行闲作草，晴窗细乳戏分茶。
素衣莫起风尘叹，犹及清明可到家。

三、注释

1. 世味：人世滋味。这里指陆游仕宦浮沉的心理感受。

2. 京华：京城之美称。因京城是文物、人才会集之地，故称京华。

3. 明朝：第二天。杏花：中国分布最广的花之一，具有娇美、繁盛、艳丽、会变色、花期短等物象特征。文学作品中杏花不仅是清新、鲜嫩、自然、美丽的代表，也有俗艳、易逝、变节等意义。

4. 矮纸：短纸、小纸。草：指草书，一说写诗。

5. 细乳：烹茶时水面呈白色的小泡沫。唐人饮茶以紫绿茶汤为贵，宋人饮茶以白茶汤为贵。陆游诗中经常出现的“建茶”就是当时最著名的“建州研膏茶”，陆游在淳熙五年（1178）出任福建提举常平茶盐公事，有一项职责就是到建州准备贡茶。分茶：沸水冲茶后用箸搅茶乳，使茶乳幻成图形或字迹。

6. 素衣莫起风尘叹：陆机在《为顾彦先赠妇》诗中说：“京洛多风尘，素衣化作缁。”素，白色；缁，黑色。陆机的意思是说京都风尘会把人的白衣裳变黑。

四、译文

近年对浮沉迁调的感觉已经淡得像层薄纱，
谁又让我骑着马来到京城做客深陷在繁华？
在小楼一夜也没听清春雨是淅沥还是滴答，
清晨却听见了幽深小巷中有人在叫卖杏花。
闲闲地在行线歪斜的矮纸上把诗写成行草，
细细地在晴明的窗下搅着白色茶汤玩分茶。
穿着洁白衣衫的人啊不要慨叹世上多风尘，
你总还赶得上在清明节之前回到自己的家。

五、导读

陆游这首《临安春雨初霁》与《书愤》几乎是同时所作，但别具一格，文字上看不见爱国的标签，也品不出陆游一贯的放旷壮怀。“小楼一夜听春雨，深巷明朝卖杏花”更是清新隽永，“杏花春雨江南”的画面很是得评家的赞赏，据说也很得宋孝宗的欣赏。宋孝宗在召见他时，说过这样一句话：“严陵山水胜处，职事之暇，可以赋咏自适。”但可惜的是这些都是因为误读了陆游而得到的审美感受。要赏读本诗，还是需要以知人论世为基础，需要了解南宋的一些文化常识。

宋孝宗赵昚初继位时是有北伐雄心的，所以才有张浚的北伐。可惜他的背后有一个太上皇赵构，身边有一群以汤思退为首的主和派；再加上金世宗完颜雍夺权主政后反对南侵，所以隆兴和议之后孝宗北伐的心思也就淡了。而陆游却是一个彻底的主战派，至死也不忘收复中原，所以即便他得到升职，也会因为不能北伐而感到无味，即便他被人寻了借口贬谪回乡，他也不会因此而有更多愤慨。这才是“世味年来薄似纱”的真相，“薄似纱”三字背后自然也藏着《书愤》“世事艰”式的怨愤。也正因为如此，再次得到严州的任命，他也没有什么欣喜，反而说了“谁令骑马客京华”这样无理的话。任谁都知道那个做决定的人是孝宗赵昚，陆游这样说只能说是貌似感念皇恩浩荡，这句诗里的“客”和“京华”却还是暴露了他心里的厌倦。“客”与“主”不同，这一回，陆游不会再像年轻时那样积极地参政议政了。主人翁意识丧失了，自然就是“客”。而“京华”两字貌似赞美京城的繁华，实则却隐藏着“山外青山楼外楼，西湖歌舞几时休”式的批判。

读懂了首联的起，再来读颔联的承。千万不能被“小楼春雨”“深巷杏花”这样的美好画面吸引走全部的情思，要留一点给“听春雨”却听到卖花声的诗人。春雨是没有什么声音的，杜甫的“随风潜入夜，润物细无声”是一个明证。陆游彻夜听春雨能听到什么？心中又会想些什么？结合首联，大概就只有世味之薄和京城的繁华了吧。这样想着，也就听到了“深巷”中传来的“卖杏花”的声音。宋人写卖杏花的太多了，单是“深巷卖杏花”的情节，我们就可以看到史达祖《夜行船》中的“小雨空帘，无人深巷，已早杏花先卖”，张炎《杏花天》中的“深巷明朝休起早，空等买花人到”……可是，陆游笔下的“深巷明朝卖杏花”却是别有一番意趣的。一是“明朝”提醒我们这是在“一夜听春雨”之后发生的；二是这“深巷”也非同寻常。唐代高蟾有“日边红杏倚云栽”之句；钱起在“辛夷花尽杏花飞”时，“始怜幽竹山窗下，不改清阴待我归”；宋初王禹偁《杏花》组诗的第四首中说：“唯有流莺偏称意，夜来偷宿最繁枝。”结合这样的诗句，京城繁华幸福生活的背后，就有了对“日边”的“红杏”、易“飞”的“杏花”、“唯有流莺偏称意”的“繁枝”的一股嘲讽的意味。

颈联的转，写的是自己闲极无聊的待召生活。“矮纸斜行”是驿馆提供的纸，闲极无聊，只能用写字来打敖时间。天晴了也不能离开驿馆，只能在窗下“分茶”为戏。这里的“分茶”可不是今天三五知己一起喝茶，从茶壶倒入茶杯里的分茶。这是陆游一个人热水沏茶，看白白的茶汤漂起小泡沫，一个人用茶箸搅着小泡沫，一会儿搅出个字，一会儿搅出朵花。这个画面，看似极闲适极恬静，内里却藏着诗人无限的感慨与牢骚。陆游一生就想投身到轰轰烈烈的北伐事业中去，最是闲不得的，最是不愿意在游戏中浪费光阴的。可是此刻，他除了这样“闲”着，这样“戏”着，还能做什么呢？

结尾两句，陆游在收束全诗时化用了陆机的诗句“京洛多风尘，素衣化作缁”，却又有婉转之妙。第一层的婉转是陆游认为自己在繁华京城的时间不会太久，不会被京城的风尘、恶浊的风气沾染。第二层的婉转是陆游劝慰某一个没有官身的人不要感叹京城的风尘，因为他可以在清明到来之前回到家乡。第三层的婉转是貌似陆游是在劝慰某一个品性高雅的人不要感叹京都的风尘，因为他可以在清明前回到家乡，从而感慨自己还要在京城感受着“薄似纱”的“世味”。

在陆游的众多著名诗篇中，这首《临安春雨初霁》没有豪唱，也没有悲鸣，结肠难解的郁闷也化作淡淡的一声长叹。因此，透过诗歌的文字，我们依稀可以看见一个志在恢复中原、刚直而不乏洒脱的形象。

编者：吴　颖

At Lin An After A Rain

The worldliness is like gauze thin and light;
Why should I ride in this capital vain?
In the inn I listen to the rain all night;
Who'll sell apricot blooms morrow in th' lane?

On the thin paper I write lines awry,
While against the window the tea I taste.
Over the dust on my white coat I sigh;
I may get home for Bright Day if I haste.

语言知识

1. 单词

worldliness/ˈwɜːldlinəs/*n.*（worldly 的名词形式）relating to ordinary life rather than spiritual or religious ideas 俗气；世俗心；世故

gauze/ɡɔːz/*n.* a type of light transparent cloth, usually made of cotton or silk 薄纱，纱罗（通常由棉或丝织成）

inn/ɪn/*n.* a small hotel, usually in the country（通常指乡村的）小旅馆，客栈

apricot/ˈeɪprɪkɒt/*n.* a round fruit with yellow or orange skin and a large seed inside 杏子；杏

morrow/ˈmɒrəʊ/*n.* the next day; tomorrow 次日；明天

lane/leɪn/*n.* a street, often a narrow one with buildings on both sides 小巷；胡同；里弄

awry/əˈraɪ/*adv./adj.* not in the right position 歪；斜

sigh/saɪ/*v.* to take and then let out a long deep breath that can be heard, to show that you are disappointed, sad, tired, etc. 叹气；叹息

haste/heɪst/*n.* speed in doing sth, especially because you do not have enough time 急速；匆忙；仓促

2. 词义辨析

✓ flower、bloom 和 blossom 都有“花”的意思，但它们也

有细微的差别：

flower 花，花朵，是宽泛广义上的用词，是泛指的花，也是在表达花、花朵上的最有代表性、最普通的用词。

例：The roses are in flower early this year.

今年玫瑰花开得早。

bloom 主要指诸如牡丹、玫瑰、梅花、菊花等供观赏的花以及花的状态。

例：an exotic bloom 有异国情调的花

blossom 尤指果树或灌木的花朵、花簇。

例：There is no blossom this year on the plum trees.

今年李子树不开花。

编者：赵丽琨

译者：赵彦春

念奴娇·过洞庭

〔宋〕张孝祥

一、题解

“念奴娇”是词牌，“过洞庭”是词题。张孝祥于宋孝宗乾道元年（1165）任静江知府兼广南西路经略安抚使，治有声绩。次年被政敌谗害免职，由桂林北归，途经岳阳洞庭湖，泛舟湖上，即景生情，写下这首词。张孝祥是南宋豪放词重要的奠基人之一。词人借洞庭夜月之景，抒发了自己超越仕宦浮沉的高洁忠贞和豪迈气概。

二、原文

洞庭青草，近中秋，更无一点风色。玉鉴琼田三万顷，着我扁舟一叶。素月分辉，明河共影，表里俱澄澈。悠然心会，妙处难与君说。

应念岭海经年，孤光自照，肝肺皆冰雪。短发萧骚襟袖冷，稳泛沧浪空阔。尽挹西江，细斟北斗，万象为宾客。扣舷独啸，不知今夕何夕！

三、注释

1. 青草：青草湖，亦名巴丘湖。据《方舆纪要》载，青草湖北连洞庭，南接潇湘，东纳汨罗，湖南岸有青草山，故名。每逢春水泛涨，洞庭、青草二湖合二为一，烟波浩渺，横无际涯。

2. 风色：风。色，佛家语，指一切物质的存在。

3. 玉鉴琼田：玉做的镜子，种有美玉的田地。禅宗常用“鉴”来象征本心的圆明、纯净，人的本心原真地反映外物如明镜鉴物；也常用“田”来象征本心原真，认为人最重要的就是体悟人人本具的这“一片田地”。

4. 着：附着。禅宗以“着相”为“有执”“挂碍”“虚妄”，是一切苦的根源。追求“无着”“离相”，认为“离诸像即名诸佛”，不迷于表相才能得本真。

5. 扁舟：小船。在中国文学中，“扁舟”是一个充满理想主义情怀的意象。《诗经》中有“谁谓河广？一苇杭之”，以苇为船可以追寻理想。《论语》中有“道不行，乘桴浮于海”，小木筏来可以保留壮志难酬者的人格尊严。《庄子》中有“饱食而遨游，泛若不系之舟”，扁舟象征顺应天理自然的自由境界。

6. 素月分辉……表里俱澄澈：明河，即银河。此句表现的是禅宗典型的水月相忘境界。《五灯会元》中说：“宝月流辉，澄潭布影。水无蘸月之意，月无分照之心。水月两忘，方可称断。”在水月相忘的直觉观照中，主客界线顿然消失，两者泯然归一。

7. 心会：中国古代艺术论常以“观于目，会于心”来描绘审美观照。“观于目”是对物的感性观照，“会于心”是物我碰撞而产生的自我生命与客体生命的契合。

8. 妙处难与君说：禅宗认为人的本心是不可言说的。

9. 岭海：岭外，即五岭以南的两广地区，这里指广南西路，即广西。经年：一年。

10. 孤光：指月光。禅宗用“月”象征人人本具的圆明本心，“孤”“独”“自”是观照主体“心月”的基本特点。《五灯会元》有“心月孤圆，光吞万象”之语。

11. 冰雪：比喻心地光明磊落，像冰雪般纯洁。

12. 萧骚：稀疏。襟袖冷：形容衣衫单薄。

13. 沧浪：青苍色的水。代指洞庭青草湖湖水。

14. 尽挹西江：禅宗常用“吸尽西江水”来象征超出万法、绝对自由的境界。在禅的世界里，自我本心是最高主宰，超佛越祖，自由自在。挹，舀。西江，长江连通洞庭湖，中上游在洞庭以西，故称西江。

15. 北斗：星座名，由七颗星排成像舀酒的斗的形状。

16. 万象：万物。

四、译文

洞庭湖与青草湖相连浩渺无边，中秋将至，没有一丝丝风儿吹过。三万顷广阔的湖水就像是一面纯净的美玉宝镜、一片透明的琼华原野，只有我这一叶扁舟轻轻地附着在上面。皎洁的月亮和灿烂的银河从天空洒下银辉，与湖面上的星光月影交相辉映，上下一片澄明，内外全都透亮。这澄澈透亮的景色让我心领神会，却不知如何表达，难以说与你听。

想起这一年来在岭南为官，唯有那一轮明月始终为我照亮，让我的五脏六腑都像冰雪一样纯洁透明。现在的我须发短疏，衣袂单薄，稳稳地泛舟在这浩渺空阔的洞庭湖上。看我把西江的水一把掬起，细细地斟在北斗星做成的酒勺中，请天地万物来做我的宾客。听我尽情地拍打着船舷，独自吟啸高歌，不知道今天是何年何月又待如何？

五、导读

《念奴娇·过洞庭》是张孝祥罢官返乡途中，时近中秋而泛舟洞庭时的即景抒怀之作。诗人所见之景是明丽而壮观的月下洞庭，所抒之怀是超越仕宦浮沉的豪迈超逸。赏读本词，只是披文入境即可获得极强的审美体验，但是要获得更真切的理解，还需要了解张孝祥的生平和思想基础，同时要对儒释道三家思想有一定的了解。

张孝祥的伯父张邵以科举入仕，建炎三年（1129）主动应招出使金国而被拘，父张祁、叔张郯以荫推恩入仕。张孝祥少年聪颖，受程学影响，首重明理事功。二十三岁中状元，后与理学大师朱熹、张栻（主持北伐的张浚之子）为好友。他也受到禅宗和道家的思想影响。家庭成员都有修佛经历，张孝祥本人也是南宋高僧大慧宗杲座前的“于湖居士”。张孝祥也多次参与道教的活动，写过多篇道教术语的解释文章和祭告天神的“青词”。因此，张孝祥既有理学根基，一生追求事功，又有禅道智慧，超越门户、浮沉的执念。这才能甫中状元便奏请表岳飞忠义，师出汤思退却助张浚北伐，才能为官则勤政以忠君爱民，罢职能勉朋励友而放旷养心。

张孝祥仕宦生涯大致如下：二十三岁，中状元，授承事郎，签书镇东军节度判官。二十四岁转秘书省正字，秦桧党羽污其父张祁谋反，正赶上秦桧死而免。二十五岁，迁校书郎，又转承事郎。二十六岁，转宣教郎，不久任秘书郎。二十七岁，任起居舍人。二十八岁，兼中书舍人，后被汪澈弹劾罢官。二十九岁，知抚州，莅事精确。三十岁，罢官，游宣城，为虞允文采石矶大胜赋《水调歌头·和庞佑父》。三十一岁，罢官，在张浚席上赋诗《六州歌头（长淮望断）》，为张浚北伐造势。三十二岁，转朝散大夫，知平江府，有善政，免两浙积欠。三十三岁，任中书舍人，值学士院兼都督府参赞军事、建康留守。张浚兵败后被免职。三十四岁，知静江府，兼广南西路经略安抚使，治有声绩。三十五岁，罢官北归，赋《念奴娇·过洞庭》。三十六岁，知潭州，权荆湖南路提点刑狱公事。为政简易，时以威济之，湖南遂无事。冬筑敬简堂为讲学所，朱熹、张拭讲学。三十七岁，知荆州，兼荆湖北路安抚使。筑金堤，治荆州水患；置万盈仓，以储漕运。三十八岁，进显谟阁直学士，荆南士民哭送。三十九岁，一病而亡。丧葬之日，商贾为之罢市，两河之民惶惶如失所恃，帝闻之惜叹用才不尽。

在这个基础上，我们再来读词。“洞庭青草”点出空间，这是一个辽阔的水面。“近中秋”点出时间，这是一个中秋前月光皎洁的夜晚。“更无一点风色”，点出特点，这是一个宁静、空灵的世界。“玉鉴琼田”是秋月下湖水的比喻，比喻湖水清澈透明之美，也与作者心灵本真相连。“三万顷”是极言湖面之广，也是极言心灵的自由。如此良辰美景，“着我扁舟一叶”，多么惬意！这一叶扁舟，从儒学角度讲，是作者“乘桴浮于海”的人格尊严；从禅意角度讲，“着”字恰恰是作者“离诸相而名诸佛”的禅悟，有将个体存在放置到辽阔世界的逍遥。仰而观天，俯而看水，“素月分辉，明河共影，表里俱澄澈”，天上的明月星河与水中的明月星河之影将光辉分给这个世界，让这个世界“表里俱澄澈”。“表里俱澄澈”是本词的主旨所在，既是秋月秋水澄澈透明，也是三万顷湖上扁舟中的“我”光明磊落。景美人美，天人合一，也天人两忘。这就是“悠然心会”的“妙处”，“难与君说”的“妙处”，可意会不可言传，是人生最高、最美、最富有诗意的高峰体验。

上阕写景，景中含情；下阕抒情，情中见景。“岭海经年”是叙一年静江府的经历，五岭之外，南海之内，广南西路，十万山川。“孤光自照”，是述一年静江府的心境。用“心月”观照人生，“心月孤圆，光吞万象”。静江府勤政以忠君爱民，“肝肺皆冰雪”。“孤光”里有诗人的孤独、孤愤、孤傲，更有诗人禅意炼心后孤高绝世的超脱。有了这样超脱的心境，“短发萧骚襟袖冷”这样来自物相世界的感受都是浮云。心有所属，自然“稳泛沧浪空阔”。岭南如此，洞庭青草亦是如此。你看我“吸尽西江水”，看我超出万法、超佛越祖的绝对自由的境界：“尽挹西江，细斟北斗，万象为宾客。”这是全词的高潮所在，也是诗人感情的高潮所在。北斗星是由七颗星组成的星座，像舀酒的长把勺，诗人做主人，请天地万物做客，舀尽长江的水低斟浅酌，这是何等阔大的胸襟！一个被谗免官的人，怎会有如此自信、如此心胸？苏轼在赤壁饮酒乐甚时曾扣舷而歌，不想却悲从中来；张孝祥在洞庭“悠然心会”，也“扣舷独啸”，抒发出自己的满腔豪情，再也分不清“今夕何夕”。结尾句“不知今夕何夕”，正是水月相忘的直觉观照中，主客界线顿然消失的审美体验。从时空上说，超越了今夕的洞庭青草；从心理上说，超越了“着”与“不着”、“知”与“不知”。

张孝祥洞庭湖上的这一次落笔，用“表里俱澄澈”的“一点浩然气”，给“玉鉴琼田”带来了“千里快哉风”，给我们后世留下了这样一首绝妙好词。

编者：吴　颖

Tune: The Charm of a Maiden Singer

Passing Lake Dongting

Lake Dongting, Lake Green Grass,
Near the Mid-autumn night,
Unruffled for no winds pass,
Like thirty thousand acres of jade bright
Dotted with the leaf-like boat of mine.
The skies with pure moonbeams o'erflow;
The water surface paved with moonshine:
Brightness above, brightness below.
My heart with the moon becomes one,
Felicity to share with none.

Thinking of the Southwest, where I passed a year.
To lonely pure moonlight akin,
I feel my heart and soul snow-and-ice-clear.

Although my hair is short and sparse, my gown too thin,
In the immense expanse I keep floating up.
Drinking wine from the River West
And using Dipper as wine cup,
I invite Nature to be my guest.
Beating time aboard and crooning alone,
I sink deep into time and place unknown.

语言知识

1. 单词

unruffled/ʌnˈrʌfld/*adj.* calm 平静的

acre/ˈeɪkə(r)/*n.* a unit for measuring an area of land 英亩

pave/peɪv/*v.* ~ sth(with sth) to cover a surface with flat stones or bricks（用砖石）铺（地）

felicity/fəˈlɪsəti/*n.*（*formal*, *literary*）great happiness 幸福；十分快乐

sparse/spɑːs/*adj.* only present in small amounts or numbers and often spread over a large area 稀少的；稀疏的

gown/ɡaʊn/*n.* a woman's dress, especially a long one for special occasions 长袍，长外衣；礼服；睡袍

immense/ɪˈmens/*adj.* extremely large or great 极大的；巨大的

expanse/ɪkˈspæns/*n.* a wide and open area of sth, especially land or water 一大片，广阔，宽广，浩瀚（尤指陆地或海洋）

Dipper/ˈdɪpə(r)/*n.* a group of stars that resembles a dipper 北

斗七星

croon/kruːn/*v.* to sing sth quietly and gently 低声哼唱

2. 词义辨析

✓ unruffled 与 quiet

unruffled 意为 calm，平静的，不骚动的；quiet 意为 making very little noise，安静的，轻声的。

✓ above 与 over

over 和 above 都可表示“高于”，over 主要表示垂直在上的正上方，above 则不一定表示正上方。

✓ felicity 与 happiness

felicity 意为 great happiness，幸福，十分快乐，是比较正式的用法，或用于文学作品中；happiness 意为幸福、快乐。

✓ croon 与 sing

croon 意思是低声吟唱。

例：I croon this poem in delight.

我轻哼这喜悦的诗。

sing 唱歌，演唱。

例：Will you sing a song to us?

你给我们唱支歌好吗？

3. 短语或特殊用法

✓ be dotted with 点缀着

The lake was dotted with little boats.

湖面上布满了小船。

✓ be paved with 铺满；遍布

Your road to success may be paved with a few setbacks that you need to learn to handle and overcome.

你通往成功的路上可能布满挫折，你必须学会处理和克服它们。

✓ share with 和……分享

You can also bring food or drinks to share with the other guests.

你也可以带上食物或饮料与其他客人分享。

✓ think of 记起，想起

It makes my flesh creep to think of it.

一想起它我就心惊肉跳。

编者：李春景

永遇乐·京口北固亭怀古

〔宋〕辛弃疾

一、题解

“永遇乐”是柳永所创的词牌，最初用于祝寿宴会等喜庆场合。辛弃疾以豪放如龙的豪情驭词而成《京口北固亭怀古》。

京口地处长江下游，北临大江，南据峻岭，形势险要，为兵家所重。东吴孙权筑铁瓮城，置京口镇。东晋时此地是北府兵的大本营，谢玄、刘裕都曾在此经营多年。刘裕还以京口北府兵为基础，北伐中原，直取长安。

北固亭，原称凌云亭，在京口北固山上，甘露寺后，多景楼东。因有刘备死后孙夫人在此祭拜后投江的传说，又名祭江亭。晋时在此起楼贮备军用物资，梁武帝时改称北固楼。后遭战火焚毁，唐代李德裕在原址修北固新楼。元祐（1086—1093）年末，与多景楼均因火灾焚毁。元符（1098—1100）中又重建。

开禧元年（1205），辛弃疾六十六岁。韩侂胄（tuō zhòu）筹划北伐，赋闲已久的辛弃疾再次得到起用，任镇江知府，戍守江防要地京口。辛弃疾到任后，在积极布置军事进攻的准备工作的同时，也对独揽朝政的韩侂胄轻敌冒进的做法感到担忧。一次在京口北固亭登高眺望，感慨万千，写下了这首词。

二、原文

千古江山，英雄无觅孙仲谋处。舞榭歌台，风流总被雨打风吹去。斜阳草树，寻常巷陌，人道寄奴曾住。想当年，金戈铁马，气吞万里如虎。

元嘉草草，封狼居胥，赢得仓皇北顾。四十三年，望中犹记，烽火扬州路。可堪回首，佛狸祠下，一片神鸦社鼓。凭谁问：廉颇老矣，尚能饭否？

三、注释

1. 江山：江指长江，山指北固山。

2. 孙仲谋：三国时吴主孙权，字仲谋，京口重镇的缔造者。

3. 寄奴：南朝宋武帝刘裕小名。刘裕幼时家境贫苦，因在京口北府兵中出类拔萃而登上历史舞台，成长为杰出的军事家、政治家。率北府兵平定桓玄之乱，两次北伐，曾收复洛阳、长安等地。

4. 元嘉草草：元嘉年间轻率用兵。元嘉是宋文帝刘义隆（刘裕之子）的年号。刘义隆好大喜功，仓促北伐，却遭到对手的重创，让北魏拓跋焘以骑兵集团南下，兵抵长江北岸。封狼居胥：汉武帝元狩四年（公元前 119 年），霍去病远征匈奴，歼敌七万余，登上狼居胥山筑坛祭天，以告成功。狼居胥山，在今蒙古境内。元嘉北伐失利影射南宋隆兴北伐张浚的符离之败。赢得：落得。

5. 四十三年：辛弃疾绍兴三十二年（1162）南归，开禧元年（1205）写词时正好为四十三年。烽火：代指战火，辛弃疾南归时宋金绍兴和议已成，但地方起义不断。扬州路：扬州一带的道路。宋代虽有相当于现代省级单位的“路”，但是却没有“扬州路”。扬州在北宋时属“淮南路”，在南宋时属“淮南东路”。元代始置“扬州路”，辖区大致为今天的江苏省扬州市、泰州市、南通市和安徽省滁州市南部一带。

6. 佛狸祠：北魏太武帝拓跋焘小名佛狸，反击刘义隆兵至长江北岸，在瓜步山（一说瓜洲镇）建立行宫，即后来的佛狸祠。代指金人修建的庙祠。

7. 神鸦社鼓：神鸦，指在庙里吃祭品的乌鸦。社鼓，祭祀时的鼓声。神鸦社鼓，代指老百姓的祭祀活动，是老百姓已经安于当下生活的状态呈现。

8. 廉颇：战国时赵国名将。《史记》载，廉颇被免职后，跑到魏国，赵王想再用他，派人去看他的身体情况，廉颇的私仇郭开贿赂了使者。廉颇一顿饭吃了一斗米、十斤肉，穿好盔甲，上马练了一番武，显示了身体还很强壮。可是使者却报告赵王说：“廉颇将军虽老，尚善饭，然与臣坐，顷之三遗矢（通假字，即屎）矣。”赵王以为廉颇已老，遂不用。

四、译文

转眼千年，滚滚长江水，巍巍北固山，哪里是当年孙仲谋修筑的铁瓮城？我怎么找也找不见。当年的舞榭歌台、英雄人物，都已经在历史的雨打风吹之下消逝了，不复存在。斜阳映照下，在一个长满荒草野树的普通得不能再普通的小巷，人们说那是当年刘裕曾经住过的地方。想当年，他骑着铁马，舞动金戈，率军北伐，收复失地，气吞万里山河，就像猛虎下山。

元嘉年间，刘义隆草草出兵，想要建立不世功业，在狼居胥山勒石记功；却事与愿违，只落得个仓皇而逃，北顾又见追兵无数。我率兵归宋也已经四十三年了，北望中原，还依然记得扬州一带战火连天的场景。真是不堪回首啊，当年拓跋焘的行宫、金人建的祠庙里，现在却香火繁盛：有成群乌鸦飞旋，想要落下啄食祭品；有许多百姓敲着鼓，祭祀金人的社稷。还有谁会问：廉颇老了，还有好饭量吗？

五、导读

从影响力上讲，《永遇乐·京口北固亭怀古》是辛弃疾词名副其实的代表作品，气势雄浑、境界开阔、用典贴切，有辛弃疾人中之杰、词中之龙的豪放之风。赏读本词，知人论世、了解词中典故是非常重要的基础性工作，但是入手处，还是“登临怀古”。要弄清楚这样几个问题：辛弃疾是在什么情形下来到京口北固亭的？辛弃疾在京口北固亭看到了什么？听到了什么？想到了哪些古人古事？古今人事之间有什么关联？透过这些问题，自然也就能够大致把握辛弃疾所要抒发的情感了。

辛弃疾武能上马定乾坤，文能提笔安天下。绍兴三十二年（1162）南归之时，曾以五十人入数万金军大营捉拿叛徒，南归后却只被任命为江阴通判，所带部属也被打散。隆兴（1163—1164）北伐，张浚用兵草率，自北而来的辛弃疾根本没有参与的机会，而后有符离之败、隆兴和议。辛弃疾上《美芹十论》《九议》纵论治国、北伐的方略，可惜孝宗已无意北伐，先后任用辛弃疾担任江西、湖北、湖南等地的转运使、安抚使一类的地方官职，去治理荒政、整顿治安。宋宁宗开禧元年，韩侂胄独揽朝政，好大喜功，再次起用辛弃疾也只是用其老牌主战代表人物的身份，从来都没有想过让辛弃疾在北伐中建功，甚至也没有向辛弃疾问计。正因为如此，辛弃疾到任镇江知府，积极布置军事进攻的准备工作时，也无比担忧。就是在这样的背景下，辛弃疾来到了北固亭。

在北固亭，辛弃疾看到的是滚滚长江水、巍巍北固山，是斜阳下的荒草野树、普通得不能再普通的小巷小路；听到的是有人说那个小巷是刘裕曾经住过的地方；想到的是修筑铁瓮城的孙仲谋、北伐成功的刘裕、北伐失败的刘义隆、老壮却被陷害的廉颇四位古人，以及四十三年前自己南归时见到无边战火，而今金人治下百姓们安于生活、祭祀社稷的场景。四十三年前后的对比显示的是北方地区人心已变，北伐不易；孙仲谋行迹的无处找寻对应着当代明君的缺位；刘裕的气吞万里对应着诗人自我的期许；刘义隆的仓皇北顾对应着隆兴北伐失败的故事，也对应着开禧北伐可能的未来；廉颇老壮却被陷害对应着诗人老壮却无人问津。如此，本词的豪放中蕴藏着一股压不住的苍凉悲壮。

细读本词，辛弃疾遣词造句中也蕴藏着一股英雄气概。开篇起笔，“千古江山”势雄力沉，格调高古，表明了辛弃疾绝不是囿于一己之私而抱怨韩侂胄对自己的无视。“英雄无觅孙仲谋处”从语法上看是一个倒装，“无觅英雄孙仲谋处”；从语意上看，应该是找不到孙仲谋当年筑铁瓮城的遗迹；透视辛弃疾的心理，却看到了为天下江山计的“英雄”辛弃疾，怎么也找不到孙仲谋那样的名主。在这个典故里，辛弃疾用“字”称人，表明自己对孙权的崇敬、赞扬。《南乡子》中，他也是以万分钦佩的口吻赞扬：“天下英雄谁敌手？曹刘。生子当如孙仲谋。”孙仲谋继承父兄基业，西拒黄祖，北抗曹操，建都京口，迁都建康，为世人公认的一代英雄，是“江表英豪咸归附之”的一代名主。“舞榭歌台，风流总被雨打风吹去。”当年的舞榭歌台都不在了，眼前的都是反复重修过的。细读细思，“风流”二字背后，还有谢安、谢玄的“魏晋风度”；“雨打风吹去”的背后，还有刘禹锡“旧时王谢堂前燕，飞入寻常百姓家”式的感叹。这也自然接出“斜阳草树，寻常巷陌，人道寄奴曾住”。在这里，称刘裕小名“寄奴”，充分体现了辛弃疾对刘裕这样一个“草根”英雄的景仰。在回想刘裕“金戈铁马，气吞万里如虎”时，先说一句“想当年”，真有一种自己率五十人奇袭金军数万人大营的英勇。想想刘裕北伐的所向披靡，自然也就想到了刘裕的儿子刘义隆。辛弃疾称呼刘义隆，仅仅用“元嘉”这样的年号，鄙夷之情溢于言表。本词的上下阕就通过这样一对父子紧密地连接起来了。从孙仲谋、谢安谢玄再到刘裕刘义隆父子，与京口这一名城有关的历史人物顺势写来，自然流畅又含蓄蕴藉。其含义至少有四：一是时光流逝、岁月不居的怅惘。时间的雨打风吹抹去了英雄的伟绩，卷走了他们的风采，只剩下“斜阳草树”“寻常巷陌”。二是世无英雄，君不明，臣不贤，致使锦绣江山落入敌手，中原人民沦为亡国奴的悲痛。三是自己怀才不遇，不能得遇明君从而建功立业的失落。四是眼下用兵绝无胜算的无限忧虑。

随后又用自己的亲身经历、见闻说明了此次用兵的艰难背景。“四十三年，望中犹记，烽火扬州路。”四十三年前南归时，虽然绍兴和议已成，但地方义军却一直在抗击金军。而今天又如何呢？再回头看看江淮之间的那片土地吧，那真是

“不堪回首”啊，“佛狸祠下，一片神鸦社鼓”，江淮大地上的人们都已经习惯了金人的统治！在“佛狸祠”这个典故里，辛弃疾用拓跋焘的小名“佛狸”来指代北方的入侵者，这已然是最后的倔强。四十三年过去，英雄已然老去，眼前可能是最后一次机会了，可是真的有机会吗？韩侂胄一直没有跟他联系，所以在诗歌最后，他又用了老将廉颇的典故，只是他比廉颇还不如，因为赵王还能记起廉颇，还能派人来问问老将军身体怎样。“凭谁问：廉颇老矣，尚能饭否”这样一个问句里，藏着辛弃疾怎样的期待啊！后来的事实也证明，老将军近乎绝望中的期待最终陷入绝望，韩侂胄终是在北伐前夕，以“用人不当”为名免去了他的官职。这次开禧北伐终是一败涂地，等到开禧三年（1207），韩侂胄再想到老将军辛弃疾时，老将军已经是油尽灯枯。等到主和的史弥远等人勾结一起杀死韩侂胄，完成了嘉定和议（1208）之后，大宋就更加江河日下了。辛弃疾的千古豪雄，最终也只是一个悲剧。

这首词用典虽多却贴切自然，言简意丰，增强了作品的说服力和意境美。全词豪壮悲凉，义重情深，放射着爱国主义的思想光辉。

编者：吴　颖

Tune: Joy of Eternal Union

Thinking of Ancient Heroes in the Tower on the Northern Hill at Jingkou

The land is boundless as of yore,
But nowhere can be found
A hero like the king defending Southern shore.
The singing hall, the dancing ground,
All gallant deeds now sent away
By driving wind and blinding rain.
The slanting sun sheds its departing ray
O'er country tree-shaded and grassy lane
Where lived the Cowherd King retaking the lost land.
In bygone years,
Leading armed cavaliers,
With golden spear in hand,
Tiger like, he had slain
The foe on the thousand-mile Central Plain.

His son launched in haste a Northern campaign;
Defeated at Mount Wolf, he shed his tears in vain.
I still remember three and forty years ago
The thriving town destroyed in the flames by the foe.

How can I bear
To see the chief aggressor's shrine
Worshipped 'mid crows and drum-beats as divine?
Who would still care
If an old general
Is strong enough to take back the lost capital?

语言知识

1. 单词

defend /dɪˈfend/ *v.* to protect sb/sth from attack 防御；保护；保卫

shore /ʃɔː(r)/ *n.* the land along the edge of the sea or ocean, a lake or another large area of water（海洋、湖泊等大水域的）岸，滨

gallant /ˈɡælənt/ *adj.*（literary）brave, especially in a very difficult situation（尤指在困境中）勇敢的，英勇的

deed /diːd/ *n.*（literary）a thing that sb does that is usually very good or very bad 行为；行动

blinding /ˈblaɪndɪŋ/ *adj.* very bright; so strong that you cannot see 使人视线模糊的

slanting /ˈslɑːntɪŋ/ *adj.* not straight or level; sloping 不直的；不平的；斜的；歪的

shed /ʃed/ *v.* to send light over sth; to let light fall somewhere 散发出光；把光照到（或洒在）……上

depart /dɪˈpɑːt/ *v.* to leave a place, especially to start a trip 离

开；离去；起程；出发

o'er /ɔː(r)/ *adv.* /prep. (*old use*) over 在……上面；越过

retake /ˌriːˈteɪk/ *v.* (especially of an army) to take control of sth such as a town again 收复（失地）；恢复控制

bygone /ˈbaɪɡɒn/ *adj.* happening or existing a long time ago 很久以前的；以往的

cavalier /ˌkævəˈlɪə(r)/ *n.* (poetry, literary) a gallant or courtly gentleman 彬彬有礼的绅士；骑士，武士

spear /spɪə(r)/ *n.* a weapon with a long wooden handle and a sharp metal point used for fighting, hunting and fishing in the past 矛；标枪

slay /sleɪ/ *v.* (*old-fashioned*) (*literary*) to kill sb/sth in a war or a fight（在战争或搏斗中）杀，杀死

launch /lɔːntʃ/ *v.* to start an activity, especially an organized one 开始从事，发起，发动（尤指有组织的活动）

campaign /kæmˈpeɪn/ *n.* a series of planned movements carried out by armed forces. 一系列军事行动；战役

thriving /ˈθraɪvɪŋ/ *adj.* successful, strong, healthy, etc. 欣欣向荣的；繁华的；兴旺的

aggressor /əˈɡresə(r)/ *n.* a person, country, etc. that attacks first 侵略者；挑衅者

shrine /ʃraɪn/ *n.* a place where people come to worship because it is connected with a holy person or event 圣地；圣祠；神庙；神龛

drumbeat /ˈdrʌmbiːt/ *n.* the sound that a beat on a drum makes 击鼓声

divine/dɪˈvaɪn/*adj.* coming from or connected with God or a god 天赐的；神的

2. 词义辨析

✓ act、action、behavior、deed 都有“行为”的意思。

act：a particular thing that sb does 行为；行动；所为

例：an act of kindness 善行

action：the process of doing sth in order to make sth happen or to deal with a situation 行动；行为过程

例：Her quick action saved the child's life.

她行动迅速，救了小孩的命。

behavior：the way that sb behaves，especially towards other people 行为；举止；态度

例：good/bad behavior 良好/恶劣行为

deed：a deed is an action or act but it is also old-fashioned and/or literary 行为；行动

例：a brave/charitable/evil/good deed 勇敢的行为/善举/恶行/善行

本文是诗歌作品，所以在描述英雄行为时，选用了 deed 这个词。

3. 短语或特殊用法

✓ 现在分词作定语

主要是用来修饰正在进行的动作，说明被修饰名词的特征。现在分词作定语的时候，主要具有主动和正在进行的含义，既可放在修饰词的前面，也可放在修饰词的后面。

当现在分词在句子中作定语的时候，主要有两层含义：用来表示正在进行的动作或者状态；用来表示主动的含义。

下面我们来看一下现在分词在句子中作定语时的具体使用方法。

(1) 当现在分词本身单独在句子中作定语的时候，一般情况下要放在被修饰词的前面。比如：

the dancing ground 和 the singing hall 翻译为舞榭歌台，即用来表演唱歌跳舞的场地。

driving wind 字面理解为“有推进能力的风”，引申为“猛烈的风”。

blinding rain 字面理解为“可以让人失明的雨”，引申为“让人视线模糊的雨”。

(2) 当现在分词短语作定语的时候，一般要放在被修饰词的后面，相当于定语从句。比如：

A hero like the king defending Southern shore。

就像保卫南国的君主一样的英雄。

Where lived the Cowherd King retaking the lost land.

收复失地的宋武帝曾住在这里。

编者：赵丽琨

菩萨蛮·书江西造口壁

〔宋〕辛弃疾

一、题解

“菩萨蛮”，词牌名。“造口”一名“皂口”，在今江西省万安县南六十里左右。

建炎三年（1129），为避免整个朝廷被金兵覆灭，南宋朝廷一分为二。赵构自己统领部分朝官往江浙避敌；隆祐太后则率领六宫、百司前往南昌避敌。金兵亦分两路，东路追击高宗赵构，赵构乘船渡海才得幸免；西路追击隆祐太后至江西造口，隆祐太后弃舟登岸，靠当地农夫抬着逃到赣州才幸免于难。淳熙二年（1175）六月，辛弃疾任江西提点刑狱，讨捕作乱的茶商赖文政，重兵围困，多路伏击，招安诱降，用时三月完成了三任提刑上万兵力无法完成的任务，因“捕寇有方”加任秘阁修撰。淳熙三年（1176）他得到了新的任命，到湖北襄阳任京西转运判官，依旧是无法施展军事谋略和政治抱负的文职官员。秋天里，他离开赣州北上去襄阳任职，途经造口，俯瞰不舍昼夜流逝而去的江水，遥望山水之外的“长安”，辛弃疾思绪万千，写下了这首慷慨沉郁的《菩萨蛮·书江西造口壁》。

二、原文

郁孤台下清江水，中间多少行人泪？西北望长安，可怜无数山。

青山遮不住，毕竟东流去。江晚正愁余，山深闻鹧鸪。

三、注释

1. 郁孤台：江西省赣州市城区西北部海拔仅一百八十一米的贺兰山。祝穆《方舆胜览》载："唐李勉为虔州（南宋时改为赣州）刺史，登临北望，慨然曰：'余虽不及子牟，而心在魏阙一也。郁孤岂令名乎？'改为望阙。"魏阙，朝堂。李勉"北望"而"心在魏阙"与范仲淹"处江湖之远则忧其君"相似，与辛弃疾"西北望"一致。清江：赣江与袁江合流处旧称清江，自赣州向北流至万安，有著名的"十八滩"，危险难行，其中最著名的是"惶恐滩"。

2. 长安：今陕西省西安市，为汉唐故都。此处代指宋都汴京和北方沦丧的国土。一说代指临安，当时的朝廷。

3. 东流去：唐代崔湜有《襄城即事》诗说："子牟怀魏阙，元凯滞襄城……为问东流水，何时到玉京？"元凯就是西晋著名的军事家杜预（杜甫的十三世祖）。他长期驻守襄阳，缮甲兵，耀威武，后来大破东吴，是辛弃疾景仰的人物。"东流去"还隐含着辛弃疾想像杜预那样"到玉京"的念想。

4. 鹧鸪：鸟名，其叫声悲戚，拟声为"行不得也哥哥"。李白有诗《越中览古》："越王勾践破吴归，义士还家尽锦衣。宫女如花满春殿，只今惟有鹧鸪飞。"其中鹧鸪象征着对王朝衰亡的哀泣。

四、译文

郁孤台下滔滔奔流的清江水啊，当中流淌着多少行路人凄楚不安的眼泪？我向西北眺望故都长安，只看到千重万重的山峦。

重重青山也遮不住啊，江水终究还会向东流去。暮色苍茫里我满怀忧郁，在这深山里，又听到鹧鸪声声，在为谁哀泣？

五、导读

辛弃疾的这首《菩萨蛮·书江西造口壁》比兴高明，其蕴藉之深，非深究不能明了。国破之耻、人生之痛，都写得极深沉。赏读此诗，要有一点现场勘查和历史钩沉的能力。

“郁孤台下清江水”，起笔横绝。汉字有形、声、义具体可感之特质，“郁”有郁勃、沉郁之意，“孤”有巍巍独立之感，“郁孤台”三字劈面便凸起一座郁然孤峙之高台。词人调动此三字打头阵，显然有满腔磅礴之激愤。从郁孤台“下”来，沿“清江水”向北一百五十多里水路，经十八滩之险，这才到眼前的造口。一路船行艰难，人生路又何尝不难？“中间多少行人泪”一句中的“行人泪”蕴藉深沉。从赣州赴襄阳是南归后的第几次转徙？这是辛弃疾的壮志难酬之泪。建炎三年（1129）八月十六，隆祐太后背负着续江山、存社稷的使命，带着大宋王朝祭祀用的祖宗牌位、皇帝画像和六宫皇族三百八十人、百司官员上千人、护卫将兵近万人，往南昌避难。一路颠沛流离，死伤无数。先是过南康落星寺，舟船倾覆，溺死宫女数十人。十一月九日，金兵进逼，太后匆忙离开南昌往南逃避，在吉州乘舟夜行，至太和县，滕康、刘珏两位大臣扔下太后各自逃亡；十一月二十三日，金兵追至太和县，太后乘船急行至万安县。太和至万安，水路五十多公里。因是枯水季节，赣江滩多，船行艰难，到了造口，舍舟陆行，翻越造口岭直趋赣州，到赣州时，剩下不到一百人。这是国难之泪、国耻之泪。

“西北望长安，可怜无数山。”抬眼北望，西北是长安，正北是汴京，东北是临安。“西北望长安”和“东北望临安”大致相同，阻断了李勉望阙、子牟到魏阙、元凯到玉京的“可怜无数山”，都有李白《登金陵凤凰台》“总为浮云能蔽日，长安不见使人愁”的感觉。“无数山”喻指小人，小人使辛弃疾不能见到君王。如果是“北望汴京”，那“可怜无数山”就是沦丧国土上无数可爱的大好河山。不论采用哪一种理解，都会感受到词之境界高远、满怀忠愤。与下阕开头“青山遮不住，毕竟东流去”连起来，自然的青山挡不住流水东流，喻指小人最终拦不住贤臣回归朝廷。“遮不住”三字，将青山的围堵之感一笔推去，就让人看到了希望。只是这“毕竟”两个字代表的时间可能会比较长，一股子沉郁依然郁结。如果再想到“东流去”的“清江水”中还满含着“行人”的血泪，就又能看到辛弃疾抵抗外敌、光复山河的坚定意志。

结句“江晚正愁余，山深闻鹧鸪”再次回到现实。“江晚”是一天的傍晚，也是时间的流逝、国势的衰颓，与自己的转徙、大宋君民的流离联系起来，怎能不悲从中来。在这样的情形下，听到声声鹧鸪啼鸣“行不得也哥哥”，不得不行的行人们又怎能不再洒清泪，将悲情注入清江？这样的以景结情又将辛弃疾对国事艰危的沉痛追怀、对靖康以来失去国土的深情眷念、对流离失据的大宋君民的共情汇聚成一首爱国主义精神的悲歌。此种以全幅意境寓写整个襟抱、运用比兴寄托又不一一指实的艺术造诣，实为中国美学理想的体现，言有尽而意无穷。

编者：吴　颖

Tune: Buddhist Dancers

Written on the Wall at Zaokou, Jiangxi

Below the Gloomy Terrace flow two rivers clear.
The tears of refugees were shed when they were here!
I gaze afar on land long lost in the northwest,
Alas! I see but hill on hill and crest on crest.

But blue hills can't stop water flowing;
Eastward the river keeps on going.
At dusk the river grieves me still,
The partridges call in the hill.

语言知识

1. 单词

gloomy /ˈgluːmi/ *adj*. sad and without hope 忧郁的；沮丧的；无望的

refugee/ˌrefjuˈdʒiː/*n.* a person who has been forced to leave their country or home, because there is a war or for political, religious or social reasons 避难者；逃亡者；难民

gaze/ɡeɪz/*v.* to look steadily at sb/sth for a long time, either because you are very interested or surprised, or because you are thinking of sth else 凝视；注视；盯着

afar/əˈfɑː(r)/*adv.* (literary) from a long distance away 从远处

crest/krest/*n.* the top part of a hill or wave 山顶；顶峰

partridge/ˈpɑːtrɪdʒ/*n.* a brown bird with a round body and a short tail, that people hunt for sport or food 鹧鸪鸟

2. 词义辨析

✓ 表示“看”的英语动词有 look、gaze、glance、see、watch。

look 指为了看清某物而有意识地向某一方向看去，指使用人的视力，强调的是“有意地看”的动作。

例：He looked at the baby with a smile.

他笑着看着这个婴儿。

gaze 意思是“凝视，注视”，指因惊讶或赞赏而长时间无意识地凝视、注视某人或某事物。

例：She sat gazing out of the window.

她坐着凝视着窗外。

glance 基本意思是“一瞥”或“匆匆看”，指匆忙地、粗略地、随便地、暗暗地看。

例：She glanced round the room before she left.

她略微环视了一下房间才离开。

see 基本意思是指一般视觉意义上的“看见”，也可指有意识地“观察”。

例：I see them pass by my house every day.

我每天看见他们从我家旁边经过。

watch 基本意思是“观看，注视”，指用眼睛跟踪某物以观察到每一个动作、变化、危险迹象、机会等。引申可表示“照管”“守护，保卫”等。

例：She watched the kids playing in the yard.

她看着孩子们在院子里玩。

诗中作者凝望远山，借景生情，抒愁苦与不满之情，所以用 gaze 突出长时间凝视。

✓ crest 和 peak 都有山峰、顶峰之意。

crest：the top part of a hill or wave 山顶；顶峰

peak：the pointed top of a mountain；a mountain with a pointed top 山峰；峰峦

文中为了上下文的押韵，所以选择了 crest。

3. 短语或特殊用法

✓ stop water flowing 阻止水流

The family blocked the pipe to stop the water flowing further down the hill.

这一家人堵塞了水管，阻止水继续流到山下。

✓ keep on doing 继续做某事

There are some things we just have to keep on doing.

总有一些事情，我们不得不持续地去做。

编者：赵丽琨

青玉案·元夕

〔宋〕辛弃疾

一、题解

“青玉案”，词牌名，取于东汉张衡《四愁诗》“美人赠我锦绣段，何以报之青玉案”一诗。据考证，“青玉案”本是南阳所产青玉制作的有足托盘。张衡此诗继承了屈原以情诗的形式寄托政治抱负、爱国情怀的传统，“青玉案”调的声情内涵也与此一致，或表达缠绵悱恻的感情，或寄托仕途沉浮的家国情怀。

“元夕”，即元宵节。词中没有注明是何年何地的元夕，目前学术界的多种说法都是依据其内容并联系作者生平推论而来。重要的说法有：乾道七年（1171）前后或淳熙二年（1175）前后的临安，其时辛弃疾新婚不久；淳熙九年（1182）至淳熙十四年（1187），被罢官免职到带湖闲居。据王步高先生说法，前者不妥在于辛弃疾新婚不久、仕途顺畅时的心境与词中的“阑珊”不合；第二种说法中的上饶带湖似无如此热闹的元夕。最有可能的是辛弃疾刚刚罢官而暂居任所隆兴府（今南昌）的淳熙九年（1182）。

二、原文

东风夜放花千树，更吹落，星如雨。宝马雕车香满路。凤箫声动，玉壶光转，一夜鱼龙舞。

蛾儿雪柳黄金缕，笑语盈盈暗香去。众里寻他千百度，蓦然回首，那人却在，灯火阑珊处。

三、注释

1. 东风：春风。花：喻指花灯。千树：写花灯之多。

2. 星如雨：喻指烟花在天空中闪亮之后的散落。星，喻指满天的烟花。

3. 宝马雕车：豪华的马车。

4. 凤箫：代指笙、箫等乐器的演奏。凤箫，箫的美称。

5. 玉壶：喻指明月。光转：即月亮一夜的移动，一说玉壶代指某种可旋转的彩灯。

6. 鱼龙舞：喻指鱼形、龙形的彩灯舞动。

7. 蛾儿雪柳黄金缕：代指元夕时盛装出行的女子。蛾儿、雪柳，都是古代妇女正月里戴的彩胜；黄金缕，是装饰用的金丝绦。

8. 盈盈：声音轻盈悦耳，亦指仪态娇美的样子。暗香：代指身上散发出淡淡香气的女子。

9. 他：泛指第三人称。千百度：千百遍。

10. 蓦然：突然，猛然。

11. 阑珊：零落稀疏的样子。

四、译文

元夕之夜的花灯亮起，就像是东风吹开了千树的繁花；烟花在天空绽放，闪亮如星，又点点四散，飘落如雨。盛装的马车一路走过，留下阵阵芳香。风箫悠扬的乐声在人心中回荡，天上的明月渐渐西斜，鱼龙彩灯舞动着，一整夜也没有停歇。

头戴蛾儿、雪柳的彩胜，还有黄金缕光华闪动，满街都是娇笑倩语、暗香浮动的女子，来来回回。我在人群中一遍遍地把她寻找，可是千遍百遍也没有找到。不经意地一回头，却突然发现，她竟然在灯火零落的角落。

五、导读

辛弃疾的这首《青玉案·元夕》不论从哪个角度讲，都是写元宵节诗词中的经典之作。写作背景学术界的说法大相径庭，我们不妨以“诗无达诂”作为赏读的心理基础。我们是否可以这样设想：辛弃疾在新婚前后写下本词，在随后的人生里，因境遇变迁不时重写，赋予这首词新的情感与思考。

假定此词写于乾道七年（1171）前后。据邓广铭先生考证，辛弃疾的婚期最晚也就在这个时候了。乾道六年（1170），宋孝宗召辛弃疾廷对，随后辛弃疾就上《九议》《应问》《美芹十论》，不久由建康府通判调司农寺主簿，乾道八年（1172）升任滁州知州。从乾道六年到乾道八年，辛弃疾三十一到三十三岁，虽然没能像周瑜一样掌兵，可又是新婚又是升职的，也还算差强人意。欧阳修《生查子·元夕》就写了“月上柳梢头，人约黄昏后”，辛弃疾和新婚妻子同游灯会有何不可？

基于这一情境来读本词，那就是元宵节灯会，众人狂欢。“东风夜放花千树，更吹落，星如雨”，东风还未吹开百花，却先吹放了元宵节的火树银花，吹落了如雨的彩星——礼花弹在天空绽放如星、陨落似雨。这是唐代岑参“忽如一夜春风来，千树万树梨花开”的化用，只是所写的景象更繁华、热闹。灯会上马是“宝马”，车是“雕车”，马车一过，“满路”皆“香”。那箫是“凤箫”，吹出来的音乐怎能不让人心动？那灯是“鱼”“龙”的喜庆模样，和天上的“玉壶”灯月交辉，已然是人间仙境。一群群盛装的女子在灯会游走，花胜金缕只是一个借代，“笑语盈盈”是一个又一个片断，可以想象那无忧无虑的快乐。“暗香”只是不断刺激着嗅觉的符号，可以想象那一群群女子各异的脂粉或是体香。灯太美了，人太多了，辛弃疾和他的妻子走散了，这可怎么找？那必然是“众里寻他千百度”也很难找到的。这种找与李清照《声声慢》里在“冷冷清清”的世界里“寻寻觅觅”绝对不同。李清照那儿，但凡有点东西就一定能找到的，而辛弃疾是要在太多太多的人中找到他要找的那一个。只不过丽人太多，寻找太难，两口子互相寻找的时间太长，直到花灯都渐次熄灭，他们才在某一次回眸时互相看见。

假定淳熙二年（1175）元夕辛弃疾又在临安写此词。淳熙元年（1174）辛弃疾入建康留守叶衡幕府，秋天写《水龙吟·登建康赏心亭》，表达了“江南游子”“无人会”的“登临意”，流下了没有“红襟翠袖”可“揾”的“英雄泪”。随后叶衡为相，辛弃疾任仓部郎官。淳熙二年元夕时，辛弃疾三十六岁，职位尴尬，国家内忧外患，辛弃疾苦无职位得以展志。此时再写《青玉案·元夕》，那热闹大概就只能是“他们的”了。辛弃疾要从热闹的人群中找到能够让自己施展才能实现抱负的人，太难了。“灯火阑珊处”的“那人”，大概也只能是他最后的一点渺茫的希望。

淳熙八年（1181）辛弃疾在隆兴知府任上，带头垦荒救灾有功，七月得到嘉奖，十一月就被弹劾夺官，其时带湖新居还没有修成，淳熙九年（1182）的元夕可能还在隆兴府度过。而此后直到淳熙十五年（1188），辛弃疾的每一个元夕都在带湖农居度过。假定淳熙九年元夕在隆兴（今南昌）重写此词，那隆兴府的热闹里有辛弃疾的心血，却没有辛弃疾的荣耀。“灯火阑珊处”的“那人”，大概就是他自己了吧。这是一个人心中的失落，但未尝不是一种理想人格成长的开始。至于此后每一个在带湖度过的元夕，热闹的灯会就只是一个回忆了。当年的感情也终将一点点淡去，不论是夫妻的恩爱还是君臣的相得、人生的抱负，终将如“灯火”“阑珊”，而理想人格则终将不断成长，走向圆满。

《青玉案·元夕》是辛弃疾的一首婉约词，其中有他青年时的热闹、快乐、幸福、自信，有他中年时的寻找、期待，也有他老年时的失落、悲伤。其艺术手法的华丽与情感蕴藉的深沉都是其经典所在。“那人”的象征性与时代性有解诗者说不尽的复杂，我们不妨跳出这首诗，学学王国维，把“众里寻他千百度，蓦然回首，那人却在，灯火阑珊处”作为人生追求的第三种境界，有何不可？在同代人不断凋零的时代里，成为最令人瞩目的那一个。

编者：吴　颖

Tune: Green Jade Salver

Lantern Festival

One night's east wind adorns a thousand trees with flowers
And blows down stars in showers.
Fine steeds and carved cabs spread fragrance en route;
Music vibrates from the flute;
The moon sheds its full light
While fish and loong lanterns dance all night.

In gold-thread dress, with moth or willow ornaments,
Giggling, they melt into the throng with trails of scents.
But in the crowd once and again
I look for her in vain.
When all at once I turn my head,
I find her there where lantern light is dimly shed.

语言知识

1. 单词

adorn /əˈdɔːn/ *v.* (formal) to make sth/sb look more attractive by decorating it or them with sth 装饰；装扮

shower /ˈʃaʊə(r)/ *n.* a short period of rain or snow 阵雨；阵雪

steed /stiːd/ *n.* a large strong horse used for riding 骏马

cab/kæb/*n.* a vehicle with a driver that you pay to take you somewhere 出租马车；出租车

vibrate/vaɪˈbreɪt/*v.* to move or make sth move from side to side very quickly and with small movements（使）振动，颤动，摆动

ornament/ˈɔːnəmənt/*n.* an object that is worn as jewellery 首饰；饰物

giggle/ˈɡɪɡl/*v.* to laugh in a silly way because you are amused, embarrassed or nervous（因感到有趣、窘迫或紧张而）咯咯地笑；傻笑

melt/melt/*v.* if a person or thing melts into sth such as darkness or a crowd of people, they become difficult to see 消失（在黑暗、人群等中）

throng/θrɒŋ/*n.*（literary）a crowd of people 聚集的人群；一大群人

scent/sent/*n.* the pleasant smell that sth has 香味

dimly/ˈdɪmli/*adv.* not very brightly or clearly 暗淡地；昏暗地；模糊地

2. 词义辨析

✓ 英语中有很多关于“笑”的词汇，比如 smile、laugh、giggle、grin、chuckle、snigger、roar。

smile 微笑，也是最常用的笑，它常给人留下美好的印象。

例：give a soft smile 莞尔一笑

give a false/crafty smile 皮笑肉不笑的假笑

smile from ear to ear 满面笑容

squeeze a smile 强颜欢笑

She smiled prettily as she accepted the flowers.

她在接受鲜花时，笑得真迷人。

laugh 常表示出声的笑，其程度要大于 smile。

例：The jokes made everybody laugh.

那些笑话逗得人人发笑。

He laughs best who laughs last.

谁笑在最后，谁笑得最好。

giggle 因感到有趣、窘迫或紧张而咯咯地笑，傻笑。

例：I heard them giggle when I passed by the girls.

我走过那些女孩子身边时，听见她们咯咯地笑。

grin 露齿而笑

例：She was grinning with delight.

她高兴得咧开嘴笑了。

chuckle 低声轻笑；轻声地笑

例：She chuckled at the memory.

想起这件事她就暗自发笑。

snigger 窃笑，暗笑

例：Suddenly,three schoolkids sitting near me started sniggering.

三个坐在我附近的学童突然偷偷地笑了起来。

roar 放声大笑

例：His jokes set the table in a roar.

他的笑语使满座哄堂大笑。

They roared with laughter.

他们哄然大笑。

3. 短语或特殊用法

✓ moth and willow

moth 指蛾，willow 指柳，文中并非是两个词的本意，而指代古代妇女元宵节时头上佩戴的各种装饰品。

编者：赵丽琨

贺新郎（国脉微如缕）

〔宋〕刘克庄

一、题解

“贺新郎”是词牌名，又名“贺新凉”等，源起众说纷纭，最早见于苏轼《东坡乐府》。此调声情沉郁苍凉，宜抒发激越情感，代表作有张元干的“梦绕神州路”、辛弃疾的“把酒长亭说”、刘克庄的“北望神州路”“国脉微如缕”等。

刘克庄（1187—1269），号后村，是南宋后期的文坛领袖，诗、词、文、论都有很高成就，有《后村先生大全集》传世。淳祐三年（1243），蒙军攻四川，破大安军。淳祐四年（1244），蒙军围攻寿春府（今安徽寿县）。刘克庄不断听到边境告警的消息，写下这首词。“国脉微如缕”是全词首句，形象地写出了南宋王朝在蒙军铁蹄之下风雨飘摇的处境。原词前有小序：“实之三和有忧边之语，走笔答之。”王实之是刘克庄的好友，三次写诗词与刘克庄唱和，其中蕴含着边患之忧，这才有刘克庄不拘一格用人才的呼吁。

二、原文

国脉微如缕。问长缨，何时入手，缚将戎主？未必人间无好汉，谁与宽些尺度？试看取，当年韩五。岂有谷城公付授，也不干，曾遇骊山母。谈笑起，两河路。

少时棋柝曾联句。叹而今，登楼揽镜，事机频误。闻说北风吹面急，边上冲梯屡舞。君莫道，投鞭虚语。自古一贤能制难，有金汤，便可无张许？快投笔，莫题柱。

三、注释

1. 国脉：国家的命脉。

2. 长缨：长绳。用终军请缨的典故，事见《汉书·终军传》。汉武帝时南越谋叛，终军请缨出使，表示要把南越王绑回朝廷，可惜被南越国相所杀，终年二十岁。后世用“长缨”喻指制敌的机会和武器。

3. 戎主：蒙古的首领。

4. 尺度：标准。

5. 韩五：南宋抗金名将韩世忠，排行第五，故称韩五。

6. 谷城公：亦称黄石公。传说汉代张良曾于谷城山下遇仙人传授兵书。

7. 骊山母：一作黎山老母，道教传说中的女仙。传说唐朝李筌曾在骊山下遇一老母为他讲解《阴符》秘文。

8. 两河路：指宋代行政区划河北东路和河北西路，今河北、山西、河南部分地区。

9. 棋柝：下着棋听着军营里的柝声。

10. 联句：两人或多人各作一句或两句，组合成一首诗，谓联句。

11. 登楼揽镜：上楼照镜，慨叹功业未建，人已衰老。

12. 冲梯：冲车和云梯，古代攻城的工具。

13. 投鞭：用苻坚投鞭断流典故，事见《晋书·苻坚载记》。苻坚南侵东晋，吹牛说我拥百万大军，士兵把他们的马鞭投入长江就能让长江水断流。可惜在淝水遇到谢玄北府兵抗击，随后就又有了“草木皆兵”“风声鹤唳”两个成语。

14. 制难：挽回危难的局势。

15. 金汤：“金城汤池”的省语，比喻坚固的防御工事。张许：张巡和许远，唐代安史之乱时死守睢阳的名将。

16. 投笔：扔下笔。用汉代班超投笔从戎立功边疆的典故。

17. 题柱：汉代司马相如过成都升仙桥，曾在桥柱上题字说，不乘高车驷马，不过此桥。

四、译文

国家的命脉，已经衰微得像一缕飘忽的丝线。我就想问一问，那条传说中的长绳何时才能拿到，去捆上敌军的首领。人间并不是没有英雄好汉，只是谁能放宽一点用人的标准。你看当年的韩世忠吧，他并没有谷城公那样的名师传授兵书，也不曾遇到过骊山圣母那样的神仙传授法术，可他一样能在谈笑之中指挥大军，在河北东西两路大败金兵。

少年时，我也想在军营听着打更的梆子，在围棋枰上手谈天下，联句抒怀。可叹现在，登楼远眺，揽镜自照，想着一次次错失的从军机会、衰老的容颜、梦断的中原。听说北风紧急，蒙古大军又南侵，攻打边城的冲车云梯蔽地遮天。你可别说投鞭断流过长江只是吹牛，自古以来用好一个能人就能解除国家危难。可是我们还要想到，如果没有张巡、许远这样忠勇的将领，单凭城池怎能撑起我们大宋的天？赶快像班超那样投笔从戎吧！这个时代，别再想着像司马相如那样用文辞来博得高官。

五、导读

刘克庄自幼便熟读辛弃疾的词，为《辛稼轩词》作序时赞其“横绝六合，扫空万古，自有苍生以来所无”。刘克庄和辛弃疾一样，将他们在现实中难以实现的英雄情怀，借助诗文彰显出来。可以说，刘克庄是辛弃疾的“后浪”。这首《贺新郎》又是刘克庄与好友王实之的唱和之作，类似于辛弃疾《破阵子·为陈同甫赋壮词以寄》。这首词是刘克庄忧时丧乱、请缨报国的心志体现，是他将英雄崇拜内化为责任的具体表现。赏读本词，要体会从辛弃疾绵延而来的豪肆、悲怆。

“国脉微如缕”，如霹雳当空，揭破时代危局。这个比喻让人想起“气若游丝”，想起那根飘忽不定、似断似连的“游丝”。当此之时，刘克庄对国家民族的深情大爱激荡而出，“问长缨，何时入手，缚将戎主”，“何时”二字背后是刘克庄长久以来的争取与渴求，是在南宋长期以来苟且政策压迫下的悲鸣。蒙军灭西夏，过甘陕，入四川，灭金南侵中原又到淮河岸，已对南宋王朝形成了战略大包围。当此国家危急存亡之际，刘克庄说“男儿西北有神州”，可是“燕燕轻盈、莺莺娇软”却让太多的南宋权贵沉醉在温柔乡，看不到抑或根本就不看国家的危难，甚至还打击那些感慨忧时、欲挽国难的志士。这才有刘克庄任人唯贤的议论：“未必人间无好汉，谁与宽些尺度?”“未必”二字背后是刘克庄的自信，也是对时代的信心。“谁与”二字背后则是对当时人才选用方式的批评。不论是立了什么大功的能臣，只要有人弹劾其瑕疵，就会被罢职免官。“宽些尺度”则是发自心底的呼唤。上阕的最后刘克庄描绘了一个出身不高甚至行有劣迹，但是却能够“制难”的名将形象。在现代人的视野里，韩世忠是南宋初年的抗金名将，是为岳飞鸣不平的人。在宋代权贵的记忆里，他却是“泼韩五”，一个“兵痞”。刘克庄词中只说他没有名师传授，也未遇神仙指点，已然是对权贵的冒犯；再历数他大战两河的光辉事迹，虽然表达了不拘一格用人才的可能性，却也亲手抹杀了这个可能性。“问”“未必”“谁与”“试看取”“岂”“也”等词，一气呵成，逻辑严密，虎虎生风。这种宏论高议，以诗语发出，更具一种动人的力量。

下阕，刘克庄追昔抚今，从韩世忠纵横两河想到自己也曾梦想报国从军。“棋柝联句”的当年之思，表达报国从军的夙愿比较含蓄。赏读时要注意“棋”“柝”的文化内涵、“联句”的友情基础。这里的“棋”是围棋，黑白、有无、厚薄、得失中蕴含着深厚的中华文明，其中就有兵家之道，所以“下棋”古称“对弈”，还有“手谈”“星阵”“略阵”之称。“柝”是深夜巡夜打更的梆子声，往往与铜锣的“金”连用为“金柝”，是边塞诗中常用的意象，《木兰诗》中就有“朔气传金柝”的名句。“联句”，这是志同道合的刘克庄和王实之共同的宏愿表达。这样的宏愿和韩世忠的成就都已经成了过去的梦了。今天能做到的只是登楼远望，揽镜自照，伤感一事无成，痛心国事日非。“事机频误”这一声长叹，不仅将那长期以来怀才不遇、屡屡丧失杀敌报国之机的心情尽数迸发了出来，而且还勾起了烈士暮年不已的壮心。“吹面急”的“北风”里，有蒙军的消息，这是一个双关的修辞，双关里还含着一个借代，“北风”借指南侵的蒙军，“吹面急”渲染了入侵者带来的杀气。敌方进攻用的冲梯，屡次狂舞于边城，我们的“制难”之“贤”又在哪里呢？蒙古军队有投鞭断流的攻势雄心，像东晋谢玄、唐朝张巡许远那样的制难大贤又在哪里呢？这里刘克庄用一个反问句再次表达他对权贵的不满，也带出了结尾与王实之的共勉。“投笔”“题柱”两个典故形成了鲜明的对比，句短气促，喷涌而出，极富鼓舞力量，可以读出刘克庄的大声疾呼：好汉们，不要再发无聊之呻吟，赶快投笔从戎，共赴国难吧！

英雄是一个民族的精神图腾，是一个国家内生力量的精神内核。一部英雄史就是一个民族的奋斗史、创业史和心灵史。这首词对英雄的赞扬和呼唤，慷慨悲壮，激情昂扬。议论风发，笔力雄壮，用典虽多，但自然贴切，蕴意丰富，又极尽抑扬顿挫之致。这是宋末词坛上议论化、散文化与形象性、情韵美相结合的代表作。

编者：吴　颖

Tune: Congratulations to the Bridegroom

The state at stake,
When can we take
The long, long rope in hand
To bind the foe invading our land?
Is there on earth no talents strong?

The measure should be long.
General Han did not learn from a sage,
Nor know the secret of the Golden Age.
Laughing he rose
And beat the foes.

While young, we rhymed each other's verse,
And opened new horizon for better or worse.
But now we sigh,
Looking into the mirror in tower high
To find our hair sprinkled with frost
And many chances lost.
'Tis said the northern wind would bite the face,
The foe would dance with ladder high on the frontier.
Don't say the river can't be crossed by our cavalier.
Since olden days a hero could turn the tide.
The stronghold can't be strong without the general's guide.
Give up the pen and take the spear!
Don't leave only on the pillar your trace!

语言知识

1. 单词

stake/steɪk/*n.* sth that you risk losing, especially money, when you try to predict the result of a race, game, etc. 赌注

bind/baɪnd/*v.* to tie sb/sth with rope, string, etc. so that they cannot move or are held together firmly 捆绑；系

invade/ɪnˈveɪd/*v.* to enter a country, town, etc. using military force in order to take control of it 武装入侵；侵略；侵犯

sage/seɪdʒ/*n.* (formal) a very wise person 哲人；智者；圣人

rhyme/raɪm/*v.* to put words that sound the same together, for example when you are writing poetry 使押韵

verse/vɜːs/*n.* a group of lines that form a unit in a poem or song 诗节；歌曲的段落

horizon/həˈraɪzn/*n.* the limit of your desires, knowledge or interests（欲望、知识或兴趣的）范围，眼界

sprinkle/ˈsprɪŋkl/*v.* to shake small pieces of sth or drops of a liquid on sth 撒；洒；把……撒（或洒）在……上

frost/frɒst/*n.* the thin white layer of ice that forms when the temperature drops below 0°C 霜

bite/baɪt/*v.* to use your teeth to cut into or through sth 咬

ladder/ˈlædə(r)/*n.* a piece of equipment for climbing up and down a wall, the side of a building, etc., consisting of two lengths of wood or metal that are joined together by steps or rungs 梯子

stronghold/ˈstrɒŋhəʊld/*n.* a castle or a place that is strongly built and difficult to attack 堡垒；要塞；据点

pillar/ˈpɪlə(r)/*n.* a large round stone, metal or wooden post that is used to support a bridge, the roof of a building, etc., especially when it is also decorative 柱子；桥墩

trace/treɪs/*n.* a mark, an object or a sign that shows that sb/sth existed or was present 痕迹；遗迹；踪迹

2. 词义辨析

✓ opponent、competitor、enemy、foe 与 rival 这些名词均有“对手，敌手”之意。

opponent 是最常用词，通常指在争论、辩论、竞选或竞赛以及其他各种矛盾冲突中站在对立面的“对手”或“敌手”。

例：a political opponent 政敌

In the third round, his opponent hurt his leg and had to retire.

在第三回合，他的对手拉伤了腿，不得不退出比赛。

competitor 指为同一目标或目的的竞争者，一般无感情色彩。

例：How many competitors took part in the race?

有多少选手参加了赛跑？

enemy 多指充满敌意的仇敌。

例：The enemy had succeeded in stopping our supplies from getting through.

敌人成功切断了我军的补给线。

foe 语气较强，多用于书面文字和诗歌中，指不仅敌对，而且很危险，怀有很深的敌意。

例：The two countries have united against their common foe.

两国联合起来对抗共同的敌人。

rival 指与某人目标一致而想赶上或超过他的人，匹敌者。

例：He beat his closest/nearest rival by 20 marks.

他以领先 20 分的成绩打败了和他水平最接近的对手。

3. 短语或特殊用法

✓ at stake 成败难料；得失都可能；有风险

We cannot afford to take risks when peoples' lives are at stake.

人命关天之时，不容我们有闪失。

✓ on earth 究竟，到底

What on earth are you doing?

你究竟在干什么?

编者：赵丽琨

扬州慢（淮左名都）

〔宋〕姜　夔

一、题解

“扬州慢”，词牌名，是南宋文学家、音乐家姜夔所创的慢词，内容是扬州古今盛衰之感叹。此词作于淳熙三年（1176）冬至，姜夔二十二岁。绍兴三十一年（1161），金军南侵，大破江淮，中外震骇。扬州从此迅速衰败。淳熙三年，姜夔路过扬州，目睹扬州的萧条景象，抚今追昔，自创了这支曲子，以寄托对扬州昔日繁华的怀念和对今日山河破败的哀思。词前小序，讲述了本词具体的创作背景。

二、原文

淳熙丙申至日，予过维扬。夜雪初霁，荠麦弥望。入其城，则四顾萧条，寒水自碧，暮色渐起，戍角悲吟。予怀怆然，感慨今昔，因自度此曲。千岩老人以为有黍离之悲也。

淮左名都，竹西佳处，解鞍少驻初程。过春风十里，尽荠麦青青。自胡马窥江去后，废池乔木，犹厌言兵。渐黄昏，清角吹寒，都在空城。

杜郎俊赏，算而今、重到须惊。纵豆蔻词工，青楼梦好，难赋深情。二十四桥仍在，波心荡、冷月无声。念桥边红药，年年知为谁生？

三、注释

1. 淳熙丙申至日：淳熙是宋孝宗时的年号，丙申是干支纪年，至是冬至。

2. 维扬：扬州的别称。

3. 荠麦弥望：满眼都是野麦子。一说荠麦是指荠菜和麦子，但是荠菜春天才发芽，与姜夔到扬州的时令不合。

4. 千岩老人：南宋诗人萧德藻以其所居之地有千岩之美景，自号千岩老人。

5. 黍离之悲：出自《诗经·王风·黍离》。“彼黍离离，彼稷之苗。行迈靡靡，中心摇摇。知我者，谓我心忧；不知我者，谓我何求。悠悠苍天，此何人哉？”意指国家残破的悲痛哀叹。

6. 淮左名都：古人讲地理方位是从面南背北的视角出发的，扬州是淮南东路的首府，所以称淮左名都。当年孙权的“江东”“江表”也被称作“江左”。

7. 竹西佳处：语出杜牧诗《题扬州禅智寺》尾联“谁知竹西路，歌吹是扬州”。“竹西路”指扬州城北禅智寺前官河北岸的道路，后人在此筑亭，叫作“竹西亭”，又叫“歌吹亭”。现在扬州市邗江区还有竹西街道、竹西路、竹西公园等。

8. 解鞍少驻初程：刚到扬州，解下马鞍，稍做停留。初程，最初的行程，意为刚到扬州。

9. 春风十里：语出杜牧《赠别》诗“春风十里扬州路，卷上珠帘总不如”。这里用以代指扬州。

10. 胡马窥江：指金兵侵略长江流域地区，洗劫扬州。

11. 废池乔木：废毁的城池和残存的古树。“城池”“乔木”在古代往往用来代指国家的社稷重臣。《诗经·周南·兔罝》有“赳赳武夫，公侯干城”，南朝宋有檀道济自喻“塞上长城”；《诗经·周南·汉广》有“南有乔木”，《楚辞·橘颂》有“后皇嘉树”。

12. 渐黄昏：天色一点点暗淡，慢慢到了黄昏。

13. 清角：边防军营中传出的凄清的号角声。

14. 杜郎：即杜牧。唐文宗大和七年到九年（833—835），杜牧在扬州任淮南节度使掌书记，曾在扬州快意游赏。

15. 豆蔻：形容美艳的十二三岁的少女。“豆蔻词工”，语出杜牧《赠别》“娉娉袅袅十三余，豆蔻梢头二月初”，意为高明的摹物遣词能力。

16. 青楼：歌楼。“青楼梦好”，语出杜牧《遣怀》诗“十年一觉扬州梦，赢得青楼薄幸名”，意为高明的传达意境的能力。

17. 二十四桥：指扬州城内著名的古桥——吴家砖桥。因为曾有二十四位美女同时在此品箫奏乐而得名“二十四桥”，又因为桥边遍长红芍药花，也叫“红药桥”。一说指扬州城内著名的二十四座桥。

四、译文

淳熙丙申年冬至这天，我经过扬州。夜雪初晴，放眼望去，全是青青的野麦苗。进入扬州，四下里满眼萧条，河水碧绿凄冷。天色渐晚时，边防军营里吹响凄凉的号角，引动我内心的无限悲凉，感慨于扬州城今昔的变化，于是自创了这支曲子。千岩老人认为这首词有《黍离》的悲凉意蕴。

扬州是淮南东路最著名的都城，就在竹西亭这个好地方，刚到扬州的我，解下马鞍暂为停留。在曾经繁华得被形容为“十里春风”的扬州，我看到的却全是野麦苗，这里一片青，那里青一片。自从金兵进犯长江以后，这破败了的城池，残存的乔木，至今还不愿说起那场战乱。天色暗淡，渐渐进入黄昏，凄凉的军营号角吹起，冰冷的寒气回荡在劫难后空空的扬州城。

杜牧算是鉴赏才能最卓越的人了，但是我想，他今天重游此地也一定会吃惊。即便他能用出“豆蔻”这样精工的词语，能写出青楼梦好的诗意，也难以写出他面对眼前扬州的叹惋深情。二十四桥仍旧在那里，桥下的水波也仍旧荡漾，凄冷的月色里却寂静无声，再没有了玉人吹箫的盛景。桥边年年都要开放的红芍药，可知道它是为谁开放？

五、导读

姜夔，字尧章，号白石道人。其名取自神兽“夔牛”，状如牛，声似鼓；其字取于《论语·泰伯》篇“大哉，尧之为君也……焕乎，其有文章”；其号取于葛洪《神仙传·白石先生》，“煮白石”是一个物质生活艰难、精神生活丰满的文化形象。姜夔少年时流寓湘鄂等地，怀有治世之志，但屡试不中，布衣终生。依人做清客，尝尽江湖流落的酸楚，但从不附势媚俗。姜夔的清苦阅历和高洁品格深刻地烙印于他的词作之中，创造了极具特色的“清空”诗境。音律和谐精密，词句雅正工丽，词风清空峭拔、幽邃秀美、格调甚高。《扬州慢》是他的代表作品，词前有序，序之质实与词之虚空相映相合。赏读此诗，要调动五感六觉，透过序和词的文字，去感知姜夔的扬州，去体会姜夔的“黍离之悲”。

词前小序，让我们对姜夔写作的情境可以有一个相对具体的感知。对照着序和词的正文，我们可以知道：二十二岁的姜夔1176年冬至那天来到扬州，扬州被金军攻陷劫掠已是十五年前的事了。头天晚上刚刚下过雪，他在扬州城内外看到的却是“四顾萧条”：遍布的野麦苗、废弃的城池、高大的乔木、寂寂的二十四桥、寒气逼人的江水。在黄昏的时候，他听到了边防军营里传来号角声；入夜后，天上还有一轮冷冷的下弦月映在荡漾的江水中。但是这么多景物却给他一个“空城”的感觉，让他时时处处感受到了“寒冷”：“寒水自碧”“清角吹寒”“冷月无声”，到处是刻骨的寒意。为什么如此？因为他没有看到繁华的“十里春风”，没有听到玉人暖暖的“歌吹”。曾经的“名都”“佳处”已经不再，荒凉破败的景象连最会欣赏赞美扬州的杜牧也无法找到一点美好。而这一切，都是因为“胡马窥江”，这就是黍离之悲的缘由了。

赏读这首词，最重要的是把握姜夔进行今昔对比的手法。从眼前实景出发，展示今昔景物的不同变化，眼前实景与昔日景象形成了鲜明的对比，让人不能不深思变化的原因。

“淮左名都，竹西佳处，解鞍少驻初程。”起笔三句，切不可简单质实地当作点出扬州地位和驻足行迹就轻轻滑过，一定要想一想这个“名都”“佳处”，想到这是一个佳丽之地。《尚书·禹贡》中有“淮海维扬州”，杜牧有“谁知竹西路，歌吹是扬州”，徐凝有“天下三分明月夜，二分无赖是扬州”，张祜有“人生只合扬州死，禅智山光好墓田”……这是一个可以令人如醉如狂的“名都”“佳处”。这三句读得真、想得深，“过春风十里，尽荠麦青青”的萧然、荒凉、冷落才打眼入心。“春风十里”的繁华有多少花团锦簇、车水马龙，“尽荠麦青青”就有多少荒凉、冷寂。这种对比，让这种痛苦更加震颤人心。当然，这里的“荠麦青青”一定不能陷入历史虚无的草木繁盛的艺术审美，一定要想到：这可是冬雪之后，这里一片儿那里一片儿，处处都有处处都打眼的癞疮疤一样的野麦苗。不如此，不足以体会姜夔的悲痛心碎。

“自胡马窥江去后，废池乔木，犹厌言兵。”既是对扬州今昔变化原因的解答，又写出了金兵铁蹄践踏名都的深远影响。十五年过去了，这里还是一片“废池”，劫后余生的人仍然不愿提起那段悲痛的往事。在进入“渐黄昏，清角吹寒，都在空城”所描述的诗境前，一定要想一想：黄昏到来之前，诗人看着“废池乔木”时，时间是怎么过去的？再想一想：“空”的感觉是怎样一点点渐染上诗人的心空？这两个问题想充分了，“清角吹寒”背后的历史就清晰了。“清角吹寒”与当年“歌吹是扬州”的繁弦急管、丽人处处，也就形成了强烈的对比。这样，杜牧进入词人所处的时空也就成为必然。下阕一开头就是“杜郎俊赏”也就不再觉得突兀，而杜牧的“重到须惊”也映衬着姜夔的“心惊”。“豆蔻词工”“青楼梦好”背后《赠别》《遣怀》两首诗的意境，也就与“二十四桥明月夜”的诗境慢慢重合又剥离。二十四桥还是那二十四桥，却没有“玉人何处教吹箫”的“箫声”传来，在“自碧”的“寒水”里，在那个“波心”里“荡”来“荡”去的，是二十四桥的影子，是冬至日里下弦月的影子，是诗人孤孤单单的影子。这城市那么空，没有人，没有音乐。这城市那么冷，冬至日的寒水、冷月沁入诗人的骨髓和灵魂。“空城”的“空”与“冷月”的“冷”弥散开来。

在词作的最后，“念桥边红药，年年知为谁生”这一问从何而来？这冬至日里，哪里来的“红药”？南宋吴曾《能改斋漫录》中引孔武仲《芍药谱》中的一段话说：“扬州芍药，名于天下，非特以多为夸也，其敷腴盛大而纤丽巧密，皆他州所不及。”二十四桥更是以桥边多红药而被称作“红药桥”，姜夔的思绪也就落到了这空城里的一年又一年了。这结尾一问，问的是想象中开放了的红芍药。这种由实入虚又化虚为实的写法将故国劫后之景所引起的悲戚刻画得透骨入魂。

这首词挺拔峭峭的风骨是姜夔洒落襟怀的写照。词中抚今思昔、景中见情的对比，也暗示出作者对国事的关注、对朝政的不满，抒发了他生逢乱世的“黍离之悲”。宋翔凤曾评论姜夔“流落江湖，不忘君国，皆借托比兴，于长短句寄之”，也说出了姜夔写诗注重“含蓄”，“句中有余味，篇中有余意”的特点。在赏读作品时，要注意序和词两相对照，要注意挖掘词句、形象背后的文化内涵。写出来的文字和没有写出来的文字，两相呼应，作品才更加丰满。

编者：吴　颖

Tune: Slow Song of Yangzhou

On Winter Solstice in 1127, I passed Yangzhou. It turned fine after one night of snow. I saw the fields overgrown with wild wheat and weeds. When I entered the ruined town, I looked around and was grieved to see green water cold and to hear sad horns below at dusk. I felt sad and dreary to compare the present desolation with the past glory and composed the following tune which reveals the grief of a ruined country, as says my old uncle-in-law.

In the famous town east of River Huai
And scenic spot of Bamboo West,
Breaking my journey, I alight for a short rest.
In breeze the splendid three-mile road did I pass by.
'Tis now overgrown with wild green wheat and weeds.
Since Southern shore was overrun by Jurchen steeds,
Even the tall trees beside the pond have been war-torn.
As dusk is drawing near,
Cold blows the horn;
The empty town looks drear.

The place Du Mu the poet prized,
If he should come again today,
Would make him feel surprised.
His verse on the cardamon spray
And on sweet dreams in mansions green
Could not express
My deep distress.
The Twenty-four Bridges can still be seen,
But the cold moon floating among
The waves would no more sing a song.

For whom should the peonies near
The Bridges grow red from year to year?

语言知识

1. 单词

scenic/ˈsiːnɪk/*adj.* [usually before noun] having beautiful natural scenery 风景优美的

alight/əˈlaɪt/*v.* to get out of a bus, a train or other vehicle 从（公共汽车、火车等）下来

splendid/ˈsplendɪd/*adj.* excellent; very good 极佳的；非常好的

breeze/briːz/*n.* a light wind 微风；和风

wheat/wiːt/*n.* a plant grown for its grain that is used to produce the flour for bread, cakes, and so forth 小麦（植物）

weed/wiːd/*n.* a wild plant growing where it is not wanted, especially among crops or garden plants 杂草；野草

overrun/ˌəʊvəˈrʌn/*v.* [often passive] (especially of sth bad or not wanted) to fill or spread over an area quickly, especially in large numbers 泛滥；横行；肆虐

Jurchen/dʒɜːtʃən/*n.* a term used to collectively describe a number of East Asian Tungusic-speaking people 女真族

steed/stiːd/*n.* a horse to ride on 坐骑

war-torn/ˈwɔː tɔːn/*adj.* [only before noun] a war-torn country or area is severely affected by the fighting that is taking place there 受战争严重破坏的；饱受战争蹂躏的

horn/hɔːn/*n.* a simple musical instrument that consists of a curved metal tube that you blow into（乐器）号

cardamon/ˈkɑːdəmən/*n.* the seeds of an Asian fruit, used to give a special taste to Indian and Middle Eastern food 小豆蔻

spray/spreɪ/*n.* a small branch of a tree or plant, with its leaves and flowers or berries, that you use for decoration（用作装饰的）小树枝，小花枝

mansion/ˈmænʃn/*n.* a large impressive house 公馆；宅第

distress/dɪˈstres/*n.* a feeling of great worry or unhappiness; great suffering 忧虑；悲伤；痛苦

peony/ˈpiːəni/*n.* a garden plant with large round white, pink or red flowers 牡丹；芍药

2. 词义辨析

✓ mansion 与 building

mansion 指公馆、宅第，而 building 是一般的建筑。

例：tall/old/historic buildings 高大/老/有历史意义的建筑物

✓ dreary 和 boring

这两个词都有沉闷无趣的意思，诗中作者描写的“empty town”展现的是一片萧条、冷落和荒凉的景象，作者看到一座被金兵破坏的名城，内心涌出悲愤之情，所以 dreary (makes you feel sad; dull and not interesting) 较 boring (not interesting; making you feel tired and impatient) 更能表达悲鸣。

3. 短语或特殊用法

The place Du Mu the poet prized, *<u>If he should come</u> again today,* *<u>Would make him feel surprised.</u>*

这句诗文使用的是条件句虚拟语气，表示一种不太可能实

现的愿望或者期待，其结构为：If... should do，主语 + would do。

例：If Chinese male football team should won the World Cup, the whole nation would celebrate the victory.

如果中国男子足球队赢了世界杯的话，整个国家都将会庆祝这场胜利。

编者：赵丽琨

长亭送别（【正宫】【端正好】）

〔元〕王实甫

一、题解

《长亭送别》选自元代王实甫杂剧《西厢记》第四本第三折。老夫人在“拷红”（拷问红娘）之后，被迫答应了张珙与崔莺莺的婚事，但是又要求张珙必须考取功名，张珙要进京赶考，莺莺小姐在十里长亭为张珙送行。所选唱段的宫调是“正宫”，曲牌是“端正好”，曲调庄重、肃穆，无语助词。

《西厢记》大约写于元贞、大德年间（1295—1307），是王实甫的代表作。清朝金圣叹将王实甫的《西厢记》评为“第六才子书”，是描绘“愿普天下有情人都成眷属”主题最成功的戏剧，别有一番情味。

二、原文

碧云天，黄花地，西风紧，北雁南飞。晓来谁染霜林醉？总是离人泪。

三、注释

1. 碧云天，黄花地：语出范仲淹《苏幕遮（碧云天）》“碧云天，黄叶地”，蓝天上飘着白云，大地上草木叶子变得枯黄，引发了戍边将士的“乡魂”“旅思”。“白云”有“游子”意，“黄叶”有秋愁意。黄花，指菊花。

2. 黄花地，西风紧：语出李清照《醉花阴（薄雾浓云愁永昼）》“帘卷西风，人比黄花瘦”、《声声慢（寻寻觅觅）》“满地黄花堆积，憔悴损，如今有谁堪摘”。前者是妻子等待丈夫因而在西风中消瘦，后者是丈夫去世后妻子无法承受菊花开放却没有丈夫和自己摘花共赏的悲哀。

3. 北雁南飞：大雁自古被视为仁、义、礼、智、信五德俱全的灵物。雁阵中总有老弱病残之辈，壮年大雁绝不会弃之不顾，这是仁；雌雄相配从一而终，一只先死，落单的到死也不会再找别的伴侣，这是义；雁阵或为“一”字或为“人”字，阵头都是由老雁引领，壮雁飞得再快，也不会赶超到老雁前边，这是礼；大雁落地歇息之际，总会安排一只放哨警戒，一有什么风吹草动，群雁就会立刻飞到空中躲避，这是智；每年秋天自北向南飞，每年春天自南向北飞，这是信。

4. 晓来谁染霜林醉：语出张继《枫桥夜泊》“月落乌啼霜满天，江枫渔火对愁眠”、杜牧《山行》“停车坐爱枫林晚，霜叶红于二月花”。

5. 总是离人泪：语出苏轼《水龙吟·次韵章质夫杨花词》“细看来，不是杨花，点点是离人泪”。

四、译文

碧蓝的天空里飘着白云，金黄的菊花开满大地，猎猎的西风越吹越紧，北方的大雁正向南飞去。这大清早的，是谁把那枫林染得酡红如醉？不是秋霜啊，全都是别离人流下的眼泪。

五、导读

《长亭送别》是《西厢记》中最精彩的片断之一，【端正好】是全剧中最精彩的一段曲词。相传王实甫写完此句后“思虑殚尽，扑地而死（晕厥）”。此曲短短二十五个字，把天、地、风、雁、山、林和主人公融为一体，描绘出一幅生动感人、色彩斑斓的画面，产生了和谐的韵律，传达了凄美动人的离别之情。赏读这一段曲词，需要在了解戏剧冲突的基础上赏读其文辞意境之美。

这一段戏剧冲突的焦点，集中在对科举功名的态度上。老夫人执意在“拷红”后第二日就打发张生上京赴考，表现出一种毫无回旋余地的顽固立场。张生原来就是一个打算上京赶考的举子，由于邂逅莺莺才滞留蒲东，现在爱情已获得，上京应考也是顺理成章的事，因此，在求取功名这一点上，他和老夫人是一致的。只有莺莺是反对张生上京赴考的，她想的是“你与俺崔相国做女婿，妻荣夫贵，但得一个并头莲，煞强如状元及第”，“状元及第”在她心里也不过是“蜗角虚名，蝇头微利”，为了“蜗角虚名，蝇头微利”，“拆鸳鸯在两下里”，而且还担心着张生“停妻再娶妻”，是她最大的悲哀。

这支曲词是历来公认的写景抒情名段。曲子写的是秋景，通过萧瑟的景物烘托了人物悲凉的心情。通过莺莺对暮秋郊外景色的感受，生动地渲染了特定的环境气氛，表现了人物内心深处痛苦压抑的感情。但作者没有直接说愁道恨，只是借景物来抒发。这支曲子的前四句选了最能表现秋天季节特征的景物——天、地、风、雁、林、叶、花等，来形容剧中人物的内心情感。蓝天白云、黄花遍地、西风频吹、大雁南飞、枫叶如丹，它们在这凄紧的西风中融成一体，构成了寥廓萧瑟、令人黯然神伤的境界。用大自然的哀景，形容一对恋人离别时的哀情，处处是秋，声声是愁，触景生情，无法不使人愁上加愁。“晓来谁染霜林醉？总是离人泪”两句，采用了设问自答的形式，使得客观景色带上了浓重的主观感情色彩。枫叶经霜自红，但在不同人的眼里，常常会因自己的境遇不同、心情不同而染上不同的感情色彩。在充满着离愁的莺莺看来，只觉得枫叶的红色都是由离人的泪水染成的。其中“染”“醉”两个字，极有分量。这个“染”字，把泪水和霜林贯穿起来，使无情的树木带上了感情色彩。它不但把外射的主观感情化为动态的心理过程，而且使得离别的人们的涟涟泪水也宛然如见。这个“醉”字，既写出了枫林的色彩，更赋予了在离愁的重压下不能自持的人的情态。这是莺莺对霜林的独特感受，是移情于景。树木变红当然不能用泪染，可在莺莺的心目中，离人的泪水却能把树叶染红，这表现了这次离别莺莺心情是非常沉重的。“泪染霜林醉”已经使情与景融为一体，而“晓”字又隐含着一夜离愁别绪尽染层林的意思，使主人公心境显得更为凄切。所以说“染”“醉”二字极有分量，真有握拨一弹，心摇神移的艺术感染力。

这支曲子化用了多首古人诗词，赏读时可以对比原词与莺莺唱词之间的同异。“碧云天，黄花地”语出范仲淹的“碧云天，黄叶地”，“黄花地，西风紧”语出李清照的“帘卷西风，人比黄花瘦”和“满地黄花堆积，憔悴损，如今有谁堪摘”，“晓来谁染霜林醉”语出张继“月落乌啼霜满天，江枫渔火对愁眠”和杜牧“停车坐爱枫林晚，霜叶红于二月花”，“总是离人泪”语出苏轼“细看来，不是杨花，点点是离人泪”，几乎是句句有来历，境境情不同。“云”“黄花”“西风”“红叶”“大雁”五种景物十分典型，不仅是悲秋中最有代表性的景物，而且景物中蕴含的比拟意义，与当时莺莺的心境十分契合。碧天无限高，张生如云去；黄花迎风瘦，张生久不归；西风吹面寒，张生去不返。高天、白云、黄花、西风，都让莺莺想起张生今后的各种可能，母亲允诺成亲的喜悦转向别离的悲伤和担忧，步步下沉。虽然写景中没半个情字，但处处都叫人觉得愁情浓得化不开。

编者：吴　颖

Parting at Long Pavilion

With clouds the sky turns grey
O'er yellow-bloom-paved way.
How bitter blows the western breeze!
From north to south fly the wild geese.
Why like wine-flushed face is frosted forest red?
It's dyed in tears the parting lovers shed.

语言知识

1. 单词

part /pɑːt/ *v.* (formal) if a person parts from another person, or two people part, they leave each other 离开；分别

grey /ɡreɪ/ *adj.* (of the sky or weather) dull; full of clouds 昏暗的；阴沉的

blow /bləʊ/ *v.* when a wind or breeze blows, the air moves 刮风

goose /ɡuːs/ *n.* geese [pl.] a bird like a large duck with a long neck 雁

flush /flʌʃ/ *v.* (of a person or their face) to become red, especially because you are embarrassed, angry or hot 发红；脸红

dye /dai/ *v.* to change the colour of sth, especially by using a special liquid or substance 给……染色；染

2. 词义辨析

✓ leave、part、separate、depart 四个动词都可以表示"离别，分离"的意思，可根据不同的语境，选择最合适的词来表达。

leave 这个词通常表示从一个地方或一个人身边离开。

例：He left the party early.

他提前离开了派对。

part 这个词作为动词时，表示分手或离别。

例：They decided to part ways.

他们决定各走各的路。

separate 这个词表示两个或多个事物分开，可以用来表示离别。

例：The train separated us from our friends.

火车把我们和朋友们分开了。

depart 这个词主要用于表示从某个地方出发或离开，常用于表示离别。

例：We departed from the airport with heavy hearts.

我们怀着沉重的心情离开了机场。

3. 短语或特殊用法

✓ 连字符（hyphen）：在英语中，连字符用于连接两个或多个词来形成一个合成词。这个合成词通常表示这些词之间有某种逻辑或语义上的关联。使用连字符形成的合成词具有特定的含义，而且往往是一个单独的词或短语。这些合成词通过连接不同的词汇，形成了新的词汇意义，这种形式的合成词在英文中非常常见。例如：

high-speed（高速）：表示速度很快的意思。

self-esteem（自尊）：表示对自身价值和尊严的意识或信心。

well-known（著名）：表示被广泛认识或了解的意思。

诗中出现的 yellow-bloom-paved 表示“被黄花铺满了”的意思；wine-flushed 用来形容一个人的脸因为喝酒而变得红润，这里则用来表达枫林好似被染红的意思。

编者：赵丽琨

译者：许渊冲、许明

朝天子·咏喇叭

〔明〕王　磐

一、题解

“朝天子”是散曲中的小令曲牌，“咏喇叭”是题目。王磐（约1470—1530），字鸿渐，号西楼，江苏高邮人，明代散曲作家、画家，亦通医学。一生没有出仕，所作散曲，题材广泛。明武宗正德年间（1506—1521），宦官当权，船到高邮，就吹喇叭骚扰民间。王磐借喇叭讽喻，作《朝天子·咏喇叭》以“斥阉宦”，名噪天下。

二、原文

喇叭，唢呐，曲儿小腔儿大。官船来往乱如麻，全仗你抬声价。军听了军愁，民听了民怕。那里去辨甚么真共假？眼见的吹翻了这家，吹伤了那家，只吹的水尽鹅飞罢！

三、注释

1. 喇叭，唢呐：铜制管乐器，上细下粗，管身正面有七孔，背面一孔，前接一个喇叭形扩声器。

2. 曲儿小腔儿大：曲子很短，声音很响。

3. 军听了军愁：明代前期实行“卫所制”，配合“屯田制”，军户世代为军。因为权贵侵占屯田导致军户逃亡，明代中期开始实行“募兵制”以补卫所不足的兵员。宦官到地方，地方卫军要随时听候调遣。

4. 那里：同“哪里”。甚么：同“什么”，疑问代词。共：和。

5. 眼见的：眼看着。翻：倾家荡产。伤：元气大伤。

6. 水尽鹅飞罢：水干了，鹅也飞光了。罢，语气词，相当于“吧”。

四、译文

喇叭和唢呐到处呜呜哇哇，曲子很短小声音却很大。官船来来往往纷纷乱如麻，全凭你小喇叭抬高身价。军人听见了军人发愁，百姓听见了百姓害怕。哪里顾得上去分辨真和假？眼睁睁看着官船上的喇叭和唢呐，吹翻了这家，吹伤了那家，这怕是要吹得江水枯竭、鸭鹅全飞啊！

五、导读

王磐这首小令不是为咏物而咏物，而是借物讽喻，形象地表达了他对现实社会的深刻洞察，强烈地传达出反抗的呼声。而这些思想内涵都包容在咏物之中。赏读这首小令，最重要的就是体会咏物与讽喻“不即不离”的美感，批判宦官害民但终于没有点破，既痛快淋漓又含蓄有力。

既然是“咏喇叭”，首先要知道所“咏”喇叭的特征。既然知道他是要“斥阉宦”，就必须知道喇叭与宦官之间的相似之处。

“曲儿小腔儿大”，这是喇叭最突出的特征，一“小”一

“大”的对比中，道出了喇叭和宦官的共同特征，也流露出作者的爱憎之情。喇叭的曲小腔大，正对应着宦官的能耐小权势大。“官船来往乱如麻，全靠你抬声价”，这是喇叭的用途，“抬声价”道出了喇叭和宦官的溜须拍马，“抬”着官家皇上的“声价”，做着欺压地方军民的勾当。“军听了军愁，民听了民怕”“吹翻了这家，吹伤了那家，只吹的水尽鹅飞罢”，这是喇叭的影响和结果，也揭示了喇叭和宦官为害军民的实质。“抬声价”就是为了壮自己的声威，为肆意侵害军民的利益张势，让老百姓一听到喇叭、唢呐之声就不寒而栗、胆战心惊，即便是民穷财尽、家破人亡，也不敢反抗。

通篇咏喇叭咏得真切，讽宦官讽得明白，在物与人之间找到共性。作者实际上是比照着宦官的嘴脸咏喇叭的：以吹（虚张声势）为特征，是官方害民的帮凶，到处作威作福，惹得军民共愤，直到吹得天昏地暗、江山动摇。作者在对宦官害民的现实黑暗进行揭露的同时，也向最高统治者发出警告，其批判锋芒是很尖锐的。

编者：吴　颖

Tune: Chao TianZi

Trumpet Song

Trumpets and suonas, their tunes may be small,
Yet with grand voices.

Official boats coming and going in chaotic waves,
All relying on you to elevate their worth.
The soldiers listen and grow anxious,
The civilians listen and tremble with fear.
Where can one distinguish truth from falsehood?
As you witness, one family crumbles, another suffers,
Until the waters dry up and the geese go away!

语言知识

1. 单词

trumpet /ˈtrʌmpɪt/*n.* a brass musical instrument 小号；喇叭

grand /ɡrænd/ *adj.* impressive and large or important 壮丽的；大的；堂皇的；重大的

tune /tjuːn/*n.* a series of musical notes that are sung or played in a particular order to form a piece of music 曲调；曲子

chaotic /keɪˈɒtɪk/*adj.* in a state of complete confusion and lack of order 混乱的；杂乱的；紊乱的

rely /rɪˈlaɪ/ *v.* to need or depend on sb/sth 依赖；依靠

elevate /ˈelɪveɪt/ *v.* (formal) to give sb/sth a higher position or rank, often more important than they deserve 提拔；晋升；提升（到不应有的位置）

civilian /səˈvɪliən/*n.* a person who is not a member of the armed forces or the police 平民；老百姓

tremble /ˈtremb(ə)l/*v.* to shake in a way that you cannot control, especially because you are very nervous, excited, frightened, etc. （因紧张、激动、惊慌等）颤抖，哆嗦，抖动，

战栗

distinguish /dɪˈstɪŋɡwɪʃ/ *v.* to recognize the difference between two people or things 区分；辨别；分清

falsehood /ˈfɔːlshʊd/ *n.* the state of not being true; the act of telling a lie 虚假；说谎

witness /ˈwɪtnəs/ *v.* to see sth happen (typically a crime or an accident) 当场看到；目击（尤指罪行或事故）

crumble /ˈkrʌmbl/ *v.* to begin to fail or get weaker or to come to an end（开始渐渐）衰退；衰弱；崩溃；瓦解；消亡

2. 词义辨析

✓ 以下是表示“大”的英文单词 big、large、great、grand、huge 的用法和区别：

big 最常见的表示“大”的词汇，用于形容尺寸、数量或程度上的大。例如：a big house 一座大房子，big ideas 大胆的想法。

large 与 big 意思相近，但稍微正式和文学化一些。例如：a large portion 一个大分量，large-scale production 大规模生产。

great 通常表示程度或数量上的大。除了表示数量上的大，也可以用来表达非常好的、令人印象深刻的意思。例如：the great outdoors 户外活动，a great success 巨大的成功。

grand 这个词一般用在正式的或文学性的场合，表示程度或宏伟壮观的意思。例如：a grand palace 宏伟的宫殿，a grand celebration 盛大的庆祝。

huge 表示非常大或巨大的意思，常用来形容尺寸或规模的庞大。例如：a huge elephant 一头庞大的大象，huge buildings 巨大的建筑物。

3. 短语或特殊用法

✓ rely on 依赖；依靠；信任；相信或期望

These days we rely heavily on computers to organize our work.

现在，我们在很大程度上依赖电脑来安排我们的工作。

✓ distinguish A from B; distinguish (between) A and B 区分；辨别；分清

It was hard to distinguish one twin from the other.

很难分辨出一对孪生儿谁是谁。

编者：赵丽琨

译者：文 叕

图书在版编目(CIP)数据

高中必背古诗及英译 / 任孝勇，宁立波主编 ；贾一震，徐维维执行主编. -- 北京 ：中国文史出版社,2023. 12

ISBN 978-7-5205-4456-6

Ⅰ. ①高… Ⅱ. ①任… ②宁… ③贾… ④徐… Ⅲ. ①古典诗歌-中国-高中-教学参考资料 Ⅳ. ①G634. 303

中国国家版本馆 CIP 数据核字(2023)第 219769 号

责任编辑：牟国煜
英文校对：白悦波

出版发行：**中国文史出版社**
社　　址：北京市海淀区西八里庄路 69 号院　邮编：100142
电　　话：010-81136606　81136602　81136603（发行部）
传　　真：010-81136655
印　　装：北京新华印刷有限公司
经　　销：全国新华书店
开　　本：880×1230　1/32
印　　张：10. 75　　字数：230 千字
版　　次：2023 年 12 月第 1 版
印　　次：2023 年 12 月第 1 次印刷
定　　价：56. 00 元